[1]

I. M. I.
12-1
Marzo 16, 1917

## Cómo la unión estrecha entre el alma y Dios nunca se rompe.

(1) Continúa mi habitual estado, y mi siempre amable Jesús, apenas como relámpago y a la carrera se hace ver, y si me lamento me dice:

(2) "Hija mía, hija mía, pobre hija, si supieras que sucederá tú sufrirías mucho, y Yo para no hacerte sufrir tanto, trato de rehuirte".

(3) Y volviendo a lamentarme al decirle: "Vida mía, no me lo esperaba de Ti, Tú que parecía que no podías ni sabías estar sin mí, y ahora pasan horas y horas, y alguna vez parece que quieres dejar pasar también el día entero. Jesús, no me lo hagas, cómo has cambiado". Y Jesús me sorprende y me dice:

(4) "Cálmate, cálmate, no he cambiado, Yo soy inmutable, más bien te digo que cuando me comunico al alma, la he tenido estrechada Conmigo, le he hablado, he desahogado mi amor, esto no se rompe jamás entre el alma y Yo, a lo más cambio el modo, ahora en un modo, ahora en otro, pero siempre voy inventando cómo hablar y desahogarme con ella en amor. ¿No ves tú misma que si no te he dicho nada en la mañana, estoy esperando la noche para decirte una palabra? Y cuando los demás leen las aplicaciones de mi Pasión, estando en ti, Yo me derramo hasta el borde de tu alma y te hablo de mis cosas más íntimas que hasta ahora no había manifestado, y cómo el alma debe seguirme en aquel mi obrar; aquellas aplicaciones serán el espejo de mi Vida interna, y quien en ella se mire, copiará en sí mi misma Vida, ¡oh! cómo revelan mi amor, la sed de las almas, y en cada una de las fibras de mi corazón, en cada respiro mío, pensamiento, etc., por eso Yo te

12-2
Marzo 18, 1917

**Efectos del fundirse en Jesús.**

(1) Estaba rezando fundiéndome toda en Jesús, y quería en mi poder cada pensamiento de Jesús para poder tener vida en cada pensamiento de criatura, para poder reparar con el mismo pensamiento de Jesús, y así de todo lo demás. Y mi dulce Jesús me ha dicho:

(2) "Hija mía, mi Humanidad sobre la tierra no hacía otra cosa que unir cada pensamiento de criatura con los míos, así que cada pensamiento de criatura se repercutía en mi mente, cada palabra en mi voz, cada latido en mi corazón, cada acción en mis manos, cada paso en mis pies, y así de todo lo demás; con esto daba al Padre reparaciones divinas. Ahora, todo lo que hice en la tierra lo continúo en el Cielo, y conforme las criaturas piensan, sus pensamientos se vierten en mi mente; conforme miran, siento sus miradas en las mías, así que pasa entre ellas y Yo como una electricidad continua, como los miembros están en continua comunicación con la cabeza, y digo al Padre: "Padre mío, no soy sólo Yo que te ruego, que reparo, que satisfago, que te aplaco, sino que hay otras criaturas que hacen en Mí lo que hago Yo, más bien suplen con su sufrir a mi Humanidad, que gloriosa es incapaz de sufrir".

(3) El alma con fundirse en Mí repite todo lo que hice y continúo haciendo, ¿pero cuál será el contento de estas almas que han hecho su vida en Mí, abrazando junto Conmigo todas las criaturas, todas las reparaciones, cuando estén conmigo en el Cielo? Su vida la continuarán en Mí, y conforme las criaturas piensen o me ofendan

hablo más que nunca, pero apenas termino me escondo, y tú no viéndome me dices que he cambiado, pero más bien te digo que cuando no quieres repetir con tu voz lo que te digo en tu interior, tú impides mi desahogo de amor".

+ + + +

con los pensamientos, estos pensamientos se repercutirán en su mente y continuarán con las reparaciones que hicieron en la tierra; serán junto Conmigo ante el trono divino, los centinelas de honor, y conforme las criaturas me ofendan en la tierra, ellas harán los actos opuestos en el Cielo, vigilarán mi trono, tendrán su puesto de honor, serán las que más me comprenderán, las más gloriosas, su gloria estará toda fundida en la mía y la mía en la de ellas. Así que tu vida esté toda fundida en la mía, no hagas ningún acto que no lo hagas pasar en Mí, y cada vez que tú te fundas en Mí, Yo derramaré en ti nueva gracia y nueva luz, y me haré vigilante centinela de tu corazón, para tenerte alejada cualquier sombra de pecado, te custodiaré como a mi misma Humanidad, mandaré a los ángeles que te hagan corona, a fin de que quedes defendida de todo y de todos".

+ + + +

12-3
Marzo 28, 1917

### Efectos del "te amo" de Jesús.

(1) Continuando mi habitual estado, apenas se hacía ver mi siempre amable Jesús, pero tan afligido que daba piedad, yo le he dicho: "¿Qué tienes Jesús?" Y Él:

(2) "Hija mía, habrán y sucederán cosas imprevistas, de improviso y estallarán revoluciones por todas partes. ¡Oh, cómo empeorarán las cosas!"

(3) Y todo afligido ha quedado en silencio. Y yo: "Vida de mi vida, dime otra palabra". Y Jesús, como si me infundiera su aliento ha agregado:

(4) "Te amo".

(5) Pero en aquel "te amo" parecía que todos, y todas las cosas recibieran nueva vida, y yo he repetido: "Jesús, dime otra palabra aún".

(6) Y Él: "Palabra más bella no podría decirte que un te amo, este mi te amo llena Cielo y tierra, circula en los santos, y reciben nueva gloria; desciende en los corazones de los viadores, y quién recibe gracia de conversión, quién de santificación; penetra en el Purgatorio, y como benéfico rocío cae sobre las almas, y sienten refrigerio; los mismos elementos se sienten investir de nueva vida en el fecundar, en el crecer, así que todos advierten el te amo de tu Jesús. ¿Y sabes cuándo el alma se atrae un te amo mío? Cuando fundiéndose en Mí toma la actitud divina, y perdiéndose en Mí hace todo lo que hago Yo".

(7) Y yo: "Amor mío, muchas veces resulta difícil tener siempre esta actitud divina".

(8) Y Jesús: "Hija mía, lo que el alma no puede hacer siempre con sus actos inmediatos en Mí, puede suplirlo con la actitud de su buena voluntad, y Yo la estimaré tanto, que me haré centinela vigilante de cada pensamiento, de cada palabra, de cada latido, etc., y me los pondré en cortejo dentro y fuera de Mí, mirándolos con tal amor, como fruto del buen querer de la criatura. Cuando después el alma fundiéndose en Mí hace sus actos inmediatos Conmigo, entonces me siento tan atraído hacia ella que hago junto con ella lo que ella hace, y cambio en divino el obrar de la criatura; Yo llevo cuenta de todo y premio todo, aún las más pequeñas cosas y hasta un solo acto bueno de voluntad no queda defraudado en la criatura".

+ + + +

12-4
Abril 2, 1917

**Las penas de la privación de Jesús son penas divinas.**

(1)Estaba lamentándome con mi siempre amable Jesús de sus acostumbradas privaciones y le decía: "Amor mío, que muerte continua, cada privación tuya es una muerte que siento, pero muerte tan cruel y despiadada, que mientras hace sentir los efectos de la muerte, pero no hace morir. Yo no entiendo cómo la bondad de tu corazón puede resistir el verme sufrir tantas muertes continuas, y después hacerme vivir todavía". Y el bendito Jesús ha venido por poco tiempo y estrechándome a su corazón me ha dicho:

(2)"Hija mía, estréchate a mi corazón y toma vida. Has de saber que la pena más satisfactoria, más agradable, más potente, que más me iguala y puede hacerme frente, es la pena de mi privación, porque es pena divina. Tú debes saber que las almas están tan unidas Conmigo que forman muchos eslabones unidos juntos en mi Humanidad, y conforme las almas se pierden rompen estos eslabones, y Yo siento por ello un dolor como si se arrancase un miembro del otro. Ahora, ¿quién me puede unir estos anillos? ¿Quién soldarlos de nuevo en modo de hacer desaparecer la rotura? ¿Quién podrá hacerlos entrar de nuevo en Mí para darles vida? Las penas de mi privación, porque es divina. Mi pena por la pérdida de las almas es divina; la pena del alma que no me ve, no me siente es divina, y como las dos son penas divinas, pueden besarse, unirse, hacerse frente, y tener tal poder, de tomar las almas desvinculadas y unirlas en mi Humanidad. Hija mía, ¿te cuesta mucho mi privación? Entonces, si te cuesta, no tengas inútil una pena de tanto costo. Así como Yo te hago don de ella, no la tengas para ti, sino hazla volar en medio de los combatientes y arranca las almas de en medio de las balas y enciérralas en Mí, y como cerradura y sello pon tu pena, y después tu pena hazla girar por todo el mundo para hacerla pescar almas y conducirlas nuevamente a todas en Mí, y a medida que sientas las penas de mis privaciones, así irás poniendo el sello de nueva unión".

+ + + +

12-5
Abril 12, 1917

**No es el sufrir lo que vuelve infeliz a la criatura, se vuelve infeliz cuando le falta alguna cosa a su amor por Dios.**

(1)Encontrándome en mi habitual estado, mi siempre amable Jesús ha venido, y como yo estaba sufriendo un poco me ha tomado entre sus brazos diciéndome:

(2)"Querida hija mía, amada hija mía, repósate en Mí, más bien, tus penas no las tengas contigo, mándalas sobre mi cruz a fin de que hagan cortejo a mis penas y me alivien, y mis penas cortejen a las tuyas y te sostengan, ardan de un mismo fuego y se consuman juntas, y Yo miraré tus penas como mías, les daré los mismos efectos, el mismo valor, y harán los mismos oficios que hice Yo sobre la cruz hacia el Padre y hacia las almas; es más, ven tú misma sobre la cruz, cómo seremos felices estando juntos, aun sufriendo, porque no es el sufrir lo que vuelve infeliz a la criatura, más bien el sufrir la vuelve victoriosa, gloriosa, rica, bella, se hace infeliz cuando le falta alguna cosa a su amor. Tú, unida Conmigo sobre la cruz serás colmada en todo en el amor, tus penas serán amor, tu vida será amor, toda amor, y por eso serás feliz".

+ + + +

12-6
Abril 18, 1917

**El volcarse en la Divina Voluntad y fundirse en Jesús, forma benéfico rocío sobre todas las criaturas.**

(1)Estaba fundiéndome en mi dulce Jesús para poderme difundir en todas las criaturas y fundirlas todas en Jesús, y yo me ponía entre las criaturas y Jesús para impedir que mi amado fuera ofendido y que las criaturas lo pudieran ofender. Ahora, mientras esto hacía me ha dicho:

(2)"Hija mía, en cuanto te vuelcas en mi Voluntad y te fundes en Mí, así en ti se forma un sol; conforme vas pensando, amando, reparando, etc., se forman los rayos, y mi Voluntad como fondo se hace corona de estos rayos y se forma el sol, el cual elevándose en el aire, se vuelve benéfico rocío sobre todas las criaturas, así que por cuantas más veces te fundes en Mí, tantos soles de más vas formando. ¡Oh, cómo es bello ver estos soles, que elevándose, elevándose, quedan fundidos en mi mismo Sol y hacen llover rocío benéfico sobre todos! ¿Cuántas gracias no reciben las criaturas? Yo estoy tan complacido y arrobado por esto, que en cuanto se funden en el mío, Yo lluevo sobre ellas abundantes rocíos de toda clase de gracias, de modo que puedan formar soles más grandes para poder derramar más abundantemente este benéfico rocío sobre todas las criaturas".

(3)Y conforme yo me fundía, sentía llover sobre mi cabeza luz, amor, gracias.

+ + + +

12-7
Mayo 2, 1917

### Cómo Jesús moría poco a poco.

(1)Encontrándome en mi habitual estado, estaba lamentándome con mi dulce Jesús de sus privaciones diciéndole: "Amor mío, ¿quién podía pensarlo, que tu privación me debía costar tanto? Me siento morir poco a poco, cada acto mío es una muerte que siento, porque no encuentro la vida, pero morir y vivir es más cruel aún, más bien, es doble muerte". Y mi amable Jesús, de carrera ha venido y me ha dicho:

(2)"Hija mía, ánimo y firmeza en todo, o qué, ¿no quieres imitarme? También Yo moría poco a poco, conforme las criaturas me ofendían en sus pasos, Yo sentía el desgarro en mis pies, pero con tal acerbidad de espasmos, capaces de darme la muerte, y mientras me sentía morir no moría; conforme me ofendían con sus obras Yo sentía la muerte en mis manos, y por el cruel desgarro Yo agonizaba, me sentía desfallecer, pero la Voluntad del Padre me sostenía, moría y no moría; conforme las malas palabras, las blasfemias horrendas de las criaturas se repercutían en mi voz, Yo me sentía sofocar, ahogar, amargar la palabra y sentía la muerte en mi voz, pero no moría. Y mi desgarrado corazón conforme palpitaba, sentía en mi latido las vidas malas, las almas que se arrancaban, y mi corazón estaba en continuos desgarros y laceraciones; agonizaba y moría continuamente en cada criatura, en cada ofensa, no obstante el amor, el Querer Divino, me obligaban a vivir. He aquí el por qué de tu morir poco a poco, te quiero junto Conmigo, quiero tu compañía en mis muertes, ¿no estás contenta?"

+ + + +

12-8
Mayo 10, 1917

### Con su respiro Jesús da movimiento y vida a todas las criaturas.

(1) Continuando mi pobre estado, según mi costumbre buscaba fundirme en mi dulce Jesús, pero por cuanto me esforzaba todo me resultaba inútil, el mismo Jesús me distraía, y suspirando fuerte me ha dicho:

(2) "Hija mía, la criatura no es otra cosa que mi respiro. conforme respiro así doy vida a todo; toda la vida está en el respiro, si falta el respiro el corazón no late más, la sangre no circula, las manos quedan inertes, la mente se siente morir la inteligencia, y así de todo lo demás; así que toda la vida humana está en el recibir y dar este respiro, pero mientras con mi respiro doy vida y movimiento a todas las criaturas, y con mi santo respiro las quiero santificar, amar, embellecer, enriquecer, etc., ellas al darme el respiro que de Mí reciben me mandan ofensas, rebeliones, ingratitudes, blasfemias, desconocimientos, y todo lo demás. Así que mando el respiro puro

y me regresa impuro, lo mando bendiciendo y me regresa maldiciendo, lo mando todo amor y me regresa ofendiéndome hasta en lo íntimo de mi corazón, pero el amor me hace continuar enviando mi respiro para mantener estas máquinas de vidas humanas, de otra manera no funcionarían más y terminarían por deshacerse. ¡Ah!, hija mía, ¿has visto cómo es mantenida la vida humana? Por mi respiro, y cuando encuentro un alma que me ama, cómo es dulce su respiro, cómo me recrea, me consuela; entre ella y Yo se forma un eco de armonías, así que quedan distintas de las otras criaturas, y serán distintas también en el Cielo. Hija mía, no podía contener mi amor y he querido desahogarme contigo".

(3) Así hoy no he podido fundirme en Jesús, porque Él mismo me ha tenido ocupada en su respiro. Cuántas cosas he comprendido, pero no sé decirlas bien y por eso mejor callo.

+ + + +

12-9
Mayo 12, 1917

### Quien duda del amor de Jesús lo entristece.

(1) No habiendo venido mi siempre amable Jesús y estando muy afligida, mientras rezaba un pensamiento ha volado en mi mente: "¿A ti no te ha venido jamás el pensamiento de que te podrías perder?" Verdaderamente jamás pienso en esto, y he quedado un poco sorprendida, pero el buen Jesús que me vigila en todo, pronto se ha movido en mi interior y me ha dicho:

(2) "Hija mía, estas son verdaderas extrañezas y que afligen mucho a mi amor. Si una hija dice a su padre, no soy tu hija, no me darás parte de tu herencia, no quieres darme el alimento, no quieres tenerme en casa, y se aflige y por ello se lamenta, ¿qué diría el pobre padre? Extrañezas, esta hija está loca y con todo amor le diría: "Entonces dime, si no eres mi hija, ¿de quién eres hija? Vives bajo mi mismo techo, comes en la misma mesa, te visto con las

monedas ganadas con mis sudores, si estás enferma te asisto y procuro los medios para curarte, ¿por qué dudas entonces que eres mi hija?" Con más razón Yo diría a quien duda de mi amor y temiera perderse: "¡Cómo! te doy mis carnes por alimento, vives en todo de lo mío, si estás enferma te curo con los sacramentos, si estás manchada te lavo con mi sangre, puedo decir que estoy casi a tu disposición, ¿y tú dudas? ¿Quieres entristecerme? O dime entonces, ¿amas tú a algún otro? ¿Reconoces a otro ser por padre? ¿Quién dice que no eres mi hija?" Pero si nada de esto hay, ¿por qué quieres afligirte y entristecerme, no bastan las amarguras que me dan los demás, quieres también tú poner penas en mi corazón?"

+ + + +

12-10
Mayo 16, 1917

### Efectos de las horas de la Pasión.

(1) Encontrándome en mi habitual estado, estaba fundiéndome toda en mi dulce Jesús, y luego me volcaba toda en las criaturas, para darles a todas ellas a Jesús; y mi amable Jesús me ha dicho:

(2) "Hija mía, cada vez que la criatura se funde en Mí, da a todas las criaturas el influjo de Vida Divina, y según tienen necesidad obtienen su efecto: Quien es débil siente la fuerza, quien es obstinada en la culpa recibe la luz, quien sufre recibe el consuelo, y así de todo lo demás".

(3) Después me he encontrado fuera de mí misma, me encontraba en medio de muchas almas que me hablaban, –parecía que fueran almas purgantes y santos–, y nombraban a una persona conocida mía, muerta no hacía mucho, y me decían: "Él se siente feliz al ver que no hay alma que entre en el Purgatorio que no lleve el sello de las horas de la Pasión, y cortejadas, ayudadas por estas horas, toma sitio en lugar seguro; y no hay alma que vuele al Paraíso que

no sea acompañada por estas horas de la Pasión; estas horas hacen llover del Cielo continuo rocío sobre la tierra, en el Purgatorio y hasta en el Cielo". Al oír esto decía entre mí: "Tal vez mi amado Jesús para mantener la palabra dada, que por cada palabra de las horas de la Pasión daría un alma, no hay alma que se salve que no se sirva de estas horas".

(4) Después he vuelto en mí misma, y habiendo encontrado a mi dulce Jesús le he preguntado si eso era verdad.

(5) Y Él: "Estas horas son el orden del universo, y ponen en armonía el Cielo y la tierra y me disuaden de no destruir al mundo; siento poner en circulación mi sangre, mis llagas, mi amor y todo lo que Yo hice, y corren sobre todos para salvar a todos. Y conforme las almas hacen estas horas de la Pasión, me siento poner en camino mi sangre, mis llagas, mis ansias de salvar las almas, y me siento repetir mi Vida. ¿Cómo pueden obtener las criaturas algún bien si no es por medio de estas horas? ¿Por qué lo dudas? La cosa no es tuya, sino mía, tú has sido el esforzado y débil instrumento".

+ + + +

12-11
Junio 7, 1917

### El alma queda separada de Jesús cuando hace entrar en ella alguna cosa que no le pertenece a Él.

(1) Encontrándome en mi habitual estado, me lamentaba con mi dulce Jesús de sus privaciones y le decía: "Qué amarga separación, separada de Ti todo termina y me siento la criatura más infeliz que pueda existir". Y Jesús interrumpiendo mi hablar me ha dicho:

(2) "Hija mía, ¿qué separación encuentras? El alma queda separada de Mí cuando hace entrar alguna cosa que no me pertenece a Mí. Por eso, si Yo entro en el alma y encuentro su voluntad mía, sus

deseos, sus afectos, los pensamientos, el corazón, todo mío, Yo la absorbo en Mí y voy fundiendo con el fuego de mi amor su voluntad con la mía, y de ellas hago una sola; fundo sus deseos con los míos, los afectos, los pensamientos con los míos, y cuando de todo he formado un solo líquido, como celestial rocío lo vierto sobre toda mi Humanidad, el cual, dividiéndose en tantas gotas de rocío por cuantas ofensas recibe, me besan, me aman, me reparan, me embalsaman mis llagas irritadas. Y como estoy siempre en acto de hacer el bien a todos, este rocío desciende a bien de todas las criaturas. Pero si encuentro en el alma alguna cosa extraña, que no me pertenece, entonces no puedo fundir lo suyo en lo mío, porque solamente el amor es lo que tiene virtud de fundirse y hacerse uno solo; las cosas similares son las que pueden intercambiarse, y que tienen el mismo valor, por lo que, si en el alma hay fierro, espinas, piedras, ¿cómo se pueden fundir? Y entonces son las separaciones, la infelicidad. Así que si en tu corazón no ha entrado nada, ¿cómo puedo separarme?"

+ + + +

12-12
Junio 14, 1917

## Por cuanto más el alma se desnuda de sí, tanto más Jesús la viste de Él.

(1) Continuando mi habitual estado, estaba rogando a mi amable Jesús que viniera en mí a amar, a rezar, a reparar, porque yo no sabía hacer nada, y el dulce Jesús movido a compasión por mi nulidad, ha venido, quedándose conmigo a rezar, amando y reparando junto conmigo, y después me ha dicho:

(2) "Hija mía, por cuanto más el alma se despoja de sí, tanto más la visto de Mí; por cuanto más cree que no puede hacer nada, tanto más obro Yo en ella y hago todo; siento que la criatura pone en acto todo mi amor, mis oraciones, mis reparaciones, etc., y para hacerme honor a Mí mismo, veo qué cosa quiere hacer: ¿Amar? Voy a ella y

amo junto con ella. ¿Quiere rezar? Rezo junto con ella; en suma, su despojarse de sí y su amor, que es mío, me atan y me obligan a hacer junto con ella lo que quiere hacer, y Yo doy al alma el mérito de mi amor, de mis oraciones y reparaciones, y con sumo contento mío siento repetir mi Vida, y hago descender a bien de todos, los efectos de mi obrar, porque no es de la criatura que está escondida en Mí, sino mío".

+ + + +

12-13
Julio 4, 1917

### Todas las penas de las criaturas fueron sufridas primero por Jesús. Quien hace la Divina Voluntad está junto con Jesús en el tabernáculo.

(1)Continuando mi habitual estado, yo me sentía un poco sufriente, y mi adorable Jesús al venir se ha puesto frente a mí, y parecía que entre Jesús y yo habían muchos hilos eléctricos de comunicación, y me ha dicho:

(2)"Hija mía, cada pena que el alma sufre es una comunicación de más que el alma adquiere, porque todas las penas que la criatura puede sufrir, primero fueron sufridas por Mí en mi Humanidad, y tomaron lugar en el orden divino; y como la criatura no puede sufrirlas todas juntas, mi bondad se las comunica poco a poco, y conforme las comunica así crecen las cadenas de unión Conmigo, y no sólo las penas producen este efecto, sino todo lo que la criatura puede hacer de bien, así se desarrollan los vínculos de unión entre Yo y ella".

(3)Otro día estaba pensando entre mí en el bien que las demás almas tienen de estarse ante el Santísimo sacramento, mientras que yo, pobrecita, estaba privada de ese bien, y el bendito Jesús me ha dicho:

(4)"Hija mía, quien hace mi Voluntad está junto Conmigo en el tabernáculo, y toma parte en mis penas, en las frialdades, en las irreverencias, en todo lo que las mismas almas hacen ante mi presencia Sacramental. Quien hace mi Voluntad debe tener la primacía en todo, le está reservado siempre el puesto de honor, por tanto, ¿quién recibe más bien, quien está delante a Mí o quien está Conmigo? Para quien hace mi Voluntad no tolero ni siquiera un paso de distancia entre Yo y ella, no división de penas o de alegrías; tal vez la tendré en la cruz, pero siempre Conmigo. He aquí por qué te quiero siempre en mi Querer, para darte el primer puesto en mi corazón Sacramentado; quiero sentir tu corazón palpitante en el mío, con mi mismo amor y dolor; quiero sentir tu querer en el mío, que multiplicándose en todos me dé con un solo acto las reparaciones de todos y el amor de todos; y mi Querer en el tuyo, que haciendo mía tu pobre humanidad, la eleva ante la Majestad del Padre como mi víctima continua".

+ + + +

12-14
Julio 7, 1917

## Para quien hace la Voluntad de Dios, todo está en acto presente.

(1)Estaba fundiéndome en mi dulce Jesús, pero me veía tan miserable que no sabía qué darle, y mi siempre amable Jesús para consolarme me ha dicho:

(2)"Hija mía, para quien hace mi Voluntad no existe pasado ni futuro, sino que todo está en acto presente, y así como todo lo que hice y sufrí está todo en acto presente, así que si quiero dar satisfacción al Padre, o hacer el bien a las criaturas, puedo hacerlo como si en acto estuviera sufriendo y obrando; así lo que puede sufrir o hacer la criatura en mi Voluntad, se unifica ya en mis penas y en mis obras y se hacen una sola, y el alma cuando quiere testimoniarme su amor con sus penas, puede tomar las penas sufridas otras veces, que están en acto, y dármelas para duplicar su amor, sus satisfacciones hacia Mí; y Yo al ver el ingenio de la criatura que pone como en un banco para multiplicar sus actos y ganar intereses para darme amor y satisfacciones, para enriquecerla mayormente y no dejarme vencer en amor, le daré mis penas, mis obras multiplicadas, para darle amor y hacerme amar".

+ + + +

12-15
Julio 18, 1917

### El alma que vive en la Divina Voluntad vive en Jesús y a expensas de Él.

(1) Continuando mi habitual estado, trataba de verterme toda en el Santo Querer de Jesús, y le pedía que Él se vertiera todo en mí, de manera de no sentirme más a mí misma, sino todo Jesús. Entonces el bendito Jesús ha venido y me ha dicho:

(2) "Hija mía, cuando el alma vive de mi Voluntad y todo lo que hace lo hace en mi Querer, Yo me la siento por todas partes, me la siento en la mente, sus pensamientos corren en los míos, y como Yo difundo la vida de la inteligencia en las criaturas, ella se difunde junto Conmigo en las mentes de las criaturas, y cuando ve que me ofenden ella siente mi dolor; me la siento en mi latido, más bien siento un latido en dos en mi corazón, y conforme mi amor se vierte en las criaturas, ella se vierte junto Conmigo y ama Conmigo, y si no soy amado, ella me ama por todos para corresponderme en el amor y me consuela; en mis deseos siento el deseo del alma que vive en mi Querer; en mis obras siento las suyas, en todo; así que puede decir que vive de Mí, a expensas de Mí".

(3) Y yo: "Amor mío, Tú haces todo por Ti mismo y no tienes necesidad de la criatura, ¿por qué entonces amas tanto que la criatura viva en tu y de tu Querer?"

(4)Y Jesús: "Cierto que de nada tengo necesidad y hago todo por Mí mismo, pero el amor para tener vida quiere su desahogo. Supón un sol que no tiene necesidad de luz porque tiene suficiente para sí y para los demás, pero habiendo otras pequeñas luces, a pesar de que no tiene necesidad las quiere en sí como compañía, para desahogarse y para engrandecer a las pequeñas luces, ¿qué injuria no harían las pequeñas luces si lo rechazaran? ¡Ah, hija mía, la voluntad cuando está sola es siempre estéril; el amor aislado languidece y se apaga, y Yo amo tanto a la criatura que la quiero unida con mi Voluntad para hacerla fecunda, para darle vida de amor; y en esto Yo encuentro mi desahogo, porque sólo para desahogarme en el amor he creado a la criatura, no para otra cosa, y por eso esto es todo mi empeño!"

+ + + +

12-16
Julio 25, 1917

### Jesús purifica al alma para
### admitirla a vivir en su Voluntad.

(1)Continuando mi habitual estado me lamentaba con Jesús y al mismo tiempo le pedía que pusiera fin a tantos castigos, y Jesús me ha dicho:

(2)"Hija mía, ¿te lamentas? Sin embargo es nada todavía, vendrán los grandes castigos, la criatura se ha vuelto insufrible, bajo los castigos se rebela más, y ni siquiera quiere reconocer que es mi mano que castiga, no tengo otros medios que usar que exterminarla, así podré quitar tantas vidas que apestan la tierra y me matan la creciente generación, por tanto no esperes el fin por ahora, sino más bien otros males peores, no habrá parte de la tierra que no sea empapada de sangre".

(3)Yo al oír esto me sentía lacerar el corazón, y Jesús queriéndome consolar me ha dicho:

(4) "Hija mía, ven en mi Voluntad para hacer lo que hago Yo, y en mi Querer podrás correr para bien de todas las criaturas, y desde dentro de la sangre donde nadan podrás salvarlas con la potencia de mi Querer, de modo que me las traerás lavadas por su propia sangre con el sello de mi Voluntad".

(5) Y yo: "Vida mía, soy tan mala, ¿cómo puedo hacerlo?"

(6) Y Jesús: "Tú debes saber que el acto más noble, más sublime, más grande, más heroico, es hacer mi Voluntad y obrar en mi Querer, por eso, a este acto al que ningún otro podrá igualar, Yo le hago gala de todo mi amor y generosidad, y en cuanto el alma se decide a hacerlo, Yo, para darle el honor de tenerla en mi Querer, en el acto en el que los dos quereres se encuentran para fundirse el uno en el otro y hacerse uno solo, si está manchada la purifico, y si las espinas de la naturaleza humana la envuelven, las destrozo; si algún clavo la traspasa, esto es, el pecado, Yo lo pulverizo, porque nada puede entrar de mal en mi Voluntad; es más, todos mis atributos la invisten y le cambian la debilidad en fortaleza, la ignorancia en sabiduría, la miseria en riqueza, y así de todo lo demás. en los otros actos permanece siempre alguna cosa de sí, pero en éstos queda el alma despojada de toda sí misma, y Yo la lleno toda de Mí".

+ + + +

12-17
Agosto 6, 1917

### La Divina Voluntad hace feliz al alma, aun en medio de las más grandes tempestades.

(1) Continuando mi habitual estado, mi siempre amable Jesús ha venido, y estando yo muy afligida por las continuas amenazas de peores castigos, y por sus privaciones, me ha dicho:

(2) "Hija mía, anímate, no te abatas demasiado, mi Voluntad vuelve al alma feliz aun en medio de las más grandes tempestades, más bien se eleva tan alto, que las tempestades no la pueden tocar, si bien las ve y las siente. El lugar donde ella mora no está sujeto a tempestades, sino que es siempre sereno y con sol radiante, porque su origen está en el Cielo, su nobleza es divina, su santidad está en Dios, donde está custodiada por Dios mismo, porque celoso de la santidad de esta alma que vive de mi Querer, la custodio en lo más íntimo del corazón y digo: Nadie me la toque, porque mi Querer es intangible, es sagrado, y todos deben hacer honor a mi Querer".

+ + + +

12-18
Agosto 14, 1917

### Jesús no hacía otra cosa que darse en poder de la Voluntad del Padre. Ejemplo de la Santidad del vivir en el Divino Querer.

(1) Encontrándome en mi habitual estado, mi dulce Jesús, de prisa ha venido y me ha dicho:

(2) "Hija mía, Yo no hacía otra cosa que darme en poder de la Voluntad del Padre, si pensaba, pensaba en la mente del Padre; si hablaba, hablaba en la boca y con la lengua del Padre; si obraba, obraba en las manos del Padre; también el respiro respiraba en Él, y todo lo que hacía iba ordenado como Él quería. Así que podía decir que mi Vida la desarrollaba en el Padre, y Yo era el portador del Padre, porque todo encerré en su Querer y nada hacía por Mí, mi punto principal era la Voluntad del Padre, porque Yo no ponía atención a Mí mismo, ni por las ofensas que me hacían interrumpía mi curso, sino que siempre volaba más a mi centro, y mi Vida natural terminó cuando en todo cumplí la Voluntad del Padre. Así tú hija mía, si te das en poder de mi Voluntad, no tendrás más pensamiento de nada, mi misma privación que tanto te atormenta y te consume, corriendo en mi Voluntad encontrará el sostén, mis besos

escondidos, mi Vida en ti vestida de ti, en tu mismo latido sentirás el mío, ardiente y doliente, y si no me ves, me sientes, mis brazos te estrechan, y ¿cuántas veces no sientes mi movimiento, mi aliento refrescante que calma tus ardores? Tú sientes todo esto, y cuando haces por ver quién te ha estrechado, quién te ha dado su aliento, y no me ves, Yo te sonrío y te beso con los besos de mi Querer y me escondo más en ti, para sorprenderte de nuevo y para darte un avance de más en mi Voluntad. Por eso no me amargues con afligirte, sino déjame hacer, el vuelo de mi Querer no se detenga jamás en ti, de otra manera obstaculizarías mi Vida en ti, mientras que con el vivir de mi Querer, Yo no encuentro impedimento y hago crecer y desarrollo mi Vida como quiero".

(3) Ahora, para obedecer quiero decir dos palabras acerca de la diferencia del vivir resignado a la Divina Voluntad, y el vivir en el Divino Querer:

(4) Primero, vivir resignado según mi pobre parecer, significa resignarse en todo a la Voluntad Divina, tanto en las cosas prosperas como en las adversas, mirando en todas las cosas a la Divina Voluntad, el orden de las disposiciones divinas que tiene sobre todas las criaturas, y que ni siquiera un cabello puede caer de nuestra cabeza si el Señor no lo quiere. Me parece que es como un buen hijo que va adonde quiere el padre, sufre lo que quiere el padre; rico o pobre le es indiferente, porque está contento sólo con ser lo que el padre quiere; si recibe o pide órdenes de ir a alguna parte para el desempeño de alguna empresa, él va solamente porque lo ha querido el padre, pero mientras dura el tiempo de estar lejos debe tomar un descanso, detenerse para reposar, tomar el alimento, tratar con personas, por tanto debe poner mucho de su querer a pesar de que va porque lo ha querido el padre, pero en tantas cosas se encuentra en la ocasión de hacer por sí mismo, por lo tanto puede estar los días, los meses, lejos del padre, sin estar en todas las cosas especificada la voluntad del padre. Así que a quien vive resignado al Divino Querer le es casi imposible no mezclar su voluntad en lo que hace, será un buen hijo, pero no tendrá en todo los pensamientos, las palabras, la vida del padre retratada del todo

en él, porque debiendo ir, regresar, seguir, tratar con otros, el amor queda roto, porque sólo la unión continuada hace crecer el amor, y jamás se rompe, y la corriente de la voluntad del padre no está en comunicación continua con la corriente de la voluntad del hijo, y en aquellos intervalos el hijo puede habituarse a hacer la propia voluntad; sin embargo creo que es el primer paso hacia la santidad.

(5)Segundo, vivir en el Divino Querer, quisiera la mano de mi amable Jesús para escribirlo. ¡Ah! sólo Él podría decir todo lo bello, lo bueno y lo santo del vivir en el Divino Querer, yo soy incapaz, tengo muchos conceptos en la mente pero me faltan las palabras. Jesús mío, vuélcate en mi palabra, y yo diré lo que puedo:

(6)Vivir en el Divino Querer significa inseparabilidad, no hacer nada por sí mismo, porque delante al Divino Querer se siente incapaz de todo, no pide órdenes ni las recibe, porque se siente incapaz de ir solo y dice: "Si quieres que haga, hagamos juntos, y si quieres que vaya, vayamos juntos". Así que hace todo lo que hace el Padre: Si el Padre piensa, hace suyos los pensamientos del Padre, y no hace ni un pensamiento de más de los que hace el Padre; si el Padre mira, si habla, si obra, si camina, si sufre, si ama, también ella mira lo que mira el Padre, repite las palabras del Padre, obra con las manos del Padre, camina con los pies del Padre, sufre las mismas penas del Padre y ama con el amor del Padre; vive no fuera sino dentro del Padre, así que es el reflejo y el retrato perfecto del Padre; lo que no es para quien vive solamente resignado. A este hijo es imposible encontrarlo sin el Padre, ni al Padre sin él, y no sólo externamente, sino que todo su interior se ve como entretejido con el interior del Padre, transformado, perdido todo, todo en Dios. ¡Oh, los vuelos rápidos y sublimes de este hijo en el Querer Divino! Este Querer Divino es inmenso, a cada instante circula en todos, da vida y ordena todo, y el alma espaciándose en esta inmensidad vuela hacia todos, ayuda a todos, ama a todos, pero como ayuda y ama el mismo Jesús, lo que no puede hacer quien vive sólo resignado, así que a quien vive en el Divino Querer le es imposible hacer por sí solo, más bien siente náusea de su obrar humano, aunque sea santo, porque en elDivino Querer, las cosas, aún las más pequeñas, toman otro aspecto, adquieren nobleza, esplendor, santidad divina, potencia y belleza divinas, se multiplican al infinito, y en un instante hace todo y después que ha hecho todo, dice: "No he hecho nada, lo ha hecho Jesús, y este es todo mi contento, que miserable cual soy, Jesús me ha dado el honor de tenerme en el Divino Querer para hacerme hacer lo que ha hecho Él". Así que el enemigo no puede molestar a esta hija en si ha hecho bien o mal, poco o mucho, porque todo lo ha hecho Jesús, y ella junto con Jesús, ésta es la más pacífica, no está sujeta a ansiedades, no ama a ninguno y ama a todos, pero divinamente, se puede decir: "Es la repetidora de la Vida de Jesús, el órgano de su voz, el latido de su corazón, el mar de sus gracias".

(7) Sólo en esto, creo, consiste la verdadera santidad; todas las demás cosas son sombras, larvas, espectros de santidad. En el Querer Divino las virtudes toman puesto en el orden divino; en cambio fuera de Él, en el orden humano, están sujetas a estima propia, a vanagloria, a pasiones. ¡Oh! cuántas obras buenas y cuántos sacramentos frecuentados son de llorarse delante a Dios, y de repararse, porque están vacíos del Divino Querer, por tanto sin frutos. Quiera el Cielo que todos comprendieran la verdadera santidad, ¡oh! cómo todas las demás cosas desaparecerían.

(8) Por tanto, muchos se encuentran en el camino falso de la santidad, muchos la ponen en las pías prácticas de piedad, y ¡ay de quien se las estorbe! ¡Oh! cómo se engañan, si sus quereres no están unidos con Jesús, y también transformados en Él, lo que es continua oración, con todas sus pías prácticas su santidad es falsa, y se ve que estas almas pasan con mucha facilidad de las pías prácticas a los defectos, a las diversiones, a sembrar discordias y a tantas otras cosas. ¡Oh, cómo es deshonrosa esta especie de santidad! Otros ponen la santidad en ir a la iglesia y asistir a todas las funciones, pero su querer está lejano de Jesús, y se ve que estas almas poca atención ponen a sus propios deberes, y si son impedidas se enfurecen, lloran porque su santidad se les va por el aire, se lamentan, desobedecen, son las llagas de las familias; ¡oh, qué falsa santidad! Otros la ponen en las confesiones frecuentes,

en la dirección pormenorizada, en hacer escrúpulo de todo, pero luego no se hacen escrúpulo de que su querer no corre junto con el Querer de Jesús, y ¡ay de quien las contradice!; estas almas son como los globos inflados, que en cuanto se les hace un pequeño agujero, se sale el aire y su santidad se esfuma, y caen por tierra, estos pobres globos tienen siempre qué decir, son fácilmente llevados a la tristeza, viven siempre en la duda, y por eso quisieran un director para ellos, que en cada pequeña cosa los aconseje, los tranquilice, los consuele, pero pronto están más agitados que antes. Pobre santidad, cómo es falsificada, quisiera las lágrimas de mi Jesús para llorar junto con Él sobre estas santidades falsas y hacer conocer a todos cómo la verdadera santidad está en el hacer la Divina Voluntad y vivir en el Divino Querer, esta santidad echa sus raíces tan profundas, que no hay peligro de que oscile, porque llena Cielo y tierra, y dondequiera encuentra su apoyo; es firme, no sujeta a inconstancias, a defectos voluntarios, atenta a los propios deberes, es la más sacrificada, desapegada de todos y de todo, aun de las mismas direcciones, y como sus raíces son profundas, se eleva tan alto, que las flores y los frutos florecen en el Cielo, y está tan escondida en Dios que la tierra poco o nada ve de esta alma; el Querer Divino la tiene absorbida en Él; sólo Jesús es el artífice, la vida, la forma de la santidad de esta envidiable criatura, no tiene nada de suyo, sino todo es en común con Jesús, su pasión es el Divino Querer; su característica es el Querer de su Jesús, y el Fiat es su movimiento continuo.

(9) En cambio la pobre y falsa santidad de los globos está sujeta a continuas inconstancias, y mientras parece que los globos de su santidad se inflan tanto, que parece que vuelan por el aire a una cierta altura, tanto que muchos y los mismos directores quedan admirados, pero pronto se desengañan; y basta para hacer desinflar estos globos, una humillación, una preferencia usada por los directores con cualquier otra persona, creyéndolas un robo que les hacen, pues se creen las más necesitadas, por tanto, mientras se hacen escrúpulo de tonterías, después llegan a desobedecer; es la envidia y la polilla de estos globos, que royéndoles el bien que hacen, les va sacando el aire y el pobre globo se desinfla y cae por

tierra, llegando a ensuciarse de tierra, y entonces se ve la santidad que había en el globo; ¿y qué cosa se encuentra? Amor propio, resentimiento, pasiones escondidas bajo aspecto de bien, y se tiene ocasión para decir: Se han hecho juguete del demonio; así que de toda la santidad, no se ha encontrado otra cosa que un amasijo de defectos, aparentemente disfrazados de virtud. Pero, ¿quién puede decir todo? Sólo Jesús sabe los males peoresde esta falsa santidad, de esta vida devota sin fundamento, porque está apoyada sobre una falsa piedad. Estas falsas santidades son las vidas espirituales sin fruto, estériles, que son causa de hacer llorar, quién sabe cuánto, a mi amable Jesús; son el malhumor de la sociedad, las cruces de los mismos directores, de las familias. Se puede decir que llevan junto a ellos un aire maléfico que daña a todos.

(10)¡Oh, qué diferente es la santidad del alma que vive en el Querer Divino! Estas almas son la sonrisa de Jesús, están alejadas de todos, aun de los mismos directores, sólo Jesús es todo para ellas, así que no son suplicio para ninguno; el aire benéfico que poseen embalsama a todos, son el orden y la armonía de todos. Jesús, celoso de estas almas, se hace actor y espectador de lo que hacen, ni siquiera un latido, un respiro, un pensamiento que Él no regule y domine. Jesús las tiene tan absorbidas en el Divino Querer, que difícilmente pueden recordarse que viven en el exilio.

+ + + +

12-19
Septiembre 18, 1917

### Efectos de la constancia en el bien.

(1)Continuando mi habitual estado, me la he pasado en penas, mucho más que mi Mamá Celestial se había hecho ver llorando, y habiéndole preguntado, ¿Mamá mía, por qué lloras? Me ha dicho:

(2)"Hija mía, ¿cómo no debo llorar si el fuego de la justicia divina quisiera devorar todo? El fuego de las culpas devora todo el bien de las almas, y el fuego de la justicia quiere destruir todo lo que pertenece a las criaturas, y viendo que el fuego corre, lloro, por eso, reza, reza".

(3)Después me lamentaba con Jesús por sus privaciones, me parecía que sin Él no podía más, y mi amable Jesús, movido a compasión de mi pobre alma, ha venido y transformándome en Él me ha dicho:

(4)"Hija mía, paciencia, la constancia en el bien pone todo a salvo, más bien te digo que cuando tú, privada de Mí, luchas entre la vida y la muerte por el dolor de estar privada de tu Jesús, y a pesar de todo esto eres constante en el bien y nada descuidas, no haces otra cosa que exprimirte a ti misma, y al exprimirte sale el amor propio, las satisfacciones naturales, la naturaleza queda como deshecha y queda sólo un zumo tan puro y dulce, que Yo con mucho gusto tomo y me endulzo y te miro con tanto amor y ternura, de sentir tus penas como si fueran mías. Así si estás fría, árida o de otro modo y eres constante, son otras tantas exprimidas que te das a ti misma, y más zumo formas para mi corazón amargado. Sucede como con un fruto espinoso y de cáscara dura, pero que dentro contiene una sustancia dulce y útil; si la persona es constante en quitar las espinas, al exprimir aquel fruto extraerá toda la sustancia del fruto y gustará lo exquisito de ese fruto, así que el pobre fruto ha quedado vacío de lo exquisito que contenía y las espinas y la cáscara han sido tiradas. Así el alma, en la frialdad, en la aridez, arroja a tierra las satisfacciones naturales, se vacía de sí misma y con la constancia se exprime a sí misma, y el alma queda con el fruto puro del bien, y Yo disfruto lo dulce de éste. Así que si eres constante, todo te servirá para bien, y Yo apoyaré con seguridad mis gracias".

+ + + +

12-20
Septiembre 28, 1917

**Los actos hechos en la Divina Voluntad son soles que**

## iluminan a todos, y servirán para hacer que se salve quien tenga un poco de buena voluntad.

(1) Continuando mi habitual estado, mi dulce Jesús me ha dicho:

(2) "Hija mía, las tinieblas son densas, y las criaturas se precipitan cada vez más; es más, en estas tinieblas van cavando el precipicio donde perecerán. La mente del hombre ha quedado ciega, no tiene más luz para mirar el bien, sino sólo el mal, y el mal lo inundará y lo hará perecer, así que donde creía encontrar salvación, encontrará la muerte. ¡Ah, hija mía! ¡Ah, hija mía!"

(3) Después ha agregado: "Los actos hechos en mi Voluntad son como soles que iluminan a todos, y mientras dura el acto de la criatura en mi Voluntad, un sol de más resplandece en las mentes ciegas, y quien tiene un poco de buena voluntad encontrará luz para salvarse del precipicio, los demás, todos perecerán, por eso en estos tiempos de densas tinieblas, cuánto bien hacen los actos de la criatura hechos en mi Voluntad, quien se salve será únicamente en virtud de estos actos".

(4) Dicho esto se ha retirado. Después ha regresado de nuevo y ha agregado:

(5) "El alma que hace mi Voluntad y vive en Ella, puedo decir que es mi carroza y Yo tengo las riendas de todo; tengo las riendas de la mente, de los afectos, de los deseos, y ni siquiera una dejo en su poder, y sentándome sobre su corazón para estar más cómodo, mi dominio es completo y hago lo que quiero, ahora hago correr la carroza, ahora la hago volar, ahora me lleva al Cielo, ahora giro toda la tierra, ahora me detengo, ¡oh, cómo soy glorioso, victorioso y domino e impero! Si después el alma no hace mi Voluntad y vive del querer humano, la carroza se deshace, me quita las riendas y Yo quedo sin dominio, como un pobre rey expulsado de su reino, y el enemigo toma mi puesto, y las riendas quedan en poder de las propias pasiones".

+ + + +
12-21
Octubre 4, 1917

## Las penas, la sangre de Jesús corren junto al hombre para sanarlo y salvarlo.

(1) Esta mañana mi siempre amable Jesús me ha transportado fuera de mí misma, Él estaba en mis brazos y su rostro tan cerca al mío, que suavemente me besaba, como si no quisiera que yo lo advirtiera, pero habiendo repetido sus besos yo no he podido contenerme de corresponderle con mis besos, pero mientras lo besaba me ha venido el pensamiento de besar sus santísimos labios e intentar chupar las amarguras que contenía, pues, quien sabe, tal vez Jesús no quiera dármelas. Más tarde en pensarlo que en hacerlo, lo he besado y me he puesto a chupar, pero no salía nada, le he rogado que derramara en mí sus amarguras y de nuevo y con más fuerza he chupado, pero nada. Mi Jesús parecía que sufría por los esfuerzos que le hacía, y habiéndome puesto a chupar con más fuerza la tercera vez, sentía venir en mí el aliento amarguísimo de Jesús, y he visto a través de su garganta una cosa dura que no podía salir, e impedía que las amarguras que Él contenía salieran para verterlas en mí. Y mi afligido Jesús, casi llorando me ha dicho:

(2) "Hija mía, hija mía, resígnate, ¿no ves qué obstáculo me ha puesto el hombre con el pecado que me impide hacer partícipe de mis amarguras a quien me ama? ¡Ah!, ¿no recuerdas cuando antes te decía: "Déjame hacer, de otra manera el hombre llegará al punto de hacer tanto mal de agotar el mismo mal, y no saber ya qué otro mal hacer?".- Y tú no querías que castigara al hombre, y el hombre empeora siempre, ha reunido en sí tanta pus, que ni la guerra ha podido hacer salir esta pus; la guerra no ha derribado al hombre, más bien lo ha envalentonado de más; la revolución lo hará enfurecerse, la miseria lo hará desesperar y entregarse en brazos del delito, y todo esto servirá para hacer salir de alguna manera toda la podredumbre que contiene el hombre, y entonces mi bondad, no indirectamente por medio de las criaturas, sino directamente desde

el Cielo castigará al hombre, y estos castigos serán como benéfico rocío que bajará del Cielo, que abatirá al hombre, y tocado por mi mano se reconocerá a sí mismo, se despertará del sueño de la culpa y reconocerá a su Creador. Por eso hija, ruega para que todo sea para bien del hombre".

(3) Jesús ha quedado con su amargura, y yo afligida porque no he podido aliviarlo, pues apenas sentía su aliento amargo y me he encontrado en mí misma. Me sentía inquieta, las palabras de Jesús me atormentaban, ante mí mente veía el terrible futuro, y Jesús para tranquilizarme ha regresado, y casi para distraerme me ha dicho:

(4) "¡Cuánto amor, cuánto amor! Mira, mientras Yo sufría y la pena se detenía en Mí, Yo le decía: "Pena mía, ve, corre, corre, ve en busca del hombre, ayúdalo, y mis penas sean la fuerza de las suyas". Mientras derramaba mi sangre decía a cada gota: "Corran, corran, sálvenme al hombre, y si está muerto denle la vida, pero la Vida Divina, y si huye corran detrás de él, circúndenlo por todos lados, confúndanlo de amor hasta que se rinda". Al irse formando las llagas en mi cuerpo bajo los flagelos, repetía: "Llagas mías, no os estéis Conmigo, sino buscad al hombre y si lo encontráis llagado por la culpa, poneos como medicina para sanarlo". Así que todo lo que hacía y decía, todo lo ponía en torno al hombre para ponerlo a salvo. Ahora, también tú, por amor mío, nada tengas para ti, sino que todo hazlo correr junto al hombre para salvarlo, y Yo te miraré como otro Yo mismo".

+ + + +

12-22
Octubre 8, 1917

## Todo lo que ha sido hecho por Jesús es eterno.
## Las almas que aman a Jesús lo suplen.

(1) Continuando mi habitual estado, mi amable Jesús en cuanto ha venido, estando yo con muchas penas, me ha dicho:

(2)"Hija mía, lo que ha sido hecho por Mí, todo es eterno, así que mi Humanidad sufriente no debía ser para un tiempo, sino hasta que el mundo sea mundo, y como mi Humanidad en el Cielo no es ya capaz de sufrir, me sirvo de la humanidad de las criaturas, haciéndolas participar de mis penas para continuar mi Humanidad en la tierra; y esto con justicia, porque estando Yo en la tierra incorporé en Mí todas las humanidades de las criaturas para ponerlas a salvo y hacer todo para ellas; ahora estando en el Cielo difundo esta mi Humanidad en ellas, especialmente en quien me ama, difundo mis penas y todo lo que hizo mi Humanidad para el bien de las almas descarriadas, para decir al Padre: "Mi Humanidad está en el Cielo, pero también en la tierra, en las almas que me aman y sufren".  Por eso mi satisfacción hacia el Padre es siempre completa, mis penas están siempre en acto, porque las almas que me aman me suplen, por eso consuélate cuando sufres, porque recibes el honor de suplirme".

+ + + +

12-23
Octubre 20, 1917

**Cómo el alma puede hacerse hostia por amor de Jesús.**

(1)Habiendo recibido a mi Jesús, estaba pensando cómo podría devolver amor por amor, y me resultaba imposible el poderme restringir, empequeñecerme, como hace Jesús en la hostia por amor mío; esto no está en mi poder, como sí lo está en el de Jesús.  Y mi amado Jesús me ha dicho:

(2)"Hija mía, si no puedes restringirte toda tú dentro del breve giro de una hostia por amor mío, puedes muy bien restringirte toda tú en mi Voluntad, para poder formar la hostia de ti en mi Voluntad.  Cada acto que hagas en mi Voluntad me formarás una hostia, y Yo me alimentaré de ti como tú de Mí.  ¿Qué cosa forma la hostia?  Mi Vida en ella.  ¿Qué cosa es mi Voluntad?  ¿No es toda mi Vida?  Así que también tú puedes hacerte hostia por amor mío; por cuantos más actos hagas en mi Voluntad, tantas hostias de más formarás para restituirme amor por amor".

+ + + +

12-24
Octubre 23, 1917

### Primer acto que hizo Jesús al recibirse Sacramentado.

(1)Esta mañana, después de haber recibido al bendito Jesús estaba diciéndole: "Vida mía Jesús, dime, ¿cuál fue el primer acto que hiciste cuando te recibiste a Ti mismo Sacramentalmente".

(2)Y Jesús: "Hija mía, el primer acto que hice fue el de multiplicar mi Vida en tantas Vidas mías por cuantas criaturas puedan existir en el mundo, a fin de que cada una tuviera una Vida mía únicamente para ella, que continuamente reza, agradece, da satisfacción, ama, por ella sola, como también multiplicaba mis penas por cada alma, como si por ella sola sufriera y no por otros. En aquel momento supremo de recibirme a Mí mismo, Yo me daba a todos, y a sufrir en cada uno de los corazones mi Pasión, para poder sojuzgar los corazones por vía de penas y de amor, y dándoles todo lo mío divino, venía a tomar el dominio de todos. Pero, ¡ay de Mí! mi amor quedó desilusionado por muchos y espero con ansia los corazones amantes, que recibiéndome se unan Conmigo para multiplicarse en todos, deseando y queriendo lo que quiero Yo, para tomar al menos de ellos lo que no me dan los otros, y para recibir el contento de tenerlos conforme a mi deseo y a mi Voluntad. Por eso hija mía, cuando me recibas haz lo que hice Yo, y Yo tendré el contento de que al menos seamos dos que queremos la misma cosa".

(3)Pero mientras esto decía, Jesús estaba muy afligido, y yo le he dicho: "Jesús, ¿qué tienes que estás tan afligido?"

(4)"¡Ay, ay, cuantos males como torrente impetuosa inundarán los países, cuántos males, cuántos males! Italia está atravesando horas tristes, tristísimas. Estréchense más a Mí, estén de acuerdo entre ustedes, rueguen a fin de que los males no sean peores".

(5)Y yo: "¡Ah! mi Jesús, ¿qué será de mi país? No será que ya no me quieres como antes, porque queriéndome Tú perdonabas en algo los castigos".

(6)Y Él casi llorando: "No es verdad, te quiero bien".

+ + + +

12-25
Noviembre 2, 1917

### Lamentos de Jesús. Amenazas de castigos para Italia.

(1)Continuando mi habitual estado, entre privaciones, penas y amarguras, especialmente por tantos males que se oyen, y por la entrada de los extranjeros en Italia, rogaba al buen Jesús que detuviera a los enemigos y le decía: "¿Era ésta tal vez la inundación que Tú decías en días pasados?" y el buen Jesús, viniendo me ha dicho:

(2)"Hija mía, esta era la inundación que te decía, y la invasión continuará avanzando, los extranjeros continuarán invadiendo Italia, mucho se lo han merecido. Yo había escogido a Italia como una segunda Jerusalén; ella por correspondencia ha desconocido mis leyes, me ha negado los derechos que me correspondían; ¡ah! puedo decir que no se comporta más como hombre, sino como bestia y ni siquiera bajo el pesado flagelo de la guerra me ha reconocido y quiere seguir adelante como mi enemigo. Justamente se ha merecido la derrota y la continuaré humillando hasta el polvo".

(3) Y yo interrumpiéndolo: "Jesús, ¿qué dices? ¡Pobre patria mía, cómo serás lacerada! ¡Jesús, piedad, detén la corriente de los extranjeros!"

(4) Y Jesús: "Hija mía, con sumo dolor debo permitir que los extranjeros avancen; tú porque no amas a las almas tanto como Yo quisieras la victoria, pero si Italia vence será la ruina para las almas, su soberbia llegaría a tanto que arruinaría el poco avance de bien que hay en la nación, y se pondría como ejemplo ante los pueblos como nación que sabe hacer las cosas sin Dios. ¡Ah, hija mía, los flagelos continuarán, los países serán devastados, los despojaré de todo, el pobre y el rico serán una misma cosa. No han querido conocer mis leyes; de la tierra se han hecho un dios para cada uno, y Yo con despojarlos les haré conocer qué cosa es la tierra; con el fuego la purificaré, porque es tanta la peste que exhala, que no puedo tolerarla; muchos quedarán sepultados en el fuego, y así volveré juiciosa la tierra. Es necesario, lo requiere la salvación de las almas; te había dicho desde hace ya mucho tiempo de estos flagelos, y ahora el tiempo ha llegado, pero no del todo aún, otros males vendrán. Enmendaré la tierra, enmendaré la tierra".

(5) Y yo: "Jesús mío, aplácate, basta por ahora".

(6) Y Él: "¡Ah, no! Tú reza y Yo haré menos cruel al enemigo".

+ + + +
12-26
Noviembre 20, 1917

**Jesús hará reaparecer la santidad del vivir en su Voluntad.**

(1) Continuando mi estado aún más doloroso, mi siempre amable Jesús viene y huye como un relámpago, y no me da tiempo ni siquiera de rogarle por los tantos males que la pobre humanidad sufre, especialmente mi amada patria. Qué golpe para mi corazón la entrada de los extranjeros en ella, creía que Jesús me lo había dicho antes para hacerme rezar; y si al venir le suplico me dice:

"Seré inexorable". Y si le insisto diciéndole: "Jesús, ¿no quieres tener compasión? ¿No ves cómo las ciudades son destruidas, cómo la gente queda desnuda y hambrienta? ¡Ah Jesús, cómo te has hecho duro!" Él me responde:

(2) "Hija mía, a Mí no me interesan las ciudades, las grandezas de la tierra, sino me importan las almas. Las ciudades, las iglesias y lo demás, después de destruidas se podrán rehacer; en el diluvio, ¿no destruí Yo todo? Y después, ¿no se rehizo de nuevo? Pero las almas, si se pierden es para siempre, no hay quien me las dé nuevamente. ¡Ah, Yo lloro por las almas! Por la tierra han desconocido el Cielo, Yo destruiré la tierra, haré desaparecer las cosas más bellas que como cadenas atan al hombre".

(3) Y yo: "Jesús, ¿qué dices?"

(4) Y Él: "Ánimo, no te abatas, seguiré adelante; tú ven en mi Querer, vive en Él, a fin de que la tierra no sea más tu habitación, sino que tu habitación sea Yo mismo, así estarás del todo al seguro. Mi Querer tiene el poder de volver al alma transparente, y entonces, como el alma es transparente, lo que Yo hago se refleja en ella: si Yo pienso, mi pensamiento se refleja en su mente y se hace luz, y el suyo como luz se refleja en el mío; si miro, si hablo, si amo, etc., como tantas luces se reflejan en ella, y ella en Mí, así que estamos en continuos reflejos, en comunicación perenne, en amor recíproco, y como Yo me encuentro en todas partes, los reflejos de estas almas me llegan en el Cielo, en la tierra, en las hostias Sacramentales, en los corazones de las criaturas; dondequiera y siempre luz doy y luz me envían, amor doy y amor me dan, son mis habitaciones terrestres donde me refugio de las náuseas que me dan las demás criaturas. ¡Oh! el bello vivir en mi Querer, me agrada tanto, que haré desaparecer todas las demás santidades, bajo cualquier otro aspecto de virtud en las futuras generaciones, y haré reaparecer la santidad del vivir en mi Voluntad, que son y serán no las santidades humanas, sino divinas, y su santidad será tan alta, que como soles eclipsarán las estrellas más bellas de los santos de

las pasadas generaciones, por esto quiero purgar la tierra, porque es indigna de estos portentos de santidad".

+ + + +

12-27
Noviembre 27, 1917

### La Santidad del vivir en el Divino Querer está exenta de interés personal y de pérdida de tiempo.

(1) Continúo sólo por obedecer. Mi siempre amable Jesús parece que tiene ganas de hablar del vivir en su Santísimo Querer; parece que mientras habla de su Santísima Voluntad olvida todo y hace olvidar todo; el alma no encuentra otra cosa que la necesidad, otro bien, que vivir en su Querer. Entonces mi dulce Jesús, después de haber escrito el día 20 de Noviembre acerca de su Querer, disgustándose conmigo me ha dicho:

(2) "Hija mía, no has dicho todo, quiero que no dejes de escribir ninguna cosa cuando Yo te hablo de mi Querer, aun las más pequeñas cosas, porque todas servirán para bien de los que vendrán. En todas las santidades ha habido siempre los santos que han dado inicio a las diferentes especies de santidad, así que hubo el santo que inicio la santidad de los penitentes, otro que inició la santidad de la obediencia, otro la de la humildad y así de todas las otras santidades. Ahora, el inicio de la santidad del vivir en mi Querer quiero que seas tú. Hija mía, todas las demás santidades no están exentas de pérdida de tiempo y de interés personal, como por ejemplo: Un alma que vive en todo a la obediencia tiene mucha pérdida de tiempo; aquel hablar y hablar continuado la distraen de Mí, pone la virtud en lugar mío, y si no tiene la oportunidad de tomar todas las órdenes, vive inquieta. Otra que sufre tentaciones, ¡oh! cuánta pérdida de tiempo, no se cansa de decir todos sus obstáculos y pone la virtud del sufrimiento en lugar mío, y muchas veces estas santidades se esfuman. Pero la santidad del vivir en mi Querer está exenta de interés personal, de pérdida de tiempo, no

hay peligro de que Me cambien por la virtud, porque el vivir en mi Querer soy Yo mismo. Esta fue la santidad de mi Humanidad en la tierra, y por eso hizo todo y por todos, y sin la sombra del interés. El interés propio quita el sello de la santidad divina, por esto jamás puede ser sol, a lo más, por cuan bella sea, puede ser una estrella. Por eso quiero la santidad del vivir en mi Querer; en estos tiempos tan tristes la generación tiene necesidad de estos soles que la calienten, la iluminen, la fecunden; el desinterés de estos ángeles terrestres, todo para bien de los demás, sin la sombra de interés propio, abrirá el camino en los corazones de todos para recibir mi gracia.

(3) Además, las iglesias son pocas, muchas serán destruidas; muchas veces no encuentro sacerdotes que me consagren, otras veces permiten que almas indignas me reciban, y que almas dignas no me reciban, otras veces las almas no pueden recibirme, así que mi amor se encuentra obstaculizado. Por eso quiero hacer la santidad del vivir en mi Querer, en ella no tendré necesidad de sacerdotes para consagrarme, ni de iglesias, ni de tabernáculos, ni de hostias, sino que estas almas serán todo junto: Sacerdotes, iglesias, tabernáculos y hostias. Mi amor estará más libre, cada vez que quiera consagrarme lo podré hacer, a cada momento, de día, de noche, en cualquier lugar donde esas almas se encuentren, ¡oh, cómo mi amor tendrá su desahogo completo! ¡Ah, hija mía, la presente generación merece ser destruida del todo, y si permitiré que algo poco quede de ella, es para formar estos soles de la santidad del vivir en mi Querer, que a ejemplo mío me reharán de todo lo que me debían las otras criaturas, pasadas, presentes y futuras. Entonces la tierra me dará verdadera gloria y mi Fiat Voluntas Tua como en el Cielo así en la tierra, tendrá su cumplimiento y conclusión".

+ + + +

12-28
Diciembre 6, 1917

## Por qué a Jesús jamás le pueden agradar los actos hechos fuera de su Querer.

(1) Después de haber recibido a Jesús en el sacramento, estaba diciéndole: "Te beso con el beso de tu Querer, Tú no estás contento si te doy solamente mi beso, sino que quieres el beso de todas las criaturas, y yo por eso te doy el beso en tu Querer, porque en Él encuentro a todas las criaturas, y sobre las alas de tu Querer tomo todas sus bocas y te doy el beso de todos, y mientras te beso, te beso con el beso de tu amor, a fin de que no con mi amor te bese, sino con tu mismo amor, y Tú sientas el contento, las dulzuras, la suavidad de tu mismo amor en los labios de todas las criaturas, de modo que atraído por tu mismo amor, te obligo a dar tu beso a todas las criaturas". Pero, ¿quién puede decir mis tantos desatinos que decía a mi amable Jesús? Entonces mi dulce Jesús me ha dicho:

(2) "Hija mía, cómo me es dulce ver, sentir al alma en mi Querer; sin que ella lo perciba se encuentra en las alturas de mis actos, de mis oraciones, del modo como Yo hacía estando sobre esta tierra, se pone casi a mi nivel. Yo en mis más pequeños actos encerraba a todas las criaturas, pasadas, presentes y futuras, para ofrecer al Padre actos completos a nombre de todas las criaturas, ni siquiera un respiro de criatura se me escapó de quedar encerrado en Mí, de otra manera el Padre habría podido encontrar excepciones en reconocer a las criaturas y todos los actos de ellas, por no haber sido hechos por Mí ni salido de Mí, y me hubiera podido decir: "No has hecho todo ni por todos, tu obra no está completa, no puedo reconocer a todos porque no a todos los has reincorporado en Ti, y Yo quiero reconocer sólo lo que has hecho Tú". Por eso en la inmensidad de mi Querer, de mi amor y poder, hice todo y por todos. Entonces, ¿cómo me pueden agradar las demás cosas, por bellas que sean, fuera de mi Querer? Son siempre actos bajos y humanos y delimitados; en cambio los actos en mi Querer son nobles, divinos, sin término, infinitos, cual es mi Querer, son semejantes a los míos y Yo les doy el mismo valor, amor y poder de mis mismos actos, los multiplico en todos, los extiendo a todas las generaciones, a todos los tiempos. Qué me importa que sean pequeños, son siempre mis

actos repetidos y basta; y además, el alma se pone en su verdadera nada, no en la humildad, en la cual siempre se siente algo de sí misma, y como nada entra en el Todo y obra Conmigo, en Mí y como Yo, toda despojada de sí, no poniendo atención ni al mérito ni al interés propio, sino toda atenta en darme contento, dándome dominio absoluto en sus actos, sin querer saber lo que hago con ellos, sólo un pensamiento la ocupa, el vivir en mi Querer, pidiéndome que le dé tal honor. He aquí por qué la amo tanto, y todas mis predilecciones, mi amor, son para esta alma que vive en mi Querer; y si amo a las demás es en virtud del amor con el que amo a esta alma y que desciende de ella, igual que como el Padre ama a las criaturas en virtud del amor con el que me ama a Mí".

(3) Y yo: "Cómo es cierto lo que Tú dices, que en tu Querer no se quiere nada, ni se quiere saber nada. Si se quiere hacer algo es sólo porque lo has hecho Tú, se siente el deseo ardiente de repetir las cosas tuyas, todo lo demás desaparece, no se quiere hacer más nada!".

(4) Y Jesús: "Y Yo la hago hacer todo, y le doy todo".

+ + + +

12-29
Diciembre 12, 1917

### El sol da una semejanza de los actos hechos en el Divino Querer.

(1) Continuando mi habitual estado, estaba fundiéndome toda en el Santo Querer de mi dulce Jesús, y rezaba, amaba y reparaba; y Él me ha dicho:

(2) "Hija mía, ¿quieres una similitud de los actos hechos en mi Querer? Mira hacia lo alto y ahí encontrarás el sol, un círculo de luz que tiene sus límites, su forma, pero la luz que sale de este sol, de dentro de los límites de su redondez, llena la tierra, se extiende

dondequiera, no en forma redonda sino donde encuentra tierra, montes, mares para iluminar y para revestir con su calor; tanto, que el sol con la majestad de su luz, con el benéfico influjo de su calor y con investir a todos, se vuelve el rey de todos los planetas y tiene la supremacía sobre todas las cosas creadas. Ahora, así son los actos hechos en mi Querer, y aún más, la criatura al obrar, su acto es pequeño, limitado, pero conforme entra en mi Querer se hace inmenso, inviste a todos, da luz y calor a todos, reina sobre todos, adquiere la supremacía sobre todos los demás actos de las criaturas, tiene derecho sobre todos; así que impera, gobierna, conquista, no obstante su acto es pequeño, pero con hacerlo en mi Querer ha sufrido una transformación increíble, que ni al ángel le es dado comprenderlo, sólo Yo puedo medir el justo valor de estos actos hechos en mi Voluntad, son el triunfo de mi gloria, el desahogo de mi amor, el cumplimiento de mi Redención, y me siento como compensado de la misma Creación, por eso siempre adelante en mi Querer".

+ + + +

12-30
Diciembre 28, 1917

**Jesús quiere los actos continuos de la criatura, no importa que sean pequeños, con tal que esté el movimiento, el germen, Él los une a los suyos y los hace grandes.**

(1) Continuando mi habitual estado y estando un poco sufriente pensaba entre mí: "Cómo será que no me es dado poder encontrar reposo ni de noche ni de día; más bien, por cuanto más débil y sufriente, tanto más mi mente está despierta e imposibilitada para tomar reposo". Y mi dulce Jesús me ha dicho:

(2) "Hija mía, tú no sabes la razón, pero Yo la sé y ahora te la digo a ti. Mi Humanidad no tuvo reposo, y en mi mismo sueño no tuve tregua, sino que intensamente trabajaba, y esto porque debiendo dar vida a todos y a todo, y rehacer en Mí todo, me convenía

trabajar sin interrumpir un instante, y quien debe dar vida debe ser un continuo movimiento y un acto jamás interrumpido, así que Yo estaba en continuo acto de hacer salir de Mí vidas de criaturas y de recibirlas. Si Yo hubiera querido reposar, ¿cuántas vidas no hubieran salido, cuántas no teniendo mi acto continuo no se hubieran desarrollado y hubieran quedado marchitas, cuántas no hubieran entrado en Mí faltándoles el acto de vida de quien es el único que puede dar vida? Ahora hija mía, queriéndote junto Conmigo en mi Querer, quiero tu acto continuo, así que tu mente despierta es acto, el murmullo de tu oración es acto, los movimientos de tus manos, los latidos de tu corazón, el mover de tu mirada, son actos, serán pequeños, pero qué me importa, con tal que esté el movimiento, el germen Yo los uno a los míos y los hago grandes, y les doy virtud de producir vidas. Tampoco mis actos fueron todos aparentemente grandes, especialmente cuando Yo, pequeño, gemía, chupaba la leche de mi Mamá, me entretenía en besarla, acariciarla, entrelazar mis manitas a las suyas; más grande cortaba flores, tomaba el agua y otras cosas, éstos eran todos actos pequeños, pero estaban unidos en mi Querer, en mi Divinidad, y esto bastaba; y entonces se volvían tan grandes de poder crear millones y miles de millones de vidas. Así que mientras gemía, de mis gemidos salían vidas de criaturas; mamaba, besaba, acariciaba, pero eran vidas que salían; en mis dedos entrelazados con las manos de mi Mamá corrían las almas, y mientras cortaba las flores y tomaba el agua, eran almas que salían del latido de mi increado corazón, y entraban; mi movimiento fue continuo, he aquí la razón de tu vigilia. Cuando veo tu movimiento, tus actos en mi Querer, que ahora se ponen a mi lado, ahora me corren en mis manos, ahora en mi voz, en mi mente, en mi corazón, Yo los hago movimiento de todos y a cada uno doy vida en mi Querer, dándoles la virtud de mis actos, y los hago correr para salvación y para bien de todos".

+ + + +

12-31
Diciembre 30, 1917

## Dolor de Jesús por quien le roba los afectos y los corazones de las criaturas.

(1)Continuando mi habitual estado, mi siempre amable Jesús se hacía ver afligido, y se lamentaba por tantos que le roban los afectos y los corazones de las criaturas, poniéndose en su lugar en las almas y yo le he dicho: "Amor mío, ¿es tan feo este vicio que tanto te aflige?"

(2)Y Él: "Hija mía, no sólo es feo sino feísimo, es trastornar, poner de cabeza el orden del Creador y ponerse ellos encima, y a Mí debajo y decirme: "También yo soy bueno para ser Dios". ¿Qué dirías tú si alguno robara un millón a otro y lo dejara pobre e infeliz?"

(3)Y yo: "O restituye lo robado o merece la condena".

(4)Y Jesús: "Sin embargo cuando se me roban los afectos, los corazones, es más que robarme un millón, porque estas son cosas materiales y bajas, las otras son espirituales y altas; las primeras queriendo se pueden restituir, las segundas jamás, así que son hurtos irremediables e incancelables, y si el fuego del purgatorio purificará a estas almas, jamás podrá restituir y llenar el vacío de un solo afecto que me han quitado; sin embargo ni cuenta se dan, es más, algunos parece que van vendiendo estos afectos, y sólo están contentos cuando encuentran quien los compra para hacer adquisición de los afectos de los otros sin ningún escrúpulo. Hacen escrúpulo si roban a las criaturas, pero si se me roba a Mí, ni siquiera un solo pensamiento. ¡Ah! hija mía, Yo he dado todo a las criaturas, les he dicho: "Toma lo que quieras para ti, a Mí déjame sólo tu corazón". No obstante se me niega, y no sólo eso, sino que me roban los afectos de los demás, y esto no es sólo por parte de los seglares, no, sino por parte de personas consagradas, por almas piadosas. ¡Oh! cuántos males hacen por ciertas direcciones espirituales demasiado dulces, por ciertas condescendencias no necesarias, por oír y oír usando modos atractivos, esto en lugar de hacer bien, es un laberinto que forman en torno a las almas, y cuando estoy obligado a entrar en esos corazones quisiera huir, viendo que los afectos no son míos, el corazón no es mío, y todo esto, ¿debido a quién? A quien debería reordenar las almas en Mí, más bien él ha tomado mi puesto, y Yo siento tales náuseas que no puedo acomodarme y estar en esos corazones, pero estoy obligado a estar hasta que los accidentes se consumen. ¡Qué estragos de almas! Estas son las verdaderas llagas de mi Iglesia. He aquí por qué tantos ministros arrancados de las iglesias, y por cuantas oraciones se me hagan Yo no puedo escucharlas, y para ellos no hay gracias, más bien respondo a ellos con el grito doliente de mi corazón: "Ladrones, vamos, salgan de mi Santuario, porque no puedo soportaros más!"

(5) Yo he quedado espantada y he dicho: "Aplácate oh Jesús, míranos en Ti como fruto de tu sangre, de tus llagas, y cambiarás los castigos en gracias".

(6) Y Él ha agregado: "Las cosas seguirán adelante, humillaré al hombre hasta el polvo, y varios incidentes imprevistos continuarán sucediendo para confundir mayormente al hombre, y donde él cree encontrar salvación, encontrará una trampa; y donde creerá encontrar una victoria, encontrará una derrota; donde luz, tinieblas; así que él mismo dirá: "Estoy ciego y no sé que más hacer". Y la espada devastadora continuará devastando hasta que todo sea purificado".

+ + + +

12-32
Enero 27, 1918

### Las cosas empeorarán más.

(1) Los días son amarguísimos, el dulce Jesús casi no viene, o bien como relámpago, y en ese relámpago se hace ver secándose las lágrimas, y sin dar razón huye. Finalmente, después de mucho esperar me ha dicho:

(2)"Hija mía, después de tanto tiempo que tratas Conmigo no has aprendido a conocer mis modos y la causa de mi ausencia, muchas veces te lo he dicho, qué fácil eres para olvidar lo que te digo. Las cosas empeorarán más, ésta es la razón".

(3)Después, encontrándome fuera de mí misma, veía y escuchaba que dos o tres naciones se debían volver impotentes para defenderse. ¡Cuántas miserias, cuántas ruinas, porque otras naciones las oprimían tanto, hasta ponerles las manos encima, de modo que quedarán impotentes!

+ + + +

12-33
Enero 31, 1918

### Perderse en Jesús para poder decir: "Lo que es de Jesús es mío".

(1)Me estaba abandonando toda en Jesús, y Él me ha dicho:

(2)"Hija mía, piérdete en Mí, tu oración piérdela en la mía, de modo que la tuya y la mía sean una sola oración, y no se conozca cuál sea la tuya y cuál la mía; tus penas, tus obras, tu querer, tu amor, piérdelos todos con mis penas, con mis obras, etc., de manera que se mezclen las unas con las otras para formar una sola cosa, tanto que tú podrás decir: "Lo que es de Jesús es mío". Y Yo diré: "Lo que es tuyo es mío". Supón un vaso de agua que vacías en un recipiente grande de agua; ¿después sabrías distinguir el agua del vaso de la del recipiente? Ciertamente que no, por eso, para grandísima ganancia tuya y para sumo contento mío, repíteme frecuentemente en lo que haces: "Jesús, lo vierto en Ti, para poder hacer no mi Voluntad sino la tuya". Y Yo rápidamente verteré mi obrar en ti".

+ + + +

12-34
Febrero 12, 1918

**Las iglesias desiertas y sin ministros.**

(1)Continuando mi habitual estado, el siempre amable Jesús se hacía ver muy afligido y yo le he dicho: "Amor mío, ¿por qué estás tan afligido?"

(2)Y Él: "¡Ah! hija mía, cuando permita que las iglesias queden desiertas, los ministros dispersos, las misas disminuidas, significará que los sacrificios me son ofensas, las oraciones insultos, las adoraciones irreverencias, las confesiones pasatiempos y sin fruto; por lo tanto, no encontrando más mi gloria, sino ofensas, ni el bien de ellos, no sirviéndome más los quito; pero este arrancar los ministros de mi Santuario significa que las cosas han llegado al punto más malo, y que la diversidad de los castigos se multiplicará. ¡Cómo es duro el hombre, cómo es duro!"

+ + + +

12-35
Febrero 17, 1918

**El calor del Querer Divino destruye las imperfecciones.**

(1)Me sentía un poco distraída y volcándome en el Santo Querer de Dios, pedía perdón de mi distracción, y Jesús me ha dicho:

(2)"Hija mía, el sol con su calor destruye los olores fétidos, la parte infecciosa que hay en el estiércol cuando éste es esparcido en la tierra para fecundar las plantas, de otra manera se podrirían y terminarían por secarse. Ahora, el calor de mi Voluntad, en cuanto el alma entra en Ella, destruye la infección, los defectos que el alma ha contraído en su distracción, por eso en cuanto adviertas la distracción, no te estés en ti misma, sino de inmediato entra en mi

Querer, a fin de que mi calor te purifique e impida que te vayan a secar".

+ + + +

12-36
Marzo 4, 1918

### La firmeza produce el heroísmo.

(1) Continuando mi habitual estado me lamentaba con Jesús de mi pobre estado, y Él me ha dicho:

(2) "Hija mía, ánimo, no te apartes en nada, la firmeza es la virtud más grande, la firmeza produce el heroísmo, y es casi imposible que el hombre no sea, con la firmeza, un gran santo; es más, conforme va repitiendo sus actos, así va formando dos barreras, una a la derecha y la otra a la izquierda, que le sirven de apoyo y defensa, y reiterando sus actos se forma en sí una fuente de nuevo y creciente amor. La firmeza reafirma la gracia y pone el sello de la perseverancia final. Tu Jesús no teme que sus gracias puedan quedar sin efectos en las almas firmes, y por eso a torrentes Yo las vierto sobre el alma constante. Así que de un alma que hoy obra y mañana no, ahora hace un bien, ahora hace otro distinto, no hay mucho que esperar, no tendrá ningún apoyo, y ahora será lanzada a un lado y ahora a otro, morirá de hambre porque no tendrá la fuente de la firmeza que hace surgir el amor; la gracia teme derramarse, porque de Ella hará abuso y se servirá de Ella para ofenderme".

+ + + +

12-37
Marzo 16, 1918

### El alimento de Jesús.

(1) Sentía una gran necesidad y dirigía a Jesús mis dolorosos lamentos y Él, todo bondad ha salido de dentro de mi interior, vestido con una vestidura adornada de diamantes fulgidísimos, y como despertándose de un profundo sueño, todo ternura me ha dicho:

(2) "Hija mía, ¿qué quieres? Tus lamentos han herido mi corazón y me he despertado para responder de inmediato a tus necesidades. Has de saber que Yo estaba en tu corazón, y a medida que tú hacías tus actos, tus oraciones, las reparaciones, conforme te vertías en mi Querer y me amabas, Yo tomaba todo para Mí y me servía de ello para alimentarme y embellecer mi vestidura de preciosos diamantes; tan es verdad esto, que mientras tú me amabas, rogabas y demás, Yo no quedaba en ayunas como si nada hicieras, Yo tomaba todo para Mí, pues tú me has dado plena libertad. Ahora, cuando el alma hace esto, Yo no sé estar en reposo en sus necesidades, y me hago todo para ella. Dime entonces, ¿qué quieres?"

(3) Yo le he dicho mis extremas necesidades, derramando amargas lágrimas, tanto, que bañaba las manos santísimas de Jesús, y el dulce Jesús me ha estrechado a su corazón, del cual vertía en el mío un agua dulcísima que toda me restauraba y luego ha agregado:

(4) "Hija mía, no temas, Yo seré todo para ti, si las criaturas te vienen a faltar, Yo haré todo, te ataré y te desataré, no te faltaré jamás, te amo demasiado, te he hecho crecer en mi Querer, eres parte de Mí mismo, te haré de guardia y diré a todos: "Nadie me la toque". Por eso tranquilízate, que tu Jesús no te deja".

+ + + +

12-38
Marzo 19, 1918

**Jesús siente náusea por la desunión de los sacerdotes.**

(1)Continuando mi habitual estado, mi siempre amable Jesús ha venido todo afligido y me ha dicho:

(2)"Hija mía, qué náusea siento por la desunión de los sacerdotes, me es intolerable. Su vida desordenada es la causa por la que mi justicia permitirá que mis enemigos les pongan las manos encima para maltratarlos; ya los malos están por echarse contra ellos, e Italia está por cometer el más grande pecado, el perseguir a mi Iglesia y mancharse las manos de sangre inocente".

(3)Y mientras esto decía, me hacía ver a nuestras naciones aliadas devastadas, y muchos lugares desaparecidos y su soberbia abatida.

+ + + +

12-39
Marzo 26, 1918

### Obrando en el Divino Querer, lo humano queda como suspendido y obra y toma lugar la Vida Divina.

(1)Continuando mi habitual estado, trataba de fundirme en el Divino Querer, y mi dulce Jesús me ha dicho:

(2)"Hija mía, cada vez que el alma entra en mi Querer y reza, obra, sufre, etc., tantas nuevas bellezas divinas adquiere, así que un acto de más o de menos hecho en mi Voluntad, es una belleza de más o de menos que el alma adquiere, no sólo, sino que en cada acto de más que hace en mi Voluntad, toma una fuerza, una sabiduría, un amor, una santidad, y otras cosas divinas de más, y mientras toma las cualidades divinas deja las humanas, más bien obrando en mi Querer lo humano queda como suspendido, y obra y toma lugar la Vida Divina, y mi amor tiene el desahogo de tomar actitud de obrar en la criatura".

+ + + +

12-40
Marzo 27, 1918

## Viviendo en el Divino Querer, el alma encuentra todo en modo divino e infinito.

(1)Me lamentaba con Jesús porque ni siquiera la santa misa podía oír, y Jesús me ha dicho:

(2)"Hija mía, quien forma el sacrificio, ¿no soy Yo? Ahora, el alma que vive Conmigo y en mi Querer, encontrándome Yo en cada sacrificio, ella queda como sacrificada junto Conmigo, no en una misa, sino en todas las misas, y viviendo en mi Querer queda consagrada Conmigo en todas las hostias. No salgas jamás de mi Querer y Yo te haré llegar a donde quieras; más bien, entre Yo y tú pasará tal corriente eléctrica de comunicación, que tú no harás ningún acto sin Mí, y Yo no haré ningún acto sin ti. Así que cuando te falte alguna cosa, entra en mi Voluntad y encontrarás pronto lo que quieres, cuantas misas quieras, cuantas comuniones quieras, cuanto amor quieras; en mi Voluntad nada falta, y no sólo, sino que encontrarás las cosas en modo divino e infinito".

+ + + +

12-41
Abril 8, 1918

## Diferencia entre vivir unido con Jesús, y vivir en el Divino Querer.

(1)Volviendo sobre el punto del vivir en el Divino Querer, se me había dicho que es como vivir en el estado de unión con Dios, y mi siempre amable Jesús al venir me ha dicho:

(2)"Hija mía, hay gran diferencia entre el vivir unido Conmigo, y vivir en mi Querer".

(3) Y mientras esto decía, me ha extendido los brazos y me ha dicho:

(4) "Ven en mi Querer aunque sea por un solo instante y verás la gran diferencia".

(5) Yo me he encontrado en Jesús, mi pequeño átomo nadaba en el Querer Eterno, y como este Querer Eterno es un acto solo que contiene todos los actos juntos, pasados, presentes y futuros, yo, estando en el Querer Eterno tomaba parte en aquel acto único que contiene todos los actos, por cuanto a criatura es posible. Yo tomaba parte también en los actos que no existen aún y que deberán existir hasta el fin de los siglos, y hasta que Dios sea Dios, y también por éstos yo lo amaba, lo agradecía, lo bendecía, etc., no había ni un solo acto que se me escapara, y ahora tomaba el amor del Padre, del Hijo y del Espíritu Santo, lo hacía mío, como era mío su Querer, y lo daba a Ellos como mío. Cómo estaba contenta por poder darles el amor de Ellos como mío, y porque Ellos encontraban su pleno contento y su desahogo completo al recibir de mí su amor como mío; ¿pero quién puede decirlo todo? Me faltan las palabras. Entonces el bendito Jesús me ha dicho:

(6) "¿Has visto qué cosa es vivir en mi Querer? Es desaparecer, es entrar en el ámbito de la Eternidad; es penetrar en la omnividencia del Eterno, en la mente increada, y tomar parte en todo por cuanto a criatura es posible, y en cada acto divino; es disfrutar aún estando en la tierra de todas las cualidades divinas; es odiar el mal en modo divino; es expandirse a todos sin agotarse, porque la Voluntad que anima a esta criatura es Divina; es la santidad aún no conocida, que haré conocer, que pondrá el último adorno y el más bello y el más refulgente de todas las demás santidades, y será corona y cumplimiento de todas ellas.

(7) Ahora, vivir unido Conmigo no es desaparecer, se ven dos seres juntos, y quien no desaparece no puede entrar en el ámbito de la eternidad para tomar parte en todos los actos divinos. Pondera bien y verás la gran diferencia".

+ + + +

12-42
Abril 12, 1918

### El alma debe apoyarse en Jesús.

(1)Encontrándome en mi habitual estado sentía una extrema necesidad de Jesús y de apoyarme toda en Él, y mi dulce Jesús ha venido y me ha dicho:

(2)"Hija mía, apóyate toda en Mí, siempre me encontrarás a tu disposición, no te faltaré jamás; más bien, por cuanto más te apoyes en Mí tanto más Yo me derramaré en ti, y sintiendo Yo muchas veces la necesidad de apoyarme, vendré a ti y me apoyaré en ti sirviéndome de mi mismo apoyo que he formado en ti, y cuando vea que tú desdeñas el apoyo de las criaturas, Yo te amaré el doble y te duplicaré mi apoyo".

(3)Después ha agregado: "Cuando el alma hace todo para agradarme, para amarme y para vivir a expensas de mi Voluntad, viene a ser como miembro a mi cuerpo y Yo me glorío de estos miembros como míos; de otra manera son como miembros dislocados de Mí, que me dan dolor no sólo a Mí, sino también a ellos mismos y al prójimo, son miembros que hacen salir materia para infectar y secar el mismo bien que hacen".

+ + + +

12-43
Abril 16, 1918

### Jesús viene oculto en las penas.

(1)Continuando mi habitual estado, mi pobre corazón me lo sentía oprimido y en penas amargas que no es necesario decirlas aquí, y mi siempre amable Jesús viniendo me ha dicho:

(2)"Hija mía, Yo mando las penas a las criaturas a fin de que en las penas me encuentren a Mí. Yo estoy como envuelto en las penas, y si el alma sufre con paciencia, con amor, rompe la envoltura que me cubre y me encuentra a Mí, de otra manera Yo quedaré oculto en la pena y ella no tendrá el bien de encontrarme, y Yo no tendré el bien de revelarme".

(3)Después ha agregado: "Yo siento una fuerza irresistible de expandirme hacia las criaturas, quisiera expandir mi belleza para hacerlas todas bellas, pero la criatura ensuciándose con la culpa rechaza la belleza divina y se cubre de fealdad; quisiera expandir mi amor, pero ellas amando lo que no es mío viven entumecidas por el frío y mi amor queda rechazado; todo quisiera comunicarme al hombre, cubrirlo todo en mis mismas cualidades, pero soy rechazado, y rechazándome forma un muro de división entre Yo y él, que llega a romper cualquier comunicación entre la criatura y el Creador. Pero a pesar de todo Yo continúo expandiéndome, no me retiro, para poder encontrar al menos uno que reciba mis cualidades, y encontrándolo le duplico las gracias, las centuplico, me vierto todo en él, hasta hacer de él un portento de gracia.

(4)Por eso quita esta opresión de tu corazón, derrámate en Mí y Yo me verteré en ti. Te lo ha dicho Jesús y basta, no pienses en nada y Yo haré y pensaré en todo".

+ + + +

12-44
Abril 25, 1918

**Jesús juega con Luisa. [2]**

(1) Estaba diciendo a mi dulce Jesús: "Vida mía, que mala (cattiva) soy, pero si bien soy mala (cattiva), sé que Tú me quieres mucho". Y mi amado Jesús me ha dicho:

(2) "Conquistadora (cattivella) mía, ciertamente que eres cautivadora (cattiva), has conquistado (cattivato) mi Voluntad. Si conquistabas (cattivavi) mi amor, mi potencia, mi sabiduría, etc., conquistabas (cattivavi) parte de Mí, pero con conquistar (cattivare) mi Voluntad, has conquistado (cattivato) toda la sustancia de mi Ser, que corona todas mis cualidades, por eso me has tomado a todo Mí mismo. He aquí el por qué te hablo frecuentemente no sólo de mi Voluntad, sino del vivir en mi Querer, porque habiéndolo conquistado (cattivato), quiero que conozcas de Él sus cualidades y el modo de cómo vivir en mi Querer, para poder hacer junto Conmigo vida común e inseparable, y revelarte los secretos de mi Querer. ¿Podrías ser más conquistadora (cattiva)?"

(3) Y yo: "Mi Jesús, te burlas de mí; yo quiero decirte que de verdad soy mala (cattiva) y que me ayudes para poder volverme buena".

(4) Y Jesús: "Sí, sí".

(5) Y ha desaparecido.

+ + + +

12-45
Mayo 7, 1918

## La Divina Voluntad tritura lo humano.

(1) Continuando mi habitual estado, mi dulce Jesús me ha dicho:

(2) "Hija mía, si no me ves como de costumbre por algunos días, no te aflijas, los males aumentarán y Cielo y tierra se unirán para golpear al hombre, y no quiero afligirte con hacerte ver tantos males".

(3)Y yo: "¡Ah mi Jesús! la pena más grande para mí es tu privación, es muerte sin morir, pena indescriptible y sin término, Jesús, Jesús, ¿qué dices? ¿Yo sin Ti? ¿Sin vida? Espera Jesús, no me lo digas más".

(4)Y Jesús ha agregado: "Hija mía, no te alarmes, no te he dicho que no deba venir del todo, sino que no será frecuentemente, y para no preocuparte te lo he dicho primero. Mi Voluntad suplirá a todo, porque lo humano en mi Voluntad queda triturado, y Yo extraigo la flor, el fruto, el trabajo de mi Querer, y lo pongo junto Conmigo a hacer vida común, y lo humano como bagazo queda separado y queda fuera, por eso deja que la máquina de mi Voluntad te triture bien, bien, para hacer que nada de humano quede en ti".

+ + + +

12-46
Mayo 20, 1918

### La Voluntad de Dios concentra todo.

(1)Continuando mi habitual estado, estaba diciendo a mi dulce Jesús: "Cómo quisiera tener tus deseos, tu amor, tus afectos, tu corazón, etc., para poder desear, amar, etc., como Tú". Y mi siempre amable Jesús me ha dicho:

(2)"Hija mía, Yo no tengo deseos, afectos, sino que el todo está concentrado en mi Voluntad, mi Voluntad es todo en Mí. Desea quien no puede, pero Yo todo puedo; quisiera amar quien no tiene amor, pero en mi Voluntad está la plenitud, la fuente del verdadero amor, y siendo infinito, en un acto simple de mi Voluntad poseo todos los bienes, que desbordándose de mi Ser descienden para bien de todos. Si Yo tuviera deseos sería infeliz, me faltaría alguna cosa, pero Yo todo poseo, por eso soy feliz y hago felices a todos. Infinito significa poder todo, poseer todo, hacer felices a todos. La criatura, porque es finita, no posee todo, ni puede abrazar todo, he aquí por qué contiene deseos, ansias, afectos, etc., que como tantos escalones puede servirse de ellos para subir al Creador y tomar en ella las cualidades divinas y llenarse tanto, hasta desbordarse para bien de los demás. Si después el alma se concentra toda ella en mi Voluntad, perdiéndose toda en mi Querer, entonces no copiará mis cualidades, sino que de un solo sorbo me absorberá en sí, y no tendrá más en ella deseos y afectos propios, sino sólo la Vida de mi Querer, que dominándola toda, le hará desaparecer todo y le hará reaparecer en todo mi Voluntad".

+ + + +

12-47
Mayo 23, 1918

### Los vuelos del alma en el Querer Divino.

(1) Esta mañana mi dulce Jesús no ha venido, y yo la he pasado entre suspiros, ansias y amarguras, pero toda sumergida en su Voluntad. Llegada la noche no podía más, y lo llamaba y lo volvía a llamar, mis ojos no se podían cerrar, me sentía inquieta, a cualquier costo quería a Jesús; mientras me encontraba en esto ha venido y me ha dicho:

(2) "Paloma mía, ¿quién te puede decir los vuelos que haces en mi Querer, el espacio que recorres, las extensiones que vuelas? ¡Ninguno, ninguno, ni siquiera tú lo sabrías decir! Yo, sólo Yo lo puedo decir, Yo que mido las fibras, Yo que numero el vuelo de tus pensamientos, de tus latidos, y mientras vuelas veo los corazones que tocas; pero no te detengas, vuela a otros corazones y llama y vuelve a llamar y vuela de nuevo, y sobre tus alas lleva mi te amo a otros corazones para hacerme amar, y después, en un solo vuelo ven a mi corazón para tomar descanso, para después reiniciar vuelos más rápidos. Yo me divierto con mi paloma y llamo a los ángeles, a mi Mamita a divertirse Conmigo. Pero mira, no te lo digo todo, el resto te lo diré en el Cielo, ¡oh, cuántas cosas sorprendentes te diré!"

(3)Después me ha puesto la mano en la frente y ha agregado:

(4)"Te dejo la sombra de mi Voluntad, el aliento de mi Querer, duerme".

(5)Y me he dormido.

+ + + +

12-48
Mayo 28, 1918

**Es tanto el celo del amor de Jesús por Luisa, que le aleja todo.**

(1)Encontrándome en mi habitual estado, estaba diciendo a mi amado Jesús: "Jesús, ámame mucho, yo tengo más derecho que los demás a ser amada, porque ni yo amo a nadie, sino sólo a Ti, ni nadie me ama a mí, y si alguno parece que me ama, es por el bien que le llega, no por mí; así que entre mi amor y el tuyo no hay ningún otro amor en medio". Y el dulce Jesús me ha dicho:

(2)"Hija mía, esto no es otra cosa que mi amor más fuerte, y es tanto, que el celo de mi amor por ti te aleja todo, y me pongo a guardia para que ni siquiera una sombra de amor de criatura te aliente, a lo más tolero que alguna te ame en Mí, no fuera de Mí, de otra manera la haría huir, y esto también significa que ni tú has entrado en ningún corazón, ni nadie ha entrado en el tuyo".

(3)Después, por la noche ha regresado Jesús y la Reina Mamá, y llamándome por mi nombre, como si quisieran que pusiera atención. ¡Cómo era bello ver a la Mamá y a Jesús hablar entre ellos! Mi Mamá Celestial decía:

(4)"Hijo mío, ¿qué haces? Es demasiado lo que quieres hacer. Yo tengo los derechos de Madre y me duele que mis hijos deban sufrir tanto. Quieres abrir el Cielo a los castigos y destruir a las criaturas y los alimentos que servirán para alimentarlas; quieres inundarlos de males contagiosos; ¿cómo harán? Tú dices que amas mucho a esta hija mía, cuánto no sufrirá si haces eso. Para no amargarla no lo hagas".

(5) Y lo acercaba hacia mí, pero Jesús respondía decidido:

(6) "No puedo, muchos males alejo por causa suya, pero todo no. Madre mía, hagamos correr el torbellino de los flagelos a fin de que se rindan".

(7) Y después decían tantas otras cosas entre ellos, que yo no comprendía todo. He quedado abatida, pero espero que Jesús se aplaque.

+ + + +

12-49
Junio 4, 1918

### Repetición de las reparaciones de Jesús.

(1) Continuando mi habitual estado, estaba diciendo a mi amado Jesús: "No desdeñes mis oraciones, son tus mismas palabras que repito, las mismas intenciones, quiero las almas como las quieres Tú, y con tu mismo Querer". Y el bendito Jesús me ha dicho:

(2) "Hija mía, cuando te oigo repetir mis palabras, mis oraciones, querer como quiero Yo, como por tantos imanes me siento atraer hacia ti, y conforme te oigo repetir mis palabras, tantas alegrías distintas siente mi corazón, y puedo decir que es una fiesta para Mí, y mientras gozo, me siento debilitado por el amor de tu alma y no tengo la fuerza de castigar a las criaturas; siento en ti las mismas cadenas que Yo ponía al Padre para reconciliar al género humano. ¡Ah! sí, repite lo que hice Yo, repítelo siempre si quieres que tu Jesús en tantas amarguras encuentre una alegría por parte de las criaturas".

(3)Después ha agregado: "Si quieres estar al seguro repara siempre y repara junto conmigo, fúndete tanto Conmigo de formar un solo eco entre tú y Yo de reparaciones; donde hay reparaciones el alma está como bajo techo, donde está defendida del frío, del granizo y de todo; en cambio donde no hay reparación, es como quien se encuentra en medio de la calle, expuesta a los rayos, al granizo y a todos los males. Los tiempos son tristísimos, y si el cerco de las reparaciones no se ensancha, hay peligro de que los que están al descubierto queden fulminados por los rayos de la Divina Justicia".

+ + + +

12-50
Junio 12, 1918

### El hombre con el pecado va al encuentro de la Justicia Divina. Jesús ha hecho todo por nosotros.

(1)Encontrándome en mi habitual estado, estaba diciendo a mi siempre amable Jesús: "¿Cómo es posible, Tú has hecho todo por nosotros, has satisfecho todo, has reintegrado en todo la gloria del Padre por parte de las criaturas, de modo de cubrirnos a todos como con un manto de amor, de gracias, de bendiciones, y con todo esto los flagelos caen casi rompiendo el manto de protección con el cual nos has cubierto?" Y mi dulce Jesús, interrumpiéndome me ha dicho:

(2)"Hija mía, todo lo que tú dices es verdad, todo, todo lo he hecho por la criatura, el amor me empujaba tanto hacia ella, que para estar seguro de ponerla a salvo la quise envolver dentro de mi obrar como dentro de un manto de defensa, pero la ingrata criatura con el pecado voluntario rompe este manto de defensa, huye de debajo de mis bendiciones, gracias y amor, y poniéndose a cielo abierto es golpeada por los rayos de la justicia divina. No soy Yo que golpeo al hombre, es él que con el pecado viene al encuentro, a recibir los golpes. Reza, reza por la gran ceguera de las criaturas".

+ + + +

12-51
Junio 14, 1918

### Jesús la reprende por no escribir todo.

(1) Continúo, una tarde después de haber escrito, mi dulce Jesús ha venido y me ha dicho:

(2)"Hija mía, cada vez que escribes, mi amor recibe un pequeño desahogo, un contento de más, y me siento más atraído a comunicarte mis gracias. Sin embargo debes saber que cuando no escribes todo, o bien pasas por alto mis intimidades contigo, sobre el desahogo de mi amor, Yo me siento como traicionado, porque en ese desahogo de amor, en esas mis intimidades contigo, Yo buscaba no sólo atraerte a ti a conocerme y amarme más, sino también a aquellos que habrían leído mis intimidades de amor, para recibir también de ellos un amor de más, y no escribiéndolo tú, este amor no lo tendré, y por eso Yo quedo como contristado y traicionado".

(3)Y yo: "¡Ah, Jesús mío, se necesita un esfuerzo para poner en el papel ciertos secretos e intimidades Contigo, parece que se quiere salir del orden de los demás!"

(4)Y Jesús: "¡Ah, sí, esta es la debilidad de todos los buenos, que por humildad, por temor, me niegan el amor, y ocultándose ellos quieren ocultarme a Mí, en cambio deberían manifestar mi amor para hacerme amar; y Yo permanezco siempre el Jesús traicionado en el amor, aún por los buenos!"

+ + + +

12-52
Junio 20, 1918

# Jesús haciendo el oficio de Sacerdote consagra las almas que viven en su Querer.

(1) Continuando mi habitual estado, mi dulce Jesús se hacía ver en torno a mí todo lleno de atenciones, parecía que me vigilaba en todo, y conforme lo hacía salía de su corazón una cuerda que venía hacia mi corazón; y si yo estaba atenta la cuerda quedaba fija en el mío, y Jesús movía esta cuerda y se divertía. Y mi amado Jesús me ha dicho:

(2) "Hija mía, Yo soy todo atención para las almas, si me corresponden y hacen otras tantas atenciones hacia Mí, las cuerdas de mi amor quedan fijas en sus corazones, y Yo multiplico mis atenciones y me divierto; de otra manera las cuerdas quedan sueltas, y mi amor rechazado y desconsolado".

(3) Después ha agregado: "Para quien hace mi Voluntad y vive en Ella, mi amor no encuentra obstáculo, y Yo lo amo y lo prefiero tanto que reservo para Mí solo el hacer todo lo que se necesita para ellos, y ayuda, dirección, socorros inesperados, gracias imprevistas. Más bien soy celoso de que otros le hagan alguna cosa; quiero hacerlo todo Yo, y llega a tanto mi celo de amor, que si doy la potestad a los sacerdotes de consagrarme en las hostias sacramentales para hacerme dar a las almas, en cambio a estas almas, conforme van repitiendo sus actos en mi Voluntad, conforme se resignan, conforme hacen salir el querer humano para hacer entrar al Querer Divino, Yo mismo me reservo el privilegio de consagrar a estas almas, y lo que hace el sacerdote sobre la hostia lo hago Yo con ellas, y no una sola vez, sino cada vez que repite sus actos en mi Voluntad, como imán potente me llama, y Yo, cual hostia privilegiada la consagro, le voy repitiendo las palabras de la Consagración, y esto lo hago con justicia, porque el alma con hacer mi Voluntad se sacrifica de más que las que comulgan y no hacen mi Voluntad, aquellas se vacían de sí mismas para ponerme a Mí, me dan pleno dominio, y si es necesario están dispuestas a sufrir cualquier pena para hacer mi Voluntad, y Yo no puedo esperar, mi amor no resiste

para darme en comunión a ellas hasta que el sacerdote quiera darles una hostia sacramental, por eso hago todo por Mí. ¡Oh! cuántas veces me doy en comunión antes de que el sacerdote quiera darme él, si esto no fuera así, mi amor quedaría como obstaculizado y atado en los sacramentos. No, no, Yo soy libre, los sacramentos los tengo en mi corazón, Yo soy el dueño y puedo ejercitarlos cuando quiero".

(4) Y mientras esto decía, parecía que giraba por todas partes para ver si había almas que hacían su Voluntad para consagrarlas. Cómo era bello ver al amable Jesús girar como de prisa, para hacer el oficio de sacerdote y oírlo repetir las palabras de la consagración sobre aquellas almas que hacían y viven en su Querer. ¡Oh! bienaventuradas las almas que reciben la consagración de Jesús, haciendo su Santísimo Querer.

+ + + +

12-53
Julio 2, 1918

### En cuanto el alma se abandona en Jesús, Él se abandona en el alma.

(1) Estaba diciendo a mi amado Jesús: "Jesús, te amo, pero mi amor es pequeño, por eso te amo en tu amor para hacerlo grande; quiero adorarte con tus adoraciones, rezar en tu oración, agradecerte en tus agradecimientos". Ahora, mientras esto decía, mi amable Jesús me ha dicho:

(2) "Hija mía, en cuanto has puesto tu amor en el mío para amarme, tu amor ha quedado fijado en el mío y se ha agrandado y agrandado en el mío, y me he sentido amar como quisiera que la criatura me amase; y conforme adorabas en mis adoraciones, rezabas, agradecías, así quedaban fijas en Mí, y me sentía adorar, rezar y agradecer con mis adoraciones, oraciones y agradecimientos. ¡Ah! hija mía, se necesita gran abandono en Mí, y a medida que el alma

se abandona en Mí, así Yo me abandono en ella, y llenándola de Mí hago Yo mismo lo que ella debe hacer para Mí; pero si no se abandona en Mí, entonces lo que hace queda fijado en ella, no en Mí, y siento el obrar de la criatura lleno de imperfecciones y miserias, lo que no podrá agradarme".

+ + + +

12-54
Julio 9, 1918

**Quien vive en el Divino Querer hace
vida en la fuente de amor de Jesús.**

(1)Continuando mi habitual estado, mi dulce Jesús ha venido y me ha dicho:

(2)"Hija mía, Yo soy todo amor, soy como una fuente que no contiene otra cosa que amor, y todo lo que podría entrar en esta fuente pierde sus cualidades y se vuelve amor, así que en Mí la justicia, la sabiduría, la bondad, la fortaleza,etc., no son otra cosa que amor, ¿pero quién dirige esta fuente, este amor y todo lo demás? ¡Mi Querer! Mi Querer domina, rige, ordena; así que todas mis cualidades llevan el sello de mi Querer, la Vida de mi Voluntad, y donde encuentran mi Querer hacen fiesta, se besan mutuamente; donde no, enfadadas se retiran. Ahora hija mía, quien se deja dominar por mi Voluntad y vive en mi Querer, hace vida en mi misma fuente, siendo casi inseparable de Mí, y todo en él se cambia en amor, así que amor son los pensamientos, amor la palabra, el latido, la acción, el paso, todo; para él es siempre día, pero si se separa de mi Voluntad, para él es siempre noche y todo lo humano, las miserias, las pasiones, las debilidades, salen en campo y hacen su trabajo, pero qué clase de trabajo, trabajo para llorar".

+ + + +

12-55

Julio 12, 1918

**Efectos de la Pasión de Jesús.**

(1)Estaba rezando con cierto temor y ansiedad por un alma moribunda, y mi amable Jesús al venir me ha dicho:

(2)"Hija mía, ¿por qué temes? ¿No sabes tú que por cada palabra sobre mi Pasión, pensamiento, compasión, reparación, recuerdo de mis penas, tantas vías de comunicación de electricidad se abren entre el alma y Yo, y por lo tanto de tantas variedades de belleza se va adornando el alma? Ella ha hecho las horas de mi Pasión y Yo la recibiré como hija de mi Pasión, vestida con mi sangre y adornada con mis llagas. Esta flor ha crecido en tu corazón y Yo la bendigo y la recibo en el mío como una flor predilecta".

(3)Y mientras esto decía, se desprendía una flor de mi corazón, y emprendía el vuelo hacia Jesús.

+ + + +

12-56
Julio 16, 1918

**Quien quiere hacer bien a todos, debe estar en la Voluntad de Dios.**

(1)Esta mañana mi dulce Jesús ha venido y me ha dicho:

(2)"Hija mía, no te estés en ti, en tu voluntad, sino entra en Mí y en mi Voluntad. Yo soy inmenso, y sólo quien es inmenso puede multiplicar los actos por cuantos quiere; quien está en lo alto puede dar luz a lo bajo, ¿no ves el sol? Porque está en lo alto es luz de cada ojo, es más, cada hombre puede tener al sol a su disposición como si fuera todo suyo; en cambio las plantas, los árboles, los ríos, los mares, porque están en lo bajo no están a disposición de todos, no pueden decir de ellos como del sol: "Si quiero lo hago todo mío, a pesar de que puedan gozarlo los demás". Sin embargo" todas las cosas de lo bajo reciben el beneficio del sol, quién la luz, quién el calor, la fecundidad, el color, etc. Ahora, Yo soy la luz eterna, estoy en el punto más alto, y por cuanto más en alto, más me encuentro en todas partes y hasta en lo más bajo, y por eso soy vida de todos, y como si fuera sólo para cada uno. Entonces, si quieres hacer bien a todos, entra en mi inmensidad, vive en alto, desapegada de todo y aun de ti misma, de otra manera se hará tierra en torno a ti, y entonces podrás ser una planta, un árbol, jamás un sol, y en vez de dar debes recibir, y el bien que harás será tan limitado que se podrá numerar".

+ + + +

12-57
Agosto 1, 1918

### Efectos de la privación de Jesús.

(1) Me la paso entre privaciones y ansias, y frecuentemente me lamento con mi dulce Jesús, entonces Él ha venido y acercándose me ha estrechado a su corazón y me ha dicho:

(2) "Bebe de mi costado".

(3) Yo he bebido la santísima sangre que brotaba de la llaga de su corazón. ¡Cómo me sentía feliz! Pero Jesús no contento con hacerme beber la primera vez, me ha dicho que bebiera la segunda y después la tercera vez. Yo he quedado maravillada de su bondad, pues sin pedirlo, Él mismo quería que yo bebiera. Después ha agregado:

(4) "Hija mía, cada vez que recuerdas que estás privada de Mí y sufres, tu corazón queda herido con una herida divina, la cual siendo divina tiene virtud de reflejarse en mi corazón y herirlo; esta herida es dulce, es bálsamo para mi corazón, y Yo me sirvo de ella para endulzarme de las heridas crueles que me hacen las criaturas, de la

indiferencia hacia Mí, de los desprecios que me hacen, hasta llegar a olvidarse de Mí. Así, si el alma se siente fría, árida, distraída, y por eso siente pena por causa de Mí, queda herida y me hiere a Mí, y por ello quedo aliviado".

+ + + +

12-58
Agosto 7, 1918

### La consumación de Jesús en el alma.

(1) Me lamentaba con Jesús por su privación y decía entre mí: "Todo ha terminado, qué días tan amargos, mi Jesús se ha eclipsado, se ha retirado de mí, ¿cómo puedo seguir viviendo?" Mientras esto y otros desatinos decía, mi siempre amable Jesús, con una luz intelectual que de Él me venía me ha dicho:

(2) "Hija mía, mi consumación sobre la cruz continúa aún en las almas. Cuando el alma está bien dispuesta y me da vida en ella, Yo revivo en ella como dentro de mi Humanidad. Las llamas de mi amor me queman, siento el deseo de testimoniarlo a las criaturas y de decir: "Vean cuánto os amo, no estoy contento con haberme consumado sobre la cruz por amor vuestro, sino que quiero consumarme en esta alma por amor vuestro, porque me ha dado vida en ella". Y por esto hago sentir al alma la consumación de mi Vida en ella, y ella se siente como estrechada, sufre agonías mortales, no sintiendo más la Vida de su Jesús en ella se siente consumir. Conforme siente faltar mi Vida en ella, de la cual estaba habituada a vivir, se debate, tiembla, casi como mi Humanidad sobre la cruz cuando mi Divinidad, sustrayéndole la fuerza la dejó morir. Esta consumación en el alma no es humana, sino toda divina, y Yo siento la satisfacción como si otra Vida mía Divina se hubiera consumido por amor mío; y como no es su vida la que se ha consumido, sino la mía, la que ya no siente más, que ya no ve, le parece que Yo haya muerto para ella. Y a las criaturas les renuevo los efectos de mi consumación y al alma le duplico la gracia y la

gloria, siento el dulce encanto y los atractivos de mi Humanidad que me hacía hacer lo que Yo quería. Por eso déjame hacer también tú lo que quiero hacer en ti, déjame libre y Yo desarrollaré mi Vida".

(3) Otro día me lamentaba y le decía: "Cómo, ¿me has dejado?

(4) Y Jesús, serio e imponente me ha dicho: "Calla, no digas tonterías, no te he dejado, estoy en el fondo de tu alma, por eso no me ves y cuando me ves es porque salgo a la superficie de tu alma. No te distraigas, Yo te quiero toda atenta en Mí para poderte tener para bien de todos".

+ + + +

12-59
Agosto 12, 1918

### La pasión predominante de Luisa, que Jesús la libere del estado en el cual su Voluntad la ha puesto.

(1) Continuando mi habitual estado, estaba pensando entre mí que si el Señor quisiera una cosa de mí, debía darme una señal, y era la de liberarme de la venida del sacerdote. Entonces el bendito Jesús se ha hecho ver en mi interior con una esfera en la mano, como queriendo arrojarla a la tierra, y después me ha dicho:

(2) "Hija mía, ésta es tu pasión predominante, que te libere de las condiciones en las cuales mi Voluntad te ha puesto. Yo te tengo en este estado por causa de todo el mundo, y me sirvo de ti para no arrojarlo y destruirlo del todo; en cambio, cualquier otra cosa con la cual tú pudieras hacer el bien, sería solamente una pequeña parte".

(3) Y yo: "Jesús mío, yo no sé entenderlo, me tienes sin sufrir, parece que me tienes suspendida del estado de víctima, y luego me dices que te sirves de mí para no destruir al mundo del todo".

(4)Y Jesús: "Sin embargo es falso que no sufres, a lo más no sufres penas tales para desarmarme del todo, y si alguna vez quedas suspendida no es por parte tuya, por tu querer, porque si fuera así entraría tu voluntad. ¡Ah! tú no puedes comprender la dulce violencia que me haces con tu esperar, con sentirte suspendida, con no verme como antes, y a pesar de esto permanecer en tu puesto, sin apartarte en nada; y además quiero ser libre sobre ti, cuando me agrade te tendré suspendida, cuando no te tendré atada; te quiero en poder de mi Voluntad, sin tu voluntad; si estás contenta así podemos continuar, de otra manera no".

(5)Otro día me sentía mal, con el continuo devolver todo lo que como, y le estaba diciendo a mi dulce Jesús: "Amor mío, ¿qué pierdes con darme la gracia de no sentir necesidad de tomar alimento, pues me veo obligada a devolverlo todo?" Lo digo sólo por obedecer. Y mi amable Jesús me ha dicho:

(6)"Hija mía, ¿qué dices? Calla, calla, no lo digas más. Debes saber que si tú no tuvieras necesidad de alimento, Yo haría morir de hambre a los pueblos, pero teniendo tú necesidad, pudiendo servir a tus necesidades, Yo, por amor tuyo y por causa tuya, doy las cosas necesarias a las criaturas, así que si te escuchara querrías mal a los demás; en cambio, con tomar el alimento y luego devolverlo, haces bien a los demás y tu sufrir me glorifica. Es más, cuántas veces mientras devuelves te veo sufrir, y como sufres en mi Voluntad Yo tomo tu sufrir, lo multiplico y lo divido a bien de las criaturas y gozo y digo entre Mí: Este es el pan de mi hija que Yo doy para bien de mis hijos".

+ + + +

12-60
Agosto 19, 1918

**Jesús está cansado por las infamias de los sacerdotes.**

(1) Encontrándome en mi habitual estado, mi siempre amable Jesús se hacía ver en mi interior como dentro de un cerco de luz, y mirándome me ha dicho:

(2) "Veamos qué hemos hecho de bien hoy".

(3) Y miraba y miraba. Yo creo que aquel cerco de luz era su Santísima Voluntad, y que habiéndome unido yo con Ella, por eso decía así. Y ha agregado:

(4) "De alguna manera estoy cansado por las infamias de los sacerdotes, no puedo más, quisiera acabarlos. ¡Oh! cuántas almas devastadas, cuántas desfiguradas, cuántas idólatras! Servirse de las cosas santas para ofenderme es mi dolor más acerbo, es el pecado más abominable, es el sello de la ruina total que atrae las más grandes maldiciones y rompe cualquier comunicación entre el Cielo y la tierra. A estos seres quisiera extirparlos de la tierra; por eso los castigos continuarán y se multiplicarán, la muerte devastará las ciudades, muchas casas y caminos desaparecerán, no habrá quien las habite, el luto, la desolación reinarán por todas partes".

(5) Yo le he rogado y suplicado, y habiéndose entretenido conmigo una buena parte de la noche, estaba Él tan sufriente que yo sentía despedazarme el corazón por el dolor, pero espero que mi Jesús se aplaque.

+ + + +

12-61
Septiembre 4, 1918

## Lamentos de Jesús por los sacerdotes.

(1) Encontrándome en mi habitual estado, mi siempre amable Jesús en cuanto ha venido me ha dicho:

(2)"Hija mía, las criaturas quieren desafiar mi justicia, no quieren rendirse y por eso mi justicia hace su curso contra las criaturas, y éstas de todas las clases, no faltando ni siquiera aquellos que se dicen mis ministros, y tal vez éstos más que los demás; que veneno contienen, envenenan a quien se les acerca, en lugar de ponerme a Mí en las almas quieren ponerse ellos, quieren hacerse rodear, hacerse conocer, y Yo quedo a un lado; su contacto venenoso en lugar de hacer a las almas recogidas, me las distraen; en vez de hacerlas retiradas, las hacen más disipadas, más defectuosas, tanto, que se ven almas que no tienen contacto con ellos más buenas, más recogidas, más retiradas, así que no puedo fiarme de ninguno; estoy obligado a permitir que las gentes se alejen de las iglesias, de los sacramentos, a fin de que su contacto no me las envenene más y las vuelva más malas. Mi dolor es grande, las heridas de mi corazón son profundas, por eso ruega, y unida con los pocos buenos que hay, compadece mi acerbo dolor".

+ + + +

12-62
Septiembre 25, 1918

### Oficio de víctima.

(1) Estaba muy afligida y sentía en mi interior una fuerza de querer salirme de mi habitual estado. ¡Oh, Dios, qué pena! Sentía una mortal agonía, sólo Jesús puede saber el dolor de mi alma, yo no tengo palabras para expresarlo; más bien quiero que sólo Jesús sepa todas mis penas, por eso continúo. Ahora, mientras nadaba en las amarguras, mi siempre amable Jesús, todo afligido ha venido y poniéndome un dedo en mi boca me ha dicho:

(2)"Te he contentado, callada, recuerda cuántas veces te he hecho ver grandes mortandades, ciudades despobladas y casi desiertas y tú me decías: "No, no lo hagas, y si quieres hacerlo debes permitir que tengan tiempo de recibir los sacramentos". Y Yo lo estoy haciendo, ¿qué otra cosa quieres? Pero el corazón del hombre es duro y no está del todo cansado, no ha tocado aún la cúspide de todos los males y por eso no se ha saciado aún, y no se rinde y mira la misma epidemia con indiferencia. Pero éstos son los preludios, vendrá, vendrá el tiempo en el cual a esta generación tan maligna y perversa la haré casi desaparecer de la tierra".

(3) Yo temblaba al oír esto y rezaba, y quería preguntar a Jesús: "¿Y yo qué debo hacer?" Pero no me atrevía, y Jesús ha agregado:

(4) "Lo que quiero es que por ti misma no te dispongas a hacerlo, si bien eres libre y puedes hacerlo, te quiero en poder de mi Voluntad. En estos días pasados era Yo quien te forzaba a salir de tu acostumbrado estado, quería agrandar el flagelo de la epidemia y no quería tenerte en tu estado para estar más libre".

+ + + +

12-63
Octubre 3, 1918

### Cómo la Justicia debe equilibrase.

(1) Estaba rogando al bendito Jesús que se aplacara, y en cuanto ha venido le he dicho: "Amor mío, Jesús, cómo es feo vivir en estos tiempos, por todas partes se oyen lagrimas y se ven dolores, el corazón me sangra y si tu Santo Querer no me sostuviera, seguro que no podría vivir más, pero, ¡oh, cuánto me sería más dulce la muerte!" Y mi dulce Jesús me ha dicho:

(2) "Hija mía, es mi justicia que debe equilibrarse, todo es equilibrio en Mí, por eso el flagelo de la muerte toca a las almas con la marca de la gracia, tanto, que casi todos piden los últimos sacramentos. El hombre ha llegado a tanto, que sólo cuando se ve tocado en su propia piel y se siente deshacer, se estremece, tan es así, que los demás que no son tocados viven despreocupados y continúan su vida de pecado. Es necesario que la muerte coseche, para quitar tantas vidas que no hacen otra cosa que hacer nacer espinas bajo

sus pasos, y esto en todas las clases, seglares y religiosos. ¡Ah! Hija mía, son tiempos de paciencia, no te alarmes, y reza para que todo redunde en gloria mía y para bien de todos".

+ + + +

12-64
Octubre 14, 1918

### La verdadera paz viene de Dios. El más grande castigo es el triunfo de los malvados.

(1) Continuando mi habitual estado lleno de amarguras y de privaciones, mi dulce Jesús en cuanto ha venido me ha dicho:

(2) "Hija mía, los gobiernos se sienten faltar el piso bajo sus pies, Yo usaré todos los medios para rendirlos, para hacerlos reentrar en ellos mismos y hacerles conocer que sólo de Mí pueden esperar verdadera y duradera paz; ahora humillo a uno y ahora al otro, ahora los hago volverse amigos y ahora enemigos, haré de todo para rendirlos, les haré faltar los brazos, haré cosas inesperadas e imprevistas para confundirlos y hacerles comprender la inestabilidad de las cosas humanas y de ellos mismos, para hacerlos comprender que sólo Dios es el Ser estable de quien pueden esperar todo bien, y que si quieren justicia y paz, deben venir a la fuente de la verdadera justicia y de la verdadera paz, de otra manera no concluirán nada, continuarán debatiéndose, y si parecerá que congenian, no será duradero, y comenzarán después más fuerte las contiendas. Hija mía, para como están las cosas sólo mi dedo omnipotente puede ajustarlas, y a su tiempo lo pondré, pero grandes pruebas se necesitan y habrán en el mundo, por eso se necesita gran paciencia".

(3) Después ha agregado con un acento más conmovedor y doloroso:

(4)"Hija mía, el más grande castigo es el triunfo de los perversos, aun se necesitan purificaciones, y los malos con su triunfo purificarán mi Iglesia, pero después los trituraré y los esparciré como polvo al viento, por eso no te impresiones por los triunfos que oyes, sino llora Conmigo por su triste suerte".

+ + + +

12-65
Octubre 16, 1918

### Predice las guerras y la suerte de algunos países.

(1) Me sentía muy afligida por la privación de mi amable Jesús, y mi mente era afligida por el pensamiento de que todo había sido en mí, o trabajo de la fantasía o del enemigo, porque corren noticias de paz y de triunfo para Italia, y yo recordaba que mi dulce Jesús me había dicho que Italia será humillada. ¡Qué pena, qué agonía mortal, pensar que mi vida era un engaño continuo! Sentía que Jesús quería hablarme, y yo no quería escucharlo, lo rechazaba; he luchado así tres días con Jesús, y muchas veces estaba tan cansada que no tenía fuerzas para rechazarlo, y entonces Jesús decía y decía, y yo tomando fuerzas de su mismo hablar le decía: "No quiero saber nada". Finalmente Jesús me ha rodeado el cuello con su brazo y me ha dicho:

(2) "Cálmate, cálmate, soy Yo, escúchame. No recuerdas que meses atrás lamentándote Conmigo de la pobre Italia te dije: "Hija mía, pierde quien vence y vence quien pierde". Italia, Francia, han sido ya humilladas, y no serán más hasta que no sean purificadas y vuelvan a Mí libres, independientes y pacíficas. En el triunfo puramente aparente que gozan ya sufren la más grande de las humillaciones, porque no ellas, sino un extranjero que ni siquiera es europeo, es el que ha venido a arrojar al enemigo, así que si se pudiera decir triunfo, que no lo es, es del extranjero. Pero esto es nada, ahora más que nunca pierden más, tanto en lo moral como en lo temporal, porque esto los hará disponerse a cometer mayores

delitos, a encarnizadas revoluciones internas, que rebasarán la misma tragedia de la guerra. Y además, lo que te he dicho no se refiere sólo a los tiempos presentes, sino también a los futuros, y lo que no se realice ahora se realizará después, y si en esto alguno encuentra dificultades, dudas, significa que no entiende mi hablar, mi hablar es eterno, como soy Yo.

(3)Ahora quiero decirte una cosa consoladora: Italia y Francia ahora vencen y Alemania pierde. Todas las naciones tienen sus manchas negras y todas merecen humillaciones y que las aplasten. Habrá un desorden general, trastornos por todas partes; con el hierro, con el fuego y con el agua, con muertes repentinas, con males contagiosos, renovaré el mundo, haré cosas nuevas; las naciones harán una especie de torre de Babel, llegarán a no entenderse ni siquiera entre ellas mismas; los pueblos se rebelarán entre ellos, no querrán más reyes; todos serán humillados y la paz vendrá sólo de Mí, y si oyes hablar de paz, no será verdadera sino aparente. Cuando haya purificado todo pondré mi dedo en modo sorprendente y daré la verdadera paz, y entonces todos aquellos que serán humillados volverán a Mí, y Alemania será católica, tengo grandes designios sobre ella; en Inglaterra, en Rusia y dondequiera que se haya derramado la sangre resurgirá la fe y se incorporarán a mi Iglesia; será el gran triunfo y la unión de los pueblos. Por eso reza, se necesita paciencia, porque no será tan pronto, sino que se necesitará tiempo".

+ + + +

12-66
Octubre 24, 1918

**El alma debe revestirse de Jesús para recibirlo Sacramentado.**

(1)Estaba preparándome para recibir a mi dulce Jesús en el sacramento y le pedía que cubriera Él mi gran miseria, y Jesús me ha dicho:

(2) "Hija, para hacer que la criatura pudiera tener todos los medios necesarios para recibirme, quise instituir este sacramento al final de mi Vida, para poder alinear en torno a cada hostia toda mi Vida, como preparativo para cada una de las criaturas que me habría de recibir. La criatura jamás podría recibirme si no tuviera a un Dios que preparara todo, que movido solamente por exceso de amor por quererse dar a la criatura, y no pudiendo ésta recibirme, ese mismo exceso me llevara a dar toda mi Vida para prepararla, así que ponía todos mis pasos, mis obras, mi amor, delante de los suyos, y como en Mí estaba también mi Pasión, ponía también mis penas para prepararla. Así que revístete de Mí, cúbrete con cada uno de mis actos y ven".

(3) Después me he lamentado con Jesús porque ya no me hacía sufrir como antes, y Él ha agregado:

(4) "Hija mía, Yo no miro tanto el sufrir, sino la buena voluntad del alma y el amor con el que sufre, por eso el más pequeño sufrimiento se hace grande, las naderías toman vida en el todo y adquieran valor, y el no sufrir es más fuerte que el mismo sufrir. ¡Qué dulce violencia es para Mí ver a una criatura que quiere sufrir por amor mío! Qué me importa a Mí que no sufra, cuando veo que el no sufrir le es un clavo más doloroso que el mismo sufrir; en cambio, la no buena voluntad, las cosas forzadas y sin amor, por cuanto grandes, son pequeñas; Yo no las miro, más bien me son de peso".

+ + + +

12-67
Noviembre 7, 1918

### El alma que hace la Voluntad de Dios, aprisiona a Jesús.

(1) Encontrándome en mi habitual estado, estaba diciendo a mi dulce Jesús que si quería que saliera de mi habitual estado, que cómo era posible que después de tanto tiempo no me contentara en esto, y Él me ha dicho:

(2)"Hija, quien hace mi Voluntad y vive en mi Querer, pero no por poco tiempo, sino por un período de vida, me forma como una prisión en su corazón, toda de mi Voluntad, así que al ir haciendo mi Voluntad y tratando de vivir en mi Querer, así va levantando los muros de esta divina y celestial prisión, y Yo con sumo contento mío me quedo prisionero dentro, y conforme el alma me absorbe a Mí, Yo la absorbo a ella en Mí, de manera de formar en Mí su prisión; así que ella ha quedado aprisionada en Mí y Yo aprisionado en ella; entonces, cuando el alma quiere alguna cosa, Yo le digo: "Tú has hecho siempre mi Voluntad, es justo que Yo alguna vez haga la tuya". Mucho más, que viviendo esta alma de mi Voluntad, lo que quiere puede ser fruto, deseo de mi misma Voluntad que vive en ella, por eso no te preocupes, cuando sea necesario Yo haré tu voluntad".

+ + + +

12-68
Noviembre 15, 1918

### Cómo se vive a expensas de la Santidad de Jesús.

(1)Estaba pensando qué sería mejor, pensar en santificarse a sí misma, o bien ocuparse solamente ante Jesús de repararlo, y a cualquier costo buscar junto con Él la salvación de las almas, y el bendito Jesús me ha dicho:

(2)"Hija mía, quien piensa sólo en repararme y en salvar las almas, vive a expensas de mi Santidad. Viendo Yo que el alma no quiere otra cosa que repararme, y que haciendo eco a mi ardiente latido me pide almas, Yo veo en ella las características de mi Humanidad, y loco por ella la hago vivir a expensas de mi Santidad, de mis deseos, de mi amor, a expensas de mi fuerza, de mi sangre, de mis llagas, etc., puedo decir que pongo a su disposición mi Santidad, sabiendo que no quiere otra cosa sino lo que quiero Yo. En cambio quien piensa en santificarse sólo a sí misma, vive a expensas de su santidad, de su fuerza, de su amor, ¡oh, cómo crecerá miserable, sentirá todo el peso de su miseria y vivirá en continua lucha consigo misma. En cambio quien vive a expensas de mi Santidad, su camino será plácido, vivirá en paz consigo misma y Conmigo, Yo le vigilaré los pensamientos y cada una de las fibras de su corazón, y seré celoso de que ni una sola fibra deje de pedirme almas, y de que su ser deje de estar continuamente derramándose en Mí para repararme. ¿No adviertes tú este mi celo?"

+ + + +

12-69
Noviembre 16, 1918

### Las humillaciones son fisuras por las cuales entra la luz.

(1) Continuando mi habitual estado, mi dulce Jesús ha venido y parecía que sentía un fuerte dolor en el corazón, y pidiéndome ayuda me ha dicho:

(2) "Hija mía, qué cadenas de delitos en estos días, qué triunfo satánico, la prosperidad del impío es la señal más mala, y son empujones con los cuales la fe parte de sus naciones, quedando como atrapados dentro de una oscura prisión; en cambio las humillaciones al impío son tantas fisuras por las cuales entra la luz, que haciéndolo reentrar en sí mismo le lleva la fe a él y a las mismas naciones. Así que les hará más bien las humillaciones que cualquier victoria y conquista. ¡Qué momentos críticos y dolorosos atravesarán! El infierno y los malvados se roen de rabia por comenzar sus embrollos y maldades. ¡Pobres hijos míos, pobre Iglesia mía!"

+ + + +

12-70
Noviembre 29, 1918

## Quien sale de la Divina Voluntad, sale de la luz.

(1) Encontrándome en mi habitual estado estaba rogando a mi siempre amable Jesús, que hoy, como me había prometido la otra vez, que cuando el alma hace siempre su Voluntad, alguna vez permite que Él haga la voluntad del alma; así que le decía: "Hoy justamente debes hacer mi voluntad".

(2) Y Jesús al venir me ha dicho: "Hija mía, ¿no sabes tú que el alma saliendo de mi Voluntad es para ella como un jornada sin sol, sin calor, sin la vida de la actitud divina en ella?"

(3) Y yo: "Amor mío, el Cielo me guarde de hacer esto, preferiría morir que salir de tu Voluntad, por eso pon tu Voluntad en mí y luego dime que: Es Voluntad mía que hoy Yo haga tu voluntad".

(4) Y Jesús: "Ah! traviesa, está bien, te contento, te tendré Conmigo hasta que quiera, y después Yo mismo te dejaré libre".

(5) ¡Oh, cómo he quedado contenta de que sin hacer mi voluntad, Jesús, fundiendo su Voluntad a la mía, haciendo la Suya hacía la mía!

(6) Después, mi amable Jesús se ha entretenido conmigo y parecía que mojaba la punta de su dedo en su preciosísima sangre y lo pasaba por la frente, los ojos, la boca, el corazón, y después me ha besado. Yo al verlo tan afectuoso y dulce he tratado de chupar de su boca las amarguras que contenía su corazón, como lo hacía antes, pero Jesús rápidamente se ha alejado un poco y me hacía ver un envoltorio que tenía en las manos, lleno de otros flagelos y me ha dicho:

(7) "Mira cuantos otros flagelos hay para verter sobre la tierra, por eso no derramo en ti. Los enemigos han preparado todos los planos internos para hacer revoluciones, ahora no queda otra cosa que terminar de preparar los planos externos. ¡Ah, hija mía, cómo me duele el corazón, no tengo con quién desahogar mi dolor, por eso

quiero desahogarlo contigo! Tú tendrás paciencia para oírme hablar frecuentemente de cosas tristes; sé que tú sufres por esto, pero es el amor el que a esto me empuja. El amor quiere hacer saber sus penas a la persona amada; casi no sabría estar si no viniera a desahogarme contigo".

(8)Yo me sentía mal al ver a Jesús tan amargado, sentía sus penas en mi corazón, y Jesús para darme alivio me ha dado a beber pocos sorbos de una leche dulcísima, y después ha agregado:

(9)"Yo me retiro y te dejo libre".

+ + + +

12-71
Diciembre 4, 1918

### Efectos de la prisión de Jesús en la Pasión.

(1)Esta noche la he pasado junto con Jesús en la prisión, lo compadecía, me estrechaba a sus rodillas para sostenerlo, y Jesús me ha dicho:

(2)"Hija mía, en mi Pasión quise sufrir también la prisión para liberar a la criatura de la prisión de la culpa. ¡Oh! qué prisión horrenda es para el hombre el pecado, sus pasiones lo encadenan como vil esclavo, y mi prisión y mis cadenas lo liberaban y lo desataban. Para las almas amantes mi prisión les formaba la prisión de amor, donde están al seguro y defendidas de todos y de todo, y las escogía para tenerlas como prisiones y tabernáculos vivientes, que me debían calentar de las frialdades de los tabernáculos de piedra, y mucho más de las frialdades de las criaturas, que aprisionándome en ellas me hacen morir de frío y de hambre; he aquí por qué muchas veces dejo las prisiones de los tabernáculos y vengo a tu corazón, para calentarme del frío, para restablecerme con tu amor, y cuando te veo ir en busca de Mí a los tabernáculos de las iglesias,

Yo te digo: ¿No eres tú mi verdadera prisión de amor para Mí? Búscame en tu corazón y ámame".

+ + + +

12-72
Diciembre 10, 1918

### Efectos de las oraciones de las almas íntimas con Jesús.

(1) Estaba diciendo a mi dulce Jesús: "Mira, yo no sé hacer nada ni tengo nada que darte, pero sin embargo quiero darte también mis naderías y las uno al Todo que eres Tú, y te pido almas, así que conforme respiro, mis respiros te piden almas; el latido de mi corazón con grito incesante te pide almas; el movimiento de mis brazos, la sangre que circula en mí, el movimiento de mis párpados, el mover de los labios, son almas que piden, y esto lo pido unida Contigo, con tu amor y en tu Querer, a fin de que todos puedan escuchar mi grito incesante que en Ti siempre pide almas". Ahora, mientras esto y otras cosas decía, mi Jesús se ha movido en mi interior y me ha dicho:

(2) "Hija mía, cómo me es dulce y agradable la oración de las almas íntimas Conmigo, siento repetir mi Vida oculta en Nazaret, sin ninguna exterioridad, sin gente alrededor, sin sonido de campanas, todo inobservado, solo, tanto, que apenas si era conocido. Yo me elevaba entre el Cielo y la tierra y pedía almas, y ni siquiera un respiro ni un latido se me escapaba en que no pidiera almas, y en cuanto esto hacía, mi sonido resonaba en el Cielo y atraía el amor del Padre a cederme las almas, y este sonido haciendo eco en los corazones gritaba con voz sonora: "Almas". Cuántas maravillas no obré en mi Vida oculta sólo conocidas por mi Padre en el Cielo y por mi Mamá en la tierra. Así el alma oculta, íntima Conmigo, en cuanto reza, si ningún sonido se escucha en la tierra, sus oraciones como campanas suenan más vibrantes en el Cielo, y llaman a todo el Cielo a unirse con ella y hacer descender misericordia a la tierra,

que sonando no al oído, sino a los corazones de las criaturas, las dispongan a convertirse".

+ + + +

12-73
Diciembre 25, 1918

### Jesús repite su Vida en el alma.

(1)Continuando mi habitual estado, me sentía toda afligida por varias razones, y el bendito Jesús ha venido y casi compadeciéndome me ha dicho:

(2)"Hija mía, no te oprimas demasiado, ánimo, Yo estoy contigo, más bien estoy en ti continuando mi Vida, esta es la causa por la que ahora sientes el peso de la justicia y quisieras que se descargara sobre ti, ahora la dolorosa separación de las almas que quieren perderse, ahora sientes el ansia de amarme por todos, pero viendo que no tienes amor suficiente te arrojas en mi amor y tomas tanto amor por cuanto me deberían amar todos, y haciendo oír tu voz vibrante me amas por todos; y todo lo demás que haces, ¿crees que eres tú quien lo hace? De ninguna manera, soy Yo, soy Yo que repito mi Vida en ti; siento la necesidad de ser amado por ti, no con amor de criatura sino con el mío, por eso te transformo, te quiero en mi Querer, porque en ti quiero encontrar quien me supla a Mí y a todas las criaturas; te quiero como un órgano que se preste a emitir todos los sonidos que quiero hacer".

(3)Y yo: "Amor mío, hay ciertos tiempos en los que se vuelve tan amarga la vida, especialmente por las condiciones en las que me has puesto". Y Jesús, conociendo lo que quería decirle ha agregado:

(4)"¿Y tú de qué temes? Soy Yo quien pensará en todo, y cuando te dirige uno, doy la gracia a éste; cuando sea otro, se la daré a ese otro; además no son ellos quienes te asisten, sino Yo mismo, y según ellos aprecien mi obra, mis palabras y enseñanzas, así seré magnánimo con ellos".

(5)Y yo: "Jesús mío, el confesor apreciaba mucho lo que Tú me decías, y ha trabajado tanto para hacerme escribir, Tú, ¿qué le darás?"

(6)Y Jesús: "Hija mía, le daré el Cielo como recompensa y lo tendré en cuenta en el oficio de San José y de mi Mamá, quienes habiéndome asistido en mi Vida en la tierra debieron sufrir fatigas para alimentarme y asistirme. Ahora, estando mi Vida en ti, su asistencia y sacrificios los considero como si de nuevo me los hicieran mi Mamá y San José. ¿No estás contenta?"

(7)Y yo: "Gracias, oh Jesús".

+ + + +

12-74
Diciembre 27, 1918

### La palabra de Jesús es sol.

(1)En estos días pasados no había escrito nada de lo que Jesús me había dicho; sentía un desgano, y Jesús al venir me ha dicho:

(2)"Hija mía, ¿por qué no escribes? Mi palabra es luz, y así como el sol resplandece en todos los ojos, de modo que todos tienen luz suficiente para todas sus necesidades, así cada palabra mía es más que un sol, que puede ser luz suficiente para iluminar cualquier mente y enfervorizar cualquier corazón. Así que cada palabra mía es un sol que sale de Mí, que por ahora te sirve sólo a ti, pero escribiéndola servirá para otros; y tú no escribiéndola vienes a sofocar este sol en Mí, y a impedir el desahogo de mi amor y todo el bien que podría hacer un sol".

(3)Y yo: "¡Ah, Jesús mío! ¿Quién irá a valorar las palabras que Tú me dictas?"

(4)Y Él: "Esto no debe interesarte a ti, sino a Mí, y aunque no fueran valoradas, lo que no será, los tantos soles de mis palabras surgirán majestuosos, poniéndose para bien de todos; en cambio, si no las escribes impides que el sol surja, y harías tanto mal como uno que pudiera impedir que el sol surgiera sobre el cielo azul, ¿cuántos males no haría a la tierra? Él a la naturaleza, y tú a las almas. Además, es gloria del sol resplandecer majestuoso y tomar como en un puño la tierra y a todos con su luz, el mal es para quien no la aprovecha. Así será del sol de mis palabras, será gloria mía el hacer surgir tantos diferentes soles encantadores y bellos por cuantas palabras digo, el mal será para quien no las aproveche".

+ + + +

12-75
Enero 2, 1919

### Así como en Jesús, en las almas todo debe callar.

(1)Esta mañana mi siempre amable Jesús se hacía ver bajo una tempestad de golpes, y con su dulce mirada me miraba pidiéndome ayuda y refugio. Yo me he arrojado hacia Él para quitarlo de aquellos golpes y encerrarlo en mi corazón, y Jesús me ha dicho:

(2)"Hija mía, mi Humanidad bajo los golpes de los flagelos callaba, y no sólo callaba la boca, sino todo en Mí callaba: Callaba la estima, la gloria, la potencia, el honor; pero con mudo lenguaje hablaban elocuentemente mi paciencia, las humillaciones, mis llagas, mi sangre, el aniquilamiento casi hasta el polvo de mi Ser; y mi amor ardiente por la salud de las almas ponía un eco a todas mis penas. He aquí hija mía el verdadero retrato de las almas amantes, todo debe callar en ellas y en torno a ellas: Estima, gloria, placeres, honores, grandezas, voluntad, criaturas, y si las hubiera, debe estar como sorda y como si nada viera, en cambio debe hacer entrar en ella mi paciencia, mi gloria, mi estima, mis penas, y en todo lo que hace, piensa, ama, no será otra cosa que amor, el cual tendrá un solo eco con el mío y me pedirá almas. Mi amor por las almas es grande, y como quiero que todos se salven, por eso voy en busca de almas que me amen y que tomadas por las mismas ansias de mi amor, sufran y me pidan almas. Pero, ¡ay de Mí, qué escaso es el número de los que me escuchan!"

+ + + +

12-76
Enero 4, 1919

### Efectos de las penas sufridas en la Voluntad de Dios.

(1) Continuando mi habitual estado, estaba toda afligida por la privación de mi dulce Jesús, sin embargo trataba de estarme unida con Él haciendo las horas de la Pasión, estaba haciendo la de Jesús sobre la cruz, cuando lo he escuchado en mi interior, que uniendo las manos y con voz articulada ha dicho:

(2) "Padre mío, acepta el sacrificio de esta hija mía, el dolor que siente por mi privación, ¿no ves cómo sufre? El dolor la deja como sin vida, privada de Mí, tanto, que si bien escondido estoy obligado a sufrirlo junto con ella para darle fuerza, de otra manera sucumbiría. ¡Ah! Padre, acéptalo unido al dolor que experimenté sobre la cruz cuando fui abandonado aun por Ti, y concede que la privación que siente de Mí sea luz, conocimiento, Vida Divina en las demás almas y todo lo que conseguí Yo con mi abandono".

(3) Dicho esto se ha escondido de nuevo. Yo me sentía petrificada por el dolor, y si bien llorando, he dicho: "Vida mía, Jesús, ¡ah! sí, dame las almas, y el vínculo más fuerte que te obligue a dármelas sea la pena desgarradora de tu privación, y esta pena corre en tu Voluntad a fin de que todos sientan el toque de mi pena y mi grito incesante y se rindan". Después, ya en la tarde, el bendito Jesús ha venido y ha agregado:

(4) "Hija y refugio mío, qué dulce armonía hacía hoy tu pena en mi Voluntad. Mi Voluntad está en el Cielo, y tu pena encontrándose en mi Voluntad armonizaba en el Cielo y con su grito pedía almas a la Trinidad Sacrosanta, y mi Voluntad corriendo en todos los ángeles y santos, hacía que tu pena les pidiera almas a todos, tanto que todos han quedado tocados por tu armonía, y junto con tu pena todos han gritado ante mi Majestad: "¡Almas, almas!" Mi Voluntad corría en todas las criaturas y tu pena ha tocado todos los corazones y ha gritado a todos: "¡Salvaos, salvaos!" Mi Voluntad se concentraba en ti y como refulgente sol se ponía como guardia de todos para convertirlos. Mira qué gran bien, sin embargo, ¿quién se ocupa en conocer el valor, el precio incalculable de mi Querer?"

+ + + +

12-77
Enero 8, 1919

### El Divino Querer tiene el poder de volver infinito todo lo que entra en la Divina Voluntad.

(1) Continuando mi habitual estado, estaba muy afligida, privada de mi dulce Jesús; pero de improviso ha venido, cansado y afligido, casi buscando refugio en mi corazón para sustraerse de las graves ofensas que le hacían, y dando un suspiro me ha dicho:

(2) "Hija mía, escóndeme, ¿no ves cómo me persiguen? ¡Ay de Mí! Me quieren echar fuera, o bien darme el último lugar. Hazme desahogar, desde hace muchos días no te he dicho nada de la suerte del mundo ni de los castigos que me arrancan con su maldad, y toda la pena está concentrada en mi corazón. Quiero decírtela para que tomes parte en ella y así dividiremos juntos la suerte de las criaturas, para poder rezar, sufrir y llorar juntos por el bien de ellas.

(3) ¡Ah, hija mía, habrá contiendas entre ellas, la muerte cosechará muchas vidas, aun de sacerdotes! ¡Oh! cuántas mascaras vestidas

de sacerdotes, las quiero quitar antes de que surja la persecución a mi Iglesia y las revoluciones, tal vez se conviertan en el momento de la muerte; de otra manera, si las dejo, estas mascaras en la persecución se las quitarán, se unirán a los sectarios y serán los más fieros enemigos de la Iglesia, y su salvación resultará aún más difícil".

(4) Y yo muy afligida he dicho: "¡Ah mi Jesús! Que pena oírte hablar de estos benditos castigos, ¿pero los pueblos cómo harán sin sacerdotes? Ya son demasiado pocos y quieres quitar otros, ¿quién administrará los sacramentos, quién enseñará tus leyes?"

(5) Y Jesús: "Hija mía, no te aflijas demasiado, lo escaso del número es nada, Yo daré a uno la gracia, la fuerza que doy a diez, a veinte, y uno valdrá por diez o por veinte, Yo a todo puedo suplir; y además, los muchos sacerdotes no buenos son el veneno de los pueblos, en lugar de bien hacen mal, y Yo no hago otra cosa que quitar los elementos primarios que envenenan a las gentes".

(6) Jesús ha desaparecido y yo he quedado con un clavo en el corazón por lo que me ha dicho, y casi inquieta al pensar en las penas de mi dulce Jesús y en la suerte de las pobres criaturas. Y Jesús ha regresado, y poniéndome su brazo en el cuello ha agregado:

(7) "Amada mía, ánimo, entra en Mí, ven a nadar en el mar inmenso de mi Querer, de mi amor; escóndete en el Querer y en el amor increado de tu Creador; mi Querer tiene el poder de volver infinito todo lo que entra en mi Voluntad y de elevar y transformar los actos de las criaturas en actos eternos, porque lo que entra en mi Voluntad adquiere lo eterno, lo infinito, lo inmenso, perdiendo el principio, lo finito, la pequeñez; tal como es mi Querer así vuelve los actos de ellas. Por eso di, grita fuerte en mi Querer: "Te amo". Yo escucharé la nota de mi amor eterno, sentiré el amor creado escondido en el Amor increado y me sentiré amado por la criatura con amor eterno, infinito, inmenso, y por tanto un amor digno de Mí, que me suple y puede suplirme al amor de todos".

(8) Yo he quedado sorprendida y encantada, y le he dicho: "Jesús, ¿qué dices?"

(9) Y Él: "Amada mía, no te asombres, todo es eterno en Mí, ninguna cosa tiene principio ni tendrá fin, tú misma y todas las criaturas son eternas en mi mente; el amor con el cual formé la Creación, y que hice salir de Mí para dotar a cada corazón, es eterno. ¿Qué maravilla entonces que la criatura dejando el propio querer, entra en el mío y uniéndose al amor con el cual la cortejaba y amaba desde la eternidad, y concatenándose con el amor eterno del que salió, hace sus actos, me ama, adquiere el valor y poder eterno, infinito, inmenso? ¡Oh, qué poco se conoce mi Querer, por eso no es amado ni apreciado, y por esto la criatura se contenta con estarse en lo bajo y obra como si no tuviera un principio eterno, sino temporal!"

(10) Yo misma no sé si estoy diciendo disparates. Mi amable Jesús pone tal luz en mi mente acerca de su Santísimo Querer, que no sólo no puedo contenerla, sino que me faltan las palabras justas para expresarme. Entonces, mientras mi mente se perdía en esta luz, el bendito Jesús me ha dado una semejanza diciéndome:

(11) "Para hacerte comprender mejor lo que te he dicho, imagínate un sol, este sol desprende muchas pequeñas luces que difunde sobre todo lo creado, dándoles plena libertad de vivir, o esparcidas en lo Creado, o bien en el mismo sol del que han salido; ¿no es justo que las pequeñas luces que viven en el sol, sus actos, su amor, adquieran el calor, el amor, el poder, la inmensidad del mismo sol? Además, ellas estaban en el sol, son parte del sol, viven a expensas del sol y hacen la misma vida del sol. A este sol en nada lo acrecientan o disminuyen, porque lo que es inmenso no está sujeto ni a crecer ni a decrecer, sólo recibe la gloria, el honor de que las pequeñas luces regresen a él y hagan vida común con él, y esto es todo el cumplimiento y la satisfacción del sol. El Sol soy Yo, las pequeñas luces que se salen del Sol es la Creación, las luces que

viven en el Sol son las almas que viven en mi Voluntad. ¿Has ahora entendido?"

(12)"Creo que sí". ¿Pero quién puede decir lo que comprendía? Habría querido callar, pero el Fiat de Jesús no ha querido y yo he besado su Fiat y he escrito en su Querer. Sea siempre bendito.

+ + + +

12-78
Enero 25, 1919

### La Divina Voluntad es luz, y quien de Ella vive se vuelve luz. Jesús habita en quien vive en la Divina Voluntad como lo hizo en su Humanidad.

(1) Después de haber pasado días amarguísimos de privación de mi dulce Jesús, de mi vida, de mi todo, mi pobre corazón no podía más y decía entre mí: "Qué dura suerte me estaba reservada, después de tantas promesas me ha dejado. ¿Dónde está ahora su amor? ¡Ah, quién sabe si no he sido yo la causa de su abandono, haciéndome indigna de Él! ¡Ah, tal vez aquella noche en la que me quería hablar de las desgracias del mundo, y habiéndome comenzado a decir que el corazón del hombre aún está sediento de sangre y que las guerras aún no han terminado, porque la sed de sangre todavía no se apaga en el corazón humano, y yo le dije: "Jesús, siempre me quieres hablar de estas desgracias, hagámoslas a un lado, hablemos de otra cosa". Y Él, afligido, hizo silencio. ¡Ah! tal vez se ofendió. Vida mía, perdóname, no lo volveré a hacer, pero ven". Mientras esto y otros desatinos decía, he sentido perder los sentidos y veía dentro de mí a mi dulce Jesús, solo y taciturno que caminaba de un lugar a otro de mi interior, y como si ahora tropezara en un punto, ahora se golpeara en otro. Yo estaba toda confundida y no me atrevía a decirle nada, pero pensaba: "¿Quién sabe cuántos pecados hay en mí que hacen tropezar a Jesús?" Pero Él todo bondad me miraba, parecía cansado y goteaba sudor, y me ha dicho:

(2) "Hija mía, pobre mártir, no de fe sino de amor, mártir no humana sino divina, porque tu más cruel martirio es mi privación, la cual te pone el sello de mártir divina, ¿por qué temes y dudas de mi amor? Y además, ¿cómo puedo dejarte? Yo habito en ti como en mi Humanidad, y como en Ella encerraba a todo el mundo entero, así lo encierro en ti; ¿no has visto que mientras caminaba, ahora tropezaba y ahora me golpeaba? Eran los pecados, las almas malas que encontraba, qué dolor a mi corazón, es desde dentro de ti que divido la suerte del mundo, es tu humanidad que me da reparación, como hacía mi Humanidad a mi Divinidad. Si mi Divinidad no tuviera a mi Humanidad que le hiciera todas las reparaciones, las pobres criaturas no tendrían ninguna salvación, ni en el tiempo ni en la eternidad, y la divina justicia miraría a la criatura ya no como suya, que mereciera la conservación, sino como enemiga que merecería la destrucción. Ahora mi Humanidad es gloriosa, y me es necesaria una humanidad que pueda dolerse, sufrir, dividir junto Conmigo las penas, amar junto Conmigo a las almas y poner la vida para salvarlas, y te he escogido a ti, ¿no estás contenta por ello? Por eso quiero decirte todo, mis penas, los castigos que merecen las criaturas, a fin de que en todo tomes parte y hagas una sola cosa Conmigo. Y es por esto también por lo que te quiero a la altura de mi Voluntad, porque adonde no puedes llegar con tu voluntad, con la mía llegarás a todo lo que conviene al oficio de mi Humanidad; por eso no temas más, no me aflijas con tus penas, con los temores de que pueda abandonarte, tengo ya bastante con las demás criaturas; ¿quieres acrecentar mis penas con las tuyas? No, no, está segura, tu Jesús no te deja".

(3) Después ha regresado de nuevo, haciéndose ver crucificado, y transformándome en Él, y en sus penas ha agregado:

(4) "Hija mía, mi Voluntad es luz, y quien de Ella vive se convierte en luz, y como luz fácilmente entra en mi luz purísima y tiene la llave para abrir y tomar lo que quiera. Pero una llave para abrir debe estar sin herrumbre, no estar sucia, y la misma cerradura debe ser de fierro, de otra manera la llave no puede abrir. Así el alma, para

abrir con la llave de mi Querer, no debe mezclar la herrumbre de su voluntad ni la sombra del fango de las cosas terrenas, sólo así podemos combinarnos juntos y ella hacer lo que quiere de Mí, y Yo lo que quiero de ella".

(5) Después de esto he visto a mi Mamá y a mi confesor difunto, y yo quería decirles mi estado, y Ellos han dicho:

(6) "En estos días has estado en peligro de que el Señor te suspendiera del todo del estado de víctima, y Nosotros y todo el purgatorio y el Cielo hemos rogado mucho, y cuánto hemos hecho para que el Señor no lo hiciera. De esto podrás comprender cómo la justicia está colmada aún de graves castigos, por eso ten paciencia y no te canses".

+ + + +

12-79
Enero 27, 1919

### Las tres heridas mortales del corazón de Jesús.

(1) Encontrándome en mi habitual estado, mi siempre amable Jesús, al venir me hacía ver su adorable corazón todo lleno de heridas de las que brotaban ríos de sangre, y todo doliente me ha dicho:

(2) "Hija mía, entre tantas heridas que contiene mi corazón, hay tres heridas que me dan penas mortales y tal acerbidad de dolor, que sobrepasan a todas las demás heridas juntas, y éstas son: Las penas de mis almas amantes. Cuando veo a un alma toda mía sufrir por causa mía, torturada, humillada, dispuesta a sufrir aun la muerte más dolorosa por Mí, Yo siento sus penas como si fueran mías, y tal vez más. ¡Ah! el amor sabe abrir heridas más profundas, de no dejar sentir las otras penas. En esta primera herida entra en primer lugar mi querida Mamá, ¡oh! cómo su corazón traspasado por causa de mis penas se vertía en el mío, y Yo sentía a lo vivo todas sus heridas, y al verla agonizante y no morir por causa de mi muerte, Yo

sentía en mi corazón el desgarro, la crudeza de su martirio, y sentía las penas de mi muerte que sentía el corazón de mi amada Mamá, y por ello mi corazón moría junto, así que todas mis penas unidas con las penas de mi Mamá, sobrepasaban todo; por eso era justo que mi Celestial Mamá tuviera el primer puesto en mi corazón, tanto en el dolor como en el amor, porque cada pena sufrida por amor mío, abría mares de gracias y de amor que se volcaban en su corazón traspasado; en esta herida entran todas las almas que sufren por causa mía y sólo por amor, en ésta entras tú, y aunque todos me ofendieran y no me amaran, Yo encuentro en ti el amor que puede suplirme por todos, y por eso, cuando las criaturas me arrojan, me obligan a huir de ellas, Yo rápido vengo a refugiarme en ti como a mi escondite, y encontrando mi amor, no el de ellas, y penante sólo por Mí, digo: "No me arrepiento de haber creado cielo y tierra y de haber sufrido tanto". Un alma que me ama y que sufre por Mí es todo mi contento, mi felicidad, mi compensación de todo lo que he hecho, y haciendo a un lado todo lo demás, me deleito y me entretengo con ella. Sin embargo, esta herida de amor en mi corazón, mientras es la más dolorosa y sobrepasa todo, contiene dos efectos al mismo tiempo: Me da intenso dolor y suma alegría, amargura indecible y dulzura indescriptible, muerte dolorosa y vida gloriosa. Son los excesos de mi amor, inconcebibles a mente creada; y en efecto, ¿cuántos contentos no encontraba mi corazón en los dolores de mi traspasada Mamá?

(3) La segunda herida mortal de mi corazón es la ingratitud. La criatura con la ingratitud cierra mi corazón, más bien, ella misma da dos vueltas a la llave, y mi corazón se hincha porque quiere derramar gracias, amor, y no puede, porque la criatura me los ha encerrado y ha puesto el sello con la ingratitud, y Yo doy en delirio, desvarío sin esperanza de que esta herida me sea curada, porque la ingratitud me la va haciendo siempre más profunda, dándome pena mortal.

(4) La tercera es la obstinación. ¡Qué herida mortal a mi corazón! La obstinación es la destrucción de todos los bienes que he hecho para la criatura; es la firma de la declaración que la criatura hace de

no conocerme, de no pertenecerme más, es la llave del infierno, al cual la criatura va a precipitarse; y mi corazón siente por ello el desgarro, se me hace pedazos, y me siento llevar uno de esos pedazos. ¡Qué herida mortal es la obstinación!

(5)Hija mía, entra en mi corazón y toma parte en estas mis heridas, compadece mi despedazado corazón, suframos juntos y roguemos".

(6)Yo he entrado en su corazón, cómo era doloroso, pero bello, sufrir y rogar con Jesús.

+ + + +

12-80
Enero 29, 1919

### Dios cumplirá la tercera renovación de la humanidad manifestando lo que hacía su Divinidad en su Humanidad.

(1)Estaba haciendo la adoración a las llagas de Jesús bendito, y por último he recitado el credo con la intención de entrar en la inmensidad del Querer Divino, donde están todos los actos de las criaturas pasadas, presentes y futuras, y los mismos que la criatura debería hacer y que por descuido o maldad no ha hecho, y yo decía: "Jesús mío, amor mío, entro en tu Querer y es mi intención con este credo, rehacer y reparar todos los actos de fe que las criaturas no han hecho, todas las incredulidades, la adoración debida a Dios como Creador". Mientras éstas y otras cosas decía, sentía perdérseme la inteligencia en el Querer Divino, y una luz que investía mi entendimiento, dentro de la cual descubría a mi dulce Jesús, y esta luz que decía y decía, pero ¿quién puede decirlo todo? Lo diré confusamente, y además siento tal repugnancia, que si la obediencia no fuera tan severa, sino más indulgente, no me obligaría a ciertos sacrificios, pero Tú, Vida mía, dame la fuerza y no abandones a sí misma a esta pobre ignorante. Parecía entonces que me decía:

(2) "Hija amada mía, quiero hacerte saber el orden de mi providencia. En cada período de dos mil años he renovado al mundo, en los primeros lo renové con el diluvio; en los segundos dos mil lo renové con mi venida a la tierra, en la que manifesté mi Humanidad, de la cual como de tantas fisuras se traslucía mi Divinidad, y los buenos y los mismos santos de estos terceros dos mil años han vivido de los frutos de mi Humanidad, y como a gotas han gozado de mi Divinidad. Ahora estamos cerca del final de los terceros dos mil años y habrá una tercera renovación, he aquí el por qué de la confusión general, no es otra cosa que la preparación a la tercera renovación, y si en la segunda renovación manifesté lo que hacía y sufría mi Humanidad y poquísimo lo que obraba la Divinidad, ahora en esta tercera renovación, después de que la tierra haya sido purgada y en gran parte destruida la presente generación, seré aún más magnánimo con las criaturas y llevaré a cabo la renovación con manifestar lo que hacía mi Divinidad en mi Humanidad, cómo obraba mi Querer Divino con mi querer humano, cómo todo quedaba concatenado en Mí, cómo hacía y rehacía todo, y hasta un pensamiento de cada criatura era rehecho por Mí y sellado con mi Querer Divino. Mi amor quiere desahogarse y quiere hacer conocer los excesos que obraba mi Divinidad en mi Humanidad en favor de las criaturas, que superan con mucho los excesos que externamente obraba mi Humanidad. He aquí por qué a menudo te hablo del vivir en mi Querer, lo que hasta ahora no he manifestado a ninguno, a lo más han conocido la sombra de mi Voluntad, la gracia, la dulzura que contiene el hacerla, pero penetrar dentro de Ella, abrazar la inmensidad, multiplicarse Conmigo y penetrar dondequiera, aun estando en la tierra, en el Cielo y en los corazones, abandonar los modos humanos y obrar con modos divinos, esto no es conocido aún, tanto que a no pocos parecerá extraño, y quien no tiene abierta la mente a la luz de la verdad no comprenderá nada, pero Yo poco a poco me abriré camino manifestando ahora una verdad, ahora otra de este vivir en mi Querer, de tal manera que terminarán por comprenderlo. Ahora bien, el primer eslabón que conjuntó el verdadero vivir en mi Querer fue mi Humanidad, mi Humanidad fundida con miDivinidad nadaba en el Querer Eterno e iba encontrando todos los actos de las criaturas para hacerlos suyos, y

dar al Padre por parte de las criaturas una gloria divina, y dar a todos los actos de las criaturas el valor, el amor y el beso del Querer Eterno. En este ambiente del Querer Eterno Yo veía todos los actos de las criaturas posibles de hacerse y no hechos, los mismos actos buenos malamente hechos, y Yo hacía los no hechos y rehacía los malamente hechos. Ahora, estos actos no hechos y hechos sólo por Mí, están todos suspendidos en mi Querer, y espero a las criaturas que vengan a vivir en mi Querer y repitan en mi Voluntad lo que hice Yo. Por eso te he escogido a ti como segundo eslabón de conjunción con mi Humanidad, haciéndose uno solo con el mío, viviendo en mi Querer, repitiendo mis mismos actos, de otra manera por esta parte mi amor quedaría sin desahogo, sin gloria por parte de las criaturas por todo lo que mi Divinidad obraba en mi Humanidad, y sin la perfecta finalidad de la Creación, la cual debe encerrarse y perfeccionarse en mi Querer. Sería como si hubiera derramado toda mi sangre, sufrido tanto y nadie lo hubiera sabido, ¿quién me habría amado? ¿Qué corazón habría quedado emocionado? ¡Ninguno! Y por tanto en ninguno habría tenido mis frutos, la gloria de la Redención".

(3) Y yo interrumpiendo las palabras de Jesús he dicho: "Amor mío, si tanto bien hay en este vivir en el Querer Divino, ¿por qué no lo manifestaste antes?"

(4) Y Él: "Hija mía, primero debía hacer conocer lo que hizo y sufrió mi Humanidad por fuera, para poder disponer a las almas a conocer lo que hizo mi Divinidad por dentro; la criatura es incapaz de comprender todo junto mi obrar, por eso voy manifestándome poco a poco. Después, a tu eslabón de conjunción Conmigo serán unidos los demás eslabones de las criaturas, y tendré una multitud de almas, que viviendo en mi Querer reharán todos los actos de las criaturas y tendré la gloria de tantos actos suspendidos hechos sólo por Mí, hechos también por las criaturas, y éstas de todas las clases: Vírgenes, sacerdotes, seglares, según su oficio no obrarán más humanamente, sino que penetrando en mi Querer sus actos se multiplicarán por todos en modo todo divino, y tendré la gloria divina por parte de las criaturas de tantos sacramentos recibidos y

administrados en modo humano, otros profanados, otros enfangados por el interés, y de tantas obras buenas en las cuales quedo más deshonrado que honrado. Suspiro tanto este tiempo, tú reza y suspíralo junto Conmigo y no separes tu eslabón de unión con el mío, empezando tú la primera".

+ + + +

12-81
Febrero 4, 1919

### La Pasión interna que la Divinidad hizo sufrir a la Humanidad de Jesús en el transcurso de toda su Vida.

(1) Continuando mi habitual estado, por cerca de tres días me sentía perdida en Dios; muchas veces el buen Jesús me atraía dentro de su Santísima Humanidad, y yo nadaba en el mar inmenso de la Divinidad. ¡Oh! cuántas cosas se veían, cómo se veía claro todo lo que obraba la Divinidad en la Humanidad, y frecuentemente mi Jesús interrumpía mis sorpresas y me decía:

(2) "Mira hija mía con qué exceso de amor amé a la criatura, mi Divinidad fue celosa de confiar a las criaturas el trabajo de la Redención haciéndome sufrir la Pasión. La criatura era impotente para hacerme morir tantas veces por cuantas criaturas habían salido y deberían salir a la luz de lo creado, y por cuantos pecados mortales habrían tenido la desgracia de cometer. La Divinidad quería vida por cada vida de criatura, y vida por cada muerte que con el pecado mortal se daba. ¿Quién podría ser tan potente sobre Mí, para darme tantas muertes, sino mi Divinidad? ¿Quién habría tenido la fuerza, el amor, la constancia de verme morir tantas veces, sino mi Divinidad? La criatura se habría cansado y habría desfallecido. Y no creas que este trabajo de mi Divinidad empezótarde, por el contrario, empezó en cuanto fue cumplida mi concepción, desde el seno de mi Mamá, la cual muchas veces tenía conocimiento de mis penas y quedaba martirizada y sentía la muerte junto Conmigo. Así que desde el seno materno mi Divinidad tomó el

empeño de verdugo amoroso, pero precisamente por amoroso más exigente e inflexible, tanto, que ni siquiera una espina fue dispensada a mi gimiente Humanidad, ni un clavo, pero no como las espinas, los clavos, los flagelos que sufrí en la Pasión que me dieron las criaturas, que no se multiplicaban, cuantos me ponían, tantos quedaban; en cambio, los de mi Divinidad se multiplicaban por cada ofensa, así que tantas espinas por cuantos pensamientos malos, tantos clavos por cuantas obras indignas, tantos golpes por cuantos placeres, tantas penas por cuantas fueron las ofensas; por eso eran mares de penas, de espinas, de clavos, de golpes innumerables. Delante a la Pasión que me dio la Divinidad, la Pasión que me dieron las criaturas el último de mis días no fue otra cosa que sombra, imagen de lo que me hizo sufrir mi Divinidad en el curso de mi Vida, por eso amo tanto a las almas, son vidas que me cuestan, son penas inconcebibles a mente creada, por eso entra dentro de mi Divinidad y mira y toca con la mano lo que sufrí".

(3) Yo no sé como me encontraba dentro de la inmensidad Divina, que erigía tronos de justicia por cada criatura, a lo cual el dulce Jesús debía responder por cada acto de criatura, sufrir las penas, la muerte, pagar el precio de todo; y Jesús como dulce corderito quedaba muerto por las manos divinas, para resurgir y sufrir otras muertes. ¡Oh, Dios! ¡Oh, Dios, qué penas tan desgarradoras, morir para resurgir y resurgir para someterse a muertes más dolorosas! Yo me sentía morir al ver muerto a mi dulce Jesús. Tantas veces hubiera querido evitar una sola muerte a Aquél que tanto me ama. ¡Oh, cómo comprendía bien que sólo la Divinidad podía hacer sufrir tanto a mi dulce Jesús, y que sólo Ella podía gloriarse de haber amado a los hombres hasta la locura y el exceso, con penas inauditas y con amor infinito! Por eso, ni el ángel ni el hombre tenían en su mano este poder, de poder amarnos con tanto heroísmo de sacrificio como un Dios. ¿Pero quién puede decirlo todo? Mi pobre mente nadaba en aquel mar inmenso de luz, de amor y de penas, y yo quedaba como ahogada sin saber salir de él; y si mi amable Jesús no me hubiera atraído al pequeño marde su Santísima Humanidad, en el que la mente no quedaba tan

sumergida sin poder ver ningún confín, yo no habría podido decir ni nada. Después de esto mi dulce Jesús ha agregado:

(4) "Hija amada, parto de mi Vida, ven en mi Voluntad, ven a ver cuánto hay que sustituir a tantos actos míos suspendidos aún y no sustituidos por parte de las criaturas. Mi Voluntad debe ser en ti como la primera rueda del reloj, si ella camina todas las demás ruedas caminan, y el reloj señala las horas, los minutos, así que todo el acuerdo está en el movimiento de la primera rueda, y si la primera rueda no tiene movimiento, queda detenido. Así, la primera rueda en ti debe ser mi Voluntad, que debe dar movimiento a tus pensamientos, a tu corazón, a tus deseos, a todo, y como mi Voluntad es la rueda central de mi Ser, de la Creación, y de todo, tu movimiento saliendo de este centro vendrá a sustituir a tantos actos de las criaturas, multiplicándose en los movimientos de todos, como movimiento central, vendrá a poner a mi Trono por parte de las criaturas, los actos de ellas, sustituyéndose a todo. Por eso sé atenta, tu misión es grande, es toda divina".

+ + + +

12-82
Febrero 6, 1919

### El alma en la Divina Voluntad puede formar las hostias para alimentar a Jesús.

(1) Estaba fundiéndome toda en mi dulce Jesús, haciendo cuanto más podía por entrar en el Divino Querer, para encontrar la cadena de mi amor eterno, de las reparaciones, de mi grito continuo de querer almas, con el cual me cortejaba mi siempre amable Jesús ab eterno, y queriendo encadenar juntos mi pequeño amor en el tiempo a aquel amor con el cual Jesús me cortejaba eternamente, para poderle dar amor infinito, reparaciones infinitas, sustituirme a todo, justo como Jesús me había enseñado. Mientras esto hacía, mi dulce Jesús ha venido de prisa y me ha dicho:

(2)"Hija mía, tengo mucha hambre".

(3)Y parecía que tomaba de dentro de mi boca muchas pequeñas bolitas blancas y se las comía. Luego, como si quisiera saciarse del todo, ha entrado dentro de mi corazón y con las dos manos tomaba muchas migajas grandes y pequeñas, y con mucha prisa se las comía; después, como si estuviera ya satisfecho, se ha apoyado sobre mi cama y me ha dicho:

(4)"Hija mía, conforme el alma va encerrando en ella mi Querer y me ama, en mi Querer me encierra a Mí, y amándome forma en torno a Mí los accidentes para aprisionarme dentro y forma una hostia para Mí; así si sufre, si repara, etc., y encierra mi Querer, me forma tantas hostias para que Yo me comulgue a Mí mismo y sacie mi hambre en modo divino y digno de Mí. Yo, en cuanto veo formadas estas hostias en el alma, voy a tomarlas para nutrirme, para saciar mi insaciable hambre que tengo de que la criatura me restituya amor por amor, así que puedes decirme: Tú te has dado en comunión a mí, también yo me he dado en comunión a Ti".

(5)Y yo: "Jesús, mis hostias son tus mismas cosas, en cambio las tuyas son cosas tuyas, por lo tanto yo permanezco siempre por debajo de Ti".

(6)Y Jesús: "Para quien ama de verdad, Yo no sé, ni quiero hacer cuentas, y además, en mis hostias es Jesús lo que te doy, y en las tuyas es todo Jesús lo que me das, ¿quieres verlo?"

(7) Y yo: "Si". Entonces ha extendido su mano en mi corazón y ha tomado una pequeña bolita blanca, la ha roto y de dentro ha salido otro Jesús.

(8)Y Él: "¿Has visto? ¡Cómo estoy contento cuando la criatura llega a poder darme a Mí mismo, por eso hazme muchas hostias y Yo vendré a alimentarme en ti; me renovarás el contento, la gloria, el amor de cuando al instituirme Sacramentado me comulgué a Mí mismo".

+ + + +

12-83
Febrero 9, 1919

**Temores de Luisa. Jesús le dice que la eligió desde la eternidad para la Santidad del vivir en la Divina Voluntad.**

(1) Retomo lo que está escrito el 29 de enero. Estaba diciendo a mi dulce Jesús: "¿Será posible que yo sea el segundo anillo de conjunción con tu Humanidad? Hay almas tan queridas para Ti, ante las cuales yo no merezco ni estar bajo sus pies, y además está tu indivisible Mamá, la cual ocupa el primer lugar en todo y sobre todo, me parece dulce amor mío que quieres decirme mentiras, no obstante me veo obligada por la obediencia, con el más grande desgarro de mi alma, a ponerlo por escrito; Jesús mío, ten piedad de mi duro martirio". Mientras esto decía, mi siempre amable Jesús, acariciándome me ha dicho:

(2) "Hija mía, ¿por qué te inquietas? ¿No es acaso mi costumbre elegir de entre el polvo y formar de él grandes portentos, prodigios de Gracia? Todo el honor es mío, y cuanto más débil e ínfimo el sujeto, tanto más quedo en él glorificado. Y además, mi Mamá no entra en la parte secundaria de mi amor, de mi Querer, sino que forma un solo anillo Conmigo, y también es cierto que tengo muchas almas queridísimas por Mí, pero esto no excluye que pueda elegir a una en vez de otra a la altura de un oficio, y no sólo de oficio, sino altura tal de santidad, cual conviene para vivir en mi Querer. Las gracias que no eran necesarias a los demás a quienes no llamaba a vivir en esta inmensidad de santidad de mi Voluntad, son necesarias para ti, a quien elegí desde la eternidad. En estos tiempos tan tristes te elegí a ti, para que viviendo en mi Querer me dieras amor divino, reparaciones y satisfacciones divinas, las cuales se encuentran sólo en el vivir en mi Querer. Los tiempos, mi amor, mi Querer lo requería, el desahogarme más en amor ante tanta

impiedad humana, ¿no puedo acaso hacer lo que quiero? ¿Acaso puede atarme alguien? No, no, por eso tranquilízate y seme fiel".

+ + + +

12-84
Febrero 10, 1919

**Jesús pregunta a Luisa si quiere vivir en su Querer, si quiere aceptar el oficio de segundo eslabón con su Humanidad y si quiere aceptar su Amor como propio y su Querer como Vida.**

(1) Continuando mi habitual estado, mi siempre amable Jesús ha venido y tomando mis manos en las suyas me las ha estrechado, y con una afabilidad majestuosa me ha dicho:

(2) "Hija mía, dime: ¿quieres vivir en mi Querer? ¿Quieres aceptar el oficio de segundo eslabón con mi Humanidad? ¿Quieres aceptar todo mi amor como tuyo, mi Querer como vida, mis mismas penas que la Divinidad inflingía a mi Humanidad, las cuales eran tantas, que mi amor siente una irresistible necesidad no sólo hacerlas conocer, sino de participarlas por cuanto a criatura es posible? Y sólo puedo hacerlas conocer y participarlas a quien vive en mi Querer, todo a expensas de mi amor. Hija mía, es mi costumbre pedir el "sí" de la criatura, para después obrar libremente con ella".

(3) Jesús ha hecho silencio, como si esperara mi Fiat, y yo he quedado sorprendida y he dicho:

(4) "Vida mía, Jesús, tu Querer es mío, Tú únelos juntos y forma un solo Fiat, y yo digo "sí" junto Contigo, y te pido que tengas piedad de mí, mi miseria es grande, y sólo porque Tú lo quieres yo digo Fiat, Fiat".

(5) Pero, ¡oh! cómo me sentía aniquilada y pulverizada en el abismo de mi nada, mucho más porque esta nada era llamada a hacer vida en el Todo. Entonces mi dulce Jesús ha unido los dos quereres y ha

impreso un Fiat, y el mío ha entrado en el Querer Divino y parecía no un sí humano, sino divino, porque había sido pronunciado en el Querer de Jesús, y este sí en el Querer Divino se multiplicaba en tantos, por cuantos rechazos hacían todas las criaturas a mi dulce Jesús. Este sí hacía las más solemnes reparaciones, abrazaba a todos, como si quisiera llevar a todos a Jesús, sustituyéndose por todos; era un sí que tenía el sello y el poder del Querer Divino, no pronunciado ni por temor ni por interés de santidad personal, sino sólo por vivir en el Querer de Jesús y correr en bien de todos y llevar a Jesús gloria, amor, reparaciones divinas. Mi amable Jesús parecía tan contento por mi sí, que me ha dicho:

(6)"Ahora quiero adornarte y vestirte como Yo, a fin de que junto Conmigo vengas ante la Majestad del Eterno a repetir mi mismo oficio".

(7)Entonces Jesús me ha vestido y como fundido con su Humanidad, y juntos nos hemos encontrado ante la Majestad Suprema. Yo no sé decirlo, esta Majestad era una Luz inaccesible, inmensa, variada, de belleza incomprensible, de la cual todo dependía. Yo he quedado perdida en Ella, y la misma Humanidad de mi Jesús permanecía pequeña, el solo entrar en el aire de esta Luz hacía feliz, embellecía, pero no sé cómo continuar diciéndolo, y mi dulce Jesús me ha dicho:

(8)"Adora junto Conmigo en la inmensidad de mi Voluntad a la Potencia Increada, a fin de que no sólo Yo, sino también otra criatura adore en modo divino a nombre de todos sus hermanos de las generaciones de todos los siglos, a Aquél que todo lo ha creado y del cual todas las cosas dependen".

(9)Cómo era bello adorar junto con Jesús, estas adoraciones se multiplicaban por todos, se ponían ante el Trono del Eterno como en defensa por quien no habría reconocido a la Eterna Majestad, es más, insultada, y corrían a bien de todos para hacerla conocer. Hemos hecho otros actos, siempre junto con Jesús, pero siento que no sé continuar escribiéndolos, mi mente oscila y no encuentra las palabras, por eso no continúo, si Jesús lo quiere regresaré sobre este punto. Entonces mi dulce Jesús me ha conducido de nuevo en mí misma, pero mi mente ha quedado atada como a un punto eterno, del cual no podía separarse. Jesús, Jesús, ayúdame a corresponder a tus gracias, ayuda a tu pequeña hija, ayuda a tu pequeña chispa.

+ + + +

12-85
Febrero 13, 1919

### Jesús le habla de su nuevo oficio.

(1) Continuando mi habitual estado, buscaba con ansia a mi siempre amable Jesús, y Él todo bondad ha venido y me ha dicho:

(2) "Hija amada de mi Querer, ¿quieres venir en mi Voluntad a sustituir en modo divino a tantos actos no hechos por todos nuestros hermanos? ¿A tantos otros hechos humanamente, y a otros actos santos, sí, pero humanos y no en orden divino? Yo todo lo he hecho en el orden divino, pero no estoy contento aún, quiero que la criatura entre en mi Voluntad y en modo divino venga a besar mis actos, sustituyéndose a todo como hice Yo; por eso ven, ven, lo suspiro, lo deseo tanto, que hago fiesta cuando veo que la criatura entra en este ambiente divino y multiplicándose junto Conmigo se multiplica en todos, y ama, repara, sustituye a todos y por cada uno en modo divino. Las cosas humanas no las reconozco más en ella, sino todas son cosas mías, mi amor surge y se multiplica, las reparaciones se multiplican al infinito, las sustituciones son divinas; ¡qué alegría, qué fiesta! Los mismos santos se unen Conmigo y hacen fiesta, y esperan con ardor que una hermana suya sustituya sus mismos actos santos en el orden humano, pero no en el orden divino; me suplican que pronto haga entrar en este ambiente divino a la criatura, y que todos sus actos sean sustituidos sólo con el Querer Divino y con el sello del Eterno. Yo lo he hecho por todos, ahora quiero que lo hagas tú por todos".

(3) Y yo: "Mi Jesús, tu hablar me confunde, y sé que Tú solo bastas para todo, y además, todo es cosa tuya".

(4) Y Jesús: "Es cierto que Yo solo basto por todos; ¿y no soy Yo libre de elegir a una criatura, y junto Conmigo darle el oficio y hacerla bastar por todos? Y además, ¿qué te importa a ti que sea cosa mía? ¿Tal vez lo que es mío no puedo dártelo a ti? Éste es todo mi contento, darte todo, y si tú no me correspondes y no lo aceptas me dejarás descontento, y toda la cadena de gracias que te he hecho para hacerte llegar a este punto de llamarte a este oficio, me la dejas defraudada".

(5) Yo he entrado en Jesús, y hacía lo que hacía Jesús. ¡Oh, cómo veía con claridad lo que Él me había dicho! Con Él quedaba multiplicada en todos, también en los santos. Pero volviendo en mí misma una duda se ha suscitado en mí, y Jesús ha agregado:

(6) "Un solo acto de mi Voluntad, y aun un solo instante, está lleno de Vida creadora, y quien contiene esta Vida, en ese instante puede dar vida a todo y conservar todo, así que de este solo acto de mi Voluntad, el sol recibe la vida de la luz, la tierra su conservación, las criaturas la vida; ¿por qué dudas tú entonces? Y además, tengo mi corte en el Cielo, pero quiero otra sobre la tierra. ¿Adivinas tú quién formará esta corte?"

(7) Y yo: "Las almas que vivirán en tu Querer".

(8) Y Él: "Bravo, son propiamente ellas, que sin la sombra del interés y de la santidad personal, sino toda divina, vivirán para bien de sus hermanos y harán un solo eco con el Cielo".

+ + + +

12-86
Febrero 20, 1919

## En cada cosa creada, Dios ponía una relación, un canal de gracias,
## un amor especial entre la Majestad Suprema y la criatura.

(1) Continuando mi habitual estado me la he pasado junto con mi dulce Jesús, y ahora se hacía ver como niño, ahora crucificado, y transformándome en Él me ha dicho:

(2) "Hija mía, entra en Mí, en mi Divinidad, y corre en mi eterna Voluntad, y ahí encontrarás la potencia creadora como en acto de crear la máquina de todo el universo. En cada cosa que creaba ponía una relación, un canal de gracias, un amor especial entre la Majestad Suprema y la criatura, pero como la criatura no tomaría en cuenta estas relaciones, estas gracias, este amor, debería haber suspendido la Creación no reconocida ni apreciada, pero al ver a mi Humanidad que tan bien debía apreciarla, y que por cada cosa creada iba a tener sus relaciones con el Eterno, iba a reconocerlo, a amarlo, no sólo por Ella sino por toda la familia humana, no miró la culpa de los otros hijos, y con sumo contento distendió el cielo, tapizándolo de estrellas, sabiendo que aquellas estrellas debían ser tantas y variadas relaciones, gracias sin número, ríos de amor que debían correr entre mi Humanidad y el Ente Supremo. El Eterno miró el cielo y quedó contento al ver las inmensas armonías, las comunicaciones de amor que abrió entre el Cielo y la tierra, por eso siguió adelante, y con una sola palabra creadora creó en este cielo el sol como relator continuo de su Ser Supremo, dotándolo de luz, de calor, dejándolo suspendido entre el cielo y la tierra en acto de regir todo, de fecundar, calentar, iluminar todo, y que con su ojo de luz indagador parece que dice a todos: "Yo soy el más perfecto predicador del Ser Divino; miradme y lo reconoceréis, Él es luz inmensa, es amor interminable, da vida a todo, no tiene necesidad de nada, ninguno lo puede tocar; mírenme bien y lo reconoceréis, yo soy su sombra, el reflejo de su Majestad, su relator continuo". ¡Oh, qué océanos de amor, de relaciones se abrieron entre mi Humanidad y la Majestad Suprema! Así que cada cosa que tú ves, hasta la más pequeña florecita del campo, era una relación más entre la criatura y el Creador, por eso era justo que por cada cosa

quería un reconocimiento, un amor de más por parte de las criaturas. Yo me sustituí a todo, la reconocí y adoré por todos a la potencia creadora; pero mi amor ante tanta bondad no está contento, quisiera que otras criaturas reconocieran, amaran y adoraran a esta potencia creadora, y por cuanto a criatura es posible tomaran parte en estas relaciones que el Eterno ha esparcido en todo el mundo, y a nombre de todos rindieran homenaje a este acto de creación del Eterno; ¿pero sabes tú quién puede rendir este homenaje? Las almas que viven en mi Querer, porque conforme entran en Él encuentran como en acto todos los actos de la Majestad Suprema, y encontrándose esta Voluntad en todo y en todos, quedan multiplicados en todo y pueden rendir honor, gloria, adoración, amor por todos. Por eso ven en mi Querer, ven junto Conmigo ante la Alteza Divina, a rendir, tú la primera, los homenajes debidos como Creador de todo".

(3) Yo no sé decir cómo he entrado en este Divino Querer, pero siempre junto con mi dulce Jesús, y veía a esta Suprema Majestad en acto de hacer salir todo lo creado. ¡Oh Dios, qué amor! Cada cosa creada recibía la marca del amor, la llave de comunicación, el mudo lenguaje para hablar elocuentemente de Dios, ¿pero a quién? A la criatura ingrata. Pero yo no sé continuar diciéndolo, mi pequeña inteligencia se perdía al ver tantos canales abiertos de comunicación, el amor inmenso que salía de ellos, y la criatura que hacía como extraños todos estos bienes. Entonces, junto con Jesús, multiplicándonos en todos hemos adorado, agradecido y reconocido a nombre de todos a la potencia creadora, y el Eterno recibía la gloria de la Creación.

(4) Jesús ha desaparecido y yo he vuelto en mí misma.

+ + + +

12-87
Febrero 24, 1919

**El hombre, obra maestra de la Potencia creadora.**

(1) Encontrándome en mi habitual estado, el bendito Jesús al venir me ha dicho:

(2) "Hija mía, nada has dicho de la creación del hombre, de la obra maestra de la potencia creadora, donde el Eterno, no a gotitas, sino a olas, a ríos ponía su amor, su belleza, su maestría, y llevado por el exceso de amor se ponía a Sí mismo como centro del hombre; pero Él quería al hombre como una digna habitación, ¿qué hace entonces esta Majestad increada? Crea al hombre a su imagen y semejanza, y desde el fondo de su amor hace salir un respiro, y con su aliento omnipotente le infunde la vida, dotando al hombre de todas sus cualidades, proporcionadas a criatura, haciéndolo un pequeño dios. Así que todo lo que ves en lo creado es nada en comparación a la creación del hombre; ¡oh! cuántos cielos, estrellas y soles mucho más bellos extendía en el alma creada, cuánta variedad de belleza, cuántas armonías, basta decir que miró al hombre creado y lo encontró tan bello, que se enamoró de él, y celoso de este su portento, Él mismo se hizo custodio y poseedor del hombre y dijo: "Todo lo he creado para ti, te doy el dominio de todo, todo es tuyo, y tú serás todo mío". Tú no podrás comprender del todo los mares de amor, las relaciones íntimas y directas, la semejanza que corre entre Creador y criatura, ¡ah! hija de mi corazón, si la criatura conociera cuán bella es su alma, cuántas dotes divinas contiene, y cómo entre todas las cosas creadas sobrepasa a todo en belleza, en potencia, en luz, tanto, que se puede decir: "Es un pequeño dios y un pequeño mundo que todo en sí contiene". ¡Oh! cómo ella misma se estimaría de más, y no ensuciaría con la más leve culpa una belleza tan singular, un prodigio tan portentoso de la potencia creadora. Pero la criatura, casi ciega en el conocerse a sí misma, y mucho más ciega en el conocer a su Creador, se va ensuciando con mil suciedades, de desfigurar la obra del Creador, tanto, que difícilmente se reconoce. Piensa tú misma cuál es nuestro dolor; por eso ven en mi Querer, y junto Conmigo ven a sustituir por nuestros hermanos delante al trono del Eterno, por todos los actos que deberían hacer por haberlos creado como un prodigio de amor de su omnipotencia, y sin embargo tan ingratos".

(3) En un instante nos hemos encontrado ante esta Majestad Suprema, y a nombre de todos hemos expresado nuestro amor, el agradecimiento, la adoración por habernos creado con tanto exceso de amor y dotado de tantas bellas cualidades.

+ + + +

12-88
Febrero 27, 1919

### En la Divina Voluntad no hay obstáculos para el amor de Dios.

(1) Continuando mi habitual estado, el bendito Jesús al venir casi siempre me llama en su Querer a reparar, o a sustituir los actos de las criaturas en modo divino. Ahora, al venir me ha dicho:

(2) "Hija mía, qué peste exhala de la tierra, no encuentro ningún punto para Mí, y me veo obligado por la peste a huir la tierra; pero tú puedes hacerme un poco de aire perfumado, ¿sabes cómo? Con hacer lo que haces en mi Voluntad, y así conforme hagas tus actos me formarás un aire divino, y Yo vendré a respirarlo y encontraré un punto de la tierra para Mí, y como mi Voluntad circula en todas partes, así el aire que me formarás lo sentiré por todas partes y me disipará el aire pestilente que la tierra me manda".

(3) Poco después ha regresado y ha agregado:

(4) "Hija mía, cuántas tinieblas, son tantas que la tierra parece cubierta por un manto negro, tanto, que las criaturas no ven más, han quedado o ciegas, o no tienen luz para ver; y Yo no sólo quiero el aire divino para Mí, sino también la luz, por eso tus actos sean continuos en mi Querer, porque no sólo harás el aire para tu Jesús, sino también la luz, serás mi reflector, mi reflejo, el reflejo de mi amor y de mi misma Luz; es más, te digo que en cuanto hagas tus actos en mi Querer erigirás tabernáculos, y no sólo eso, sino que conforme vayas formando los pensamientos, los deseos, las

palabras, las reparaciones, los actos de amor, tantas hostias se desprenderán de ti, consagradas por mi Voluntad. ¡Oh, qué libre desahogo tendrá mi amor, tendré campo libre en todo, no más obstáculos, cuantos tabernáculos quiera los tendré, las hostias serán innumerables, a cada instante nos comulgaremos juntos, y también Yo gritaré: "Libertad, libertad, vengan todos en mi Voluntad y gozareis la verdadera libertad!" Fuera de mi Voluntad, cuántos obstáculos no encuentra el alma, pero en mi Voluntad es libre, yo la dejo libre de amarme como quiera, es más, le digo: "Deja tus harapos humanos, toma lo divino, Yo no soy avaro ni celoso de mis bienes, quiero que tomes todo, ámame inmensamente, toma todo mi amor, haz tuyo mi poder, mi belleza hazla tuya, por cuanto más tomes tanto más estará feliz tu Jesús". La tierra me forma pocos tabernáculos, las hostias están casi numeradas, y además los sacrilegios, las irreverencias que me hacen, ¡oh! cómo es ofendido y obstaculizado mi amor, en cambio en mi Voluntad nada estorba, no hay ni la sombra de la ofensa, y la criatura me da amor, reparaciones divinas y correspondencia completa, y junto Conmigo se sustituye a todos los males de la familia humana. Sé atenta y no te apartes del punto donde te llamo y quiero".

+ + + +

12-89
Marzo 3, 1919

### El Divino Querer es el Edén del alma.

(1)Continuando mi habitual estado, estaba toda inmersa en el Divino Querer, y mi siempre amable Jesús ha venido y me ha estrechado a su corazón diciéndome:

(2)"Tú eres mi hija primogénita de mi Voluntad, cómo te amo y cómo eres preciosa ante mis ojos, te tendré tan custodiada, que si al crear al hombre preparé un edén terrestre, para ti he preparado un edén divino; si en el edén terrestre el matrimonio fue humano entre los primeros progenitores, y a ellos les di a gozar las más bellas delicias de la tierra, y de Mí gozaban a intervalos, en el edén divino la unión es divina, te haré gozar las más bellas delicias celestiales, y de Mí gozarás cuanto quieras, es más, seré tu vida y dividiremos juntos los contentos, las alegrías, las dulzuras, y si es necesario también las penas. En el edén terrestre tuvo acceso el enemigo y fue cometido el primer pecado, en el edén divino está cerrada la entrada al demonio, a las pasiones, a las debilidades, más bien el demonio no quiere entrar sabiendo que mi Querer lo quemaría más que el mismo fuego del infierno, y sólo al sentir su sensación huye; y darás principio a los primeros actos en modo divino, los cuales son inmensos, eternos e infinitos, que abrazan todo y a todos".

(3) Y yo interrumpiendo el hablar de Jesús he dicho: "Jesús, amor mío, por cuanto más hablas de este Querer Divino, tanto más me confundo y temo, y siento tal aniquilamiento que me siento destruir, y por tanto inhabilitada para corresponder a tus designios". Y Él todo bondad ha agregado:

(4) "Es mi Querer que te destruye lo humano, y en lugar de temer deberías arrojarte en la inmensidad de mi Voluntad, mis designios sobre ti son altos, nobles y divinos, la misma obra de la Creación, ¡oh! cómo queda atrás de esta obra de llamarte a vivir en el Querer Divino para hacer en Él no vida humana sino Vida Divina; es un desahogo más fuerte de mi amor, es mi amor reprimido por las criaturas, que no pudiendo contenerlo lo derramo a torrentes sobre quien me ama, y para estar seguro de que mi amor no sea rechazado y maltratado, te llamo en mi Querer, de modo que ni tú ni lo que es mío quede sin su pleno efecto, y quede en plena defensa. Hija mía, no entristezcas con tus temores la obra de tu Jesús, continúa el vuelo a donde te llamo".

+ + + +

12-90
Marzo, 6, 1919

**Diferentes pasos que Jesús hace en el alma**

**para hacerla vivir en el Divino Querer.**

(1) Estaba pensando en lo que mi dulce Jesús me va diciendo sobre el Divino Querer, y decía entre mí: "¿Cómo es posible que el alma pueda llegar a tanto, y vivir más en el Cielo que en la tierra?" Y Jesús viniendo me ha dicho:

(2) "Hija mía, lo que es imposible a la criatura, todo es posible para Mí. Es verdad que es el prodigio más grande de mi omnipotencia y de mi amor, pero cuando quiero todo puedo, y lo que parece difícil para Mí es facilísimo, pero quiero el sí de la criatura, y que se preste como suave cera a todo lo que quiero hacer de ella. Es más, tú debes saber que antes de llamarla del todo a vivir en mi Querer, la voy llamando de vez en vez, la despojo de todo, le hago sufrir una especie de juicio, porque en mi Querer no hay juicios, las cosas quedan todas confirmadas Conmigo, el juicio está fuera de mi Voluntad, pues a todo lo que entra en mi Querer, ¿quién puede atreverse a hacerle juicio? Y Yo jamás me juzgo a Mí mismo, y no sólo eso, sino que muchas veces la hago morir, aun corporalmente, y después de nuevo la devuelvo a la vida, y el alma vive como si no viviera, su corazón está en el Cielo y el vivir es su más grande martirio; ¿cuántas veces no lo he hecho contigo? Éstas son disposiciones para disponer al alma a vivir en mi Querer. Y además, las cadenas de mis gracias, de mis visitas repetidas, ¿cuántas no te he hecho? Todo era para disponerte a la altura de vivir en el mar inmenso de mi Voluntad, por eso no quieras investigar, sino continúa tu vuelo".

+ + + +

12-91
Marzo 9, 1919

**El Divino Querer debe ser centro y alimento del alma.**

(1)Encontrándome en mi habitual estado, mi siempre amable Jesús me atrae siempre a su Querer; qué abismo interminable, entonces me ha dicho:

(2)"Hija mía, mira un poco como mi Humanidad nadaba en el Divino Querer, a la cual tú deberías imitar".

(3)En ese momento me ha parecido ver ante mi mente un sol, pero no tan pequeño como el que resplandece sobre nuestro horizonte, sino tan grande que sobrepasaba toda la superficie de la tierra, es más, no se veía hasta dónde llegaban sus confines, y los rayos que expandía haciéndole encantadora armonía, llegaban a todas partes y penetraban dondequiera. En el centro de ese sol veía la Humanidad de Nuestro Señor, que se nutría del sol, el cual formaba toda su Vida, todo recibía del sol y todo se lo devolvía, y como lluvia benéfica se derramaba sobre toda la familia humana, ¡oh, qué vista tan encantadora! Entonces mi dulce Jesús ha agregado:

(4)"¿Has visto cómo te quiero? El sol que tú ves es mi Voluntad, en la cual mi Humanidad estaba como en su propio centro, todo de mi Querer recibía, ningún otro alimento entró en Mí, ni siquiera el alimento de un pensamiento, una palabra o respiro entró en Mí que fuera nutrido con alimento extraño a mi Voluntad; era justo que todo lo debía devolver a Ella. Así te quiero a ti, en el centro de mi Querer, del cual tomarás el alimento de todo, cuídate bien de tomar otro alimento, descenderías de tu nobleza y te degradarías, como las reinas que se abajan a tomar alimentos viles y sucios, indignos de ellas, y conforme tomes debes inmediatamente devolverme todo, así que no harás otra cosa que tomar y darme, así también tú formarás una encantadora armonía entre tú y Yo".

+ + + +

12-92
Marzo 12, 1919

**La tierra es imagen de quien no vive en la Divina Voluntad.**

(1)Continuando mi pobre estado, en cuanto ha venido mi dulce Jesús me ha estrechado a su santísimo corazón y me ha dicho:

(2)"Hija mía, si la tierra no fuera movible y montañosa, sino fija y toda una llanura, gozaría de más del beneficio del sol, para toda la tierra sería siempre pleno día, el calor sería igual en todos sus puntos, por tanto fructificaría mucho más, pero como es movible y está formada por alturas y profundidades, no recibe igual la luz y el calor del sol, y ahora queda una parte en la oscuridad, y ahora otra, otros puntos reciben poco la luz del sol, muchos terrenos se vuelven estériles porque los montes con sus alturas impiden que la luz y el calor del sol penetren hasta sus profundidades, y cuántos, cuántos otros inconvenientes. Ahora hija mía, te digo que la tierra es imagen de quien no vive en mi Querer, los actos humanos la vuelven movible, las debilidades, las pasiones, los defectos, forman las montañas, las profundidades donde se forman cuevas de vicios, así que su movilidad les ocasiona oscuridad, frío, y si alguna poca de luz gozan, es a intervalos, porque las montañas de sus pasiones se interponen a la luz. ¡Cuánta miseria para quien no vive en mi Querer! En cambio para quien vive en mi Voluntad, mi Querer la vuelve fija y le allana todas las montañas de las pasiones, en modo de hacerla toda una llanura, y el sol de mi Querer le arroja dardos como quiere, y no hay rinconcito donde no resplandezca su Luz. Qué maravilla entonces si el alma se hace más santa en un día que viva en mi Querer, que en cien años fuera de mi Voluntad".

+ + + +

12-93
Marzo 14, 1919

**Efectos de un sufragio. Participación en las penas que la Divinidad dio a la Humanidad de Jesús. Primera alma estigmatizada en el Querer Divino.**

(1) Mientras me encontraba en mi habitual estado, me he encontrado fuera de mí misma y veía a mi confesor difunto; un pensamiento me ha pasado por la mente: "Pregunta si aquello que no has dicho al confesor estás obligada a decirlo, y por tanto a escribirlo o no". Yo le he preguntado diciéndole qué cosa era y él me ha dicho:

(2) "Ciertamente estás obligada".

(3) Después ha agregado: "Tú una vez me hiciste un bello sufragio, si supieras el bien que me hiciste, el refrigerio que sentí, los años que desconté".

(4) Y yo: "No recuerdo, dime cuál fue y te lo repito".

(5) Y él: "Entraste en el Querer Divino y tomaste su poder, la inmensidad de su amor, el valor inmenso de las penas del Hijo de Dios y de todas las cualidades divinas, luego viniste y todo lo derramaste sobre mí, y conforme tú me lo derramabas, yo recibía el baño del amor que contiene el poder divino, el baño de la belleza, el baño de la sangre de Jesús y de todas las cualidades divinas; ¿quién te puede decir el bien que me hiciste? Todos eran baños que contenían un poder y una inmensidad divina; repítemelo, repítemelo".

(6) Mientras esto decía me he encontrado en mí misma. Ahora, para obedecer y con suma confusión y repugnancia digo lo que había dejado de decir y escribir: Recuerdo que un día mi dulce Jesús, hablándome de su Santísimo Querer y de las penas que la Divinidad hacía sufrir a su santísima Humanidad en su Voluntad, me dijo:

(7) "Hija mía, como te he escogido por primera para hacer vida en mi Querer, quiero que también tomes parte en las penas que recibía mi Humanidad de mi Divinidad en mi Voluntad. Cada vez que entres en mi Querer encontrarás las penas que me dio la Divinidad, no las que me dieron las criaturas, si bien también queridas por la Voluntad

Eterna, pero como me las dieron las criaturas, eran en modo finito. Por eso te quiero en mi Querer, donde encontrarás penas en modo infinito e innumerables, tendrás clavos sin número, múltiples coronas de espinas, muertes repetidas, penas sin termino, todas similares a las mías, en modo divino e inmensas, que se extenderán en modo infinito a todos, pasados, presentes y futuros; serás la primera que no numeradas veces, como las que participan en las llagas de mi Humanidad, sino tantas veces por cuantas me hizo sufrir mi Divinidad, junto Conmigo serás el corderito sacrificado por las manos de mi Padre, para resurgir y ser sacrificada de nuevo; quedarás crucificada Conmigo por las manos eternas, para recibir en ti la marca de las penas eternas, inmensas y divinas; nos presentaremos juntos ante el trono del Eterno, y en nuestra frente escrito con caracteres imborrables: "Queremos muerte para dar vida a nuestros hermanos, queremos penas para librarlos de las penas eternas". ¿No estás contenta por ello?"

(8) Y yo: "Jesús, Jesús, me siento demasiado indigna, creo que es un gran error tuyo el elegirme a mí, pobrecilla, por eso fíjate bien en lo que haces". Y Jesús interrumpiendo mi hablar ha agregado:

(9) "¿Por qué temes? Sí, sí, me he fijado por más de treinta y dos años de cama en la que te he tenido, te he expuesto a muchas pruebas y aún a la muerte; he calculado todo y además, si me equivoco sería una equivocación de tu Jesús, que jamás podría hacerte mal, sino un bien inmenso; pero has de saber que tendré el honor, la gloria de la primera alma estigmatizada en mi Querer".

+ + + +

12-94
Marzo 18, 1919

**Jesús, en su concepción concibió a todas las almas, las penas y las muertes de todas ellas.**

(1) Continuando mi habitual estado, mi siempre amable Jesús, haciéndose ver, me ha atraído en la inmensidad de su Santísimo Querer, en el cual me hacía ver como en acto su concepción en el seno de la Mamá Celestial. ¡Oh Dios, qué abismo de amor! Y mi dulce Jesús me ha dicho:

(2) "Hija de mi Querer, ven a tomar parte en las primeras muertes y en las penas que sufrió mi pequeña Humanidad por parte de mi Divinidad en el acto de mi concepción. En cuanto fui concebido concebí junto Conmigo todas las almas, pasadas, presentes y futuras, como mi propia Vida, y concebí al mismo tiempo las penas y las muertes que por cada una debía sufrir. Debía incorporar todo en Mí, almas, penas y muertes que cada una debía sufrir, para decir al Padre: "Padre mío, no verás más a la criatura, sino sólo a Mí, y en Mí encontrarás a todos y Yo daré satisfacción por todos. Cuantas penas quieras, te las daré; quieres que sufra cada una de las muertes de cada uno, las sufriré; todo acepto con tal de que des vida a todos". He aquí por qué se necesitaba un Querer y un poder divino, para darme tantas muertes y tantas penas, y un poder y Querer divino para hacerme sufrir; y como en mi Querer están en acto todas las almas y todas las cosas, así que no en modo abstracto o intencional como alguno puede pensar, sino en realidad, tenía en Mí a todas fundidas Conmigo, formaban mi misma Vida, en realidad moría por cada uno y sufría las penas de todos. Es verdad que concurría un milagro de mi omnipotencia, el prodigio de mi inmenso Querer; sin mi Voluntad mi Humanidad no habría podido encontrar y abrazar a todas las almas, ni habría podido morir tantas veces. Por esto mi pequeña Humanidad, en cuanto fue concebida comenzó a sufrir alternativamente las penas y las muertes, y todas las almas nadaban en Mí como dentro de un vastísimo mar, formaban miembros de mis miembros, sangre de mi sangre, corazón de mi corazón. Cuántas veces mi Mamá, tomando el primer puesto en mi Humanidad, sentía mis penas y mis muertes y por esto moría junto Conmigo, cómo me era dulce encontrar en el amor de mi Mamá el eco del mío, son misterios profundos donde la inteligencia humana, no comprendiendo bien, parece que se pierde, por eso ven en mi Querer y toma parte en las muertes y en las penas que sufrí

no apenas fue cumplida mi concepción, así podrás comprender mejor lo que te digo".

(3)No sé decir cómo me he encontrado en el seno de mi Reina Mamá, donde veía al Niño Jesús pequeño, pequeño, pero si bien pequeño contenía todo; de su corazón se ha desprendido un dardo de luz hacia el mío, y conforme me penetraba sentía que me daba la muerte, y conforme salía me regresaba la vida. Cada toque de aquel dardo me producía un dolor agudísimo, por el que sentía deshacerme y en realidad morir, y después con su mismo toque me sentía revivir, pero no tengo las palabras justas para expresarme y por eso aquí pongo punto.

+ + + +

12-95
Marzo 20, 1919

### Las muertes y las penas que la Divinidad hacía sufrir a la Humanidad de Jesús por cada alma, no fueron sólo de intención, sino reales.

(1) Sentía mi pobre mente sumergida en las penas de mi amable Jesús, y como me había sido dicho que parecía imposible que Jesús pudiese sufrir tantas muertes y tantas penas por cada uno como está dicho anteriormente, mi Jesús me ha dicho:

(2) "Hija mía, mi Querer contiene el poder de todo, bastaba sólo con quererlo para que todo sucediera, y si esto no fuera así, entonces mi Querer, en el poder, debía tener un límite, mientras que en todas mis cosas soy sin límite e infinito, y por eso todo lo que quiero lo hago. ¡Ah! qué poco soy comprendido por las criaturas, por eso no soy amado. Ven tú en mi Humanidad y te haré ver y tocar con la mano lo que te he dicho".

(3) Entonces me he encontrado en Jesús, al cual le era inseparable la Divinidad y el Querer Eterno; y este Querer, sólo con quererlo,

creaba las muertes repetidas, las penas sin número, los golpes sin flagelos, las pinchaduras agudísimas sin espinas, con una facilidad tal, como cuando con un solo Fiat creaba millones de estrellas, no se necesitaron tantos Fiat por cuantas estrellas creaba, sino que bastó uno solo, pero con éste no salió a la luz una sola estrella y las demás permanecieron en la mente divina, o bien en la intención, sino que todas en realidad salieron, y cada una tiene su luz propia para adornar nuestro firmamento; así era en el cielo de la Humanidad santísima de Nuestro Señor, que el Divino Querer con su Fiat creador creaba la vida y la muerte por cuantas veces quería. Entonces, encontrándome en Jesús, me he encontrado en aquel punto cuando Jesús sufría la flagelación por las manos divinas; sólo con que el Querer Eterno lo ha querido, sin golpes, sin látigos, las carnes de la Humanidad de Jesús caían a pedazos, se formaban los profundos desgarros, pero en modo desgarrador en las partes más íntimas. Era tanta la obediencia de Jesús a aquel Querer Divino, que por Sí mismo se sometía, pero en modo tan doloroso, que la flagelación que le dieron los judíos se puede decir que fue la imagen, o la sombra de la que sufría por parte del Querer Eterno, y además, sólo con que el Querer Divino lo quería, su Humanidad se recomponía; así sucedía cuando sufría las muertes por cada alma y todo lo demás. Yo he tomado parte en estas penas de Jesús, y ¡oh! cómo comprendía a lo vivo que el Querer Divino puede hacernos morir cuantas veces quiera y después darnos de nuevo la vida. ¡Oh, Dios, son cosas inenarrables, excesos de amor, misterios profundos, casi inconcebibles a mente creada! Yo me sentía incapaz de regresar a la vida, al uso de los sentidos, al movimiento después de aquellas penas sufridas, y mi bendito Jesús me ha dicho:

(4) "Hija de mi Querer, mi Querer te ha dado las penas, y mi Querer te da de nuevo la vida, el movimiento y todo. Te llamaré frecuentemente en mi Divinidad a tomar parte en las tantas muertes y penas que en realidad sufrí por cada una de las almas, no como piensan algunos, que fue sólo en mi Voluntad, o que sólo tenía intención de dar vida a cada uno. ¡Falso, falso! No conocen el prodigio, el amor y el poder de mi Querer; tú que has conocido en algún modo la realidad de las tantas muertes sufridas por todos, no

tengas dudas, sino ámame y seme agradecida por todos, y mantente lista para cuando mi Querer te llame".

+ + + +

12-96
Marzo 22, 1919

### Todas las cosas salieron a la vida por el Fiat eterno. Excesos de amor en la creación del hombre.

(1)Encontrándome en mi habitual estado, me he encontrado fuera de mí misma y veía todo el orden de las cosas creadas, y mi dulce Jesús me ha dicho:

(2)"Hija mía, mira qué armonía, qué orden en todas las cosas creadas, y cómo todas salieron a vida del Fiat eterno, así que todo me costó un Fiat. La más pequeña estrella como el refulgente y espléndido sol, la más pequeña planta como el gran árbol, el pequeño insecto como el animal más grande, parece que dicen entre ellos: "Somos nobles criaturas, nuestro origen es el Querer Eterno, todos tenemos el sello del Fiat Supremo, es verdad que somos distintos y diferentes entre nosotros, tenemos diversidad de oficios, de calor, de luz, pero esto dice nada, uno es nuestro valor, el Fiat de un Dios. Única la vida y nuestra conservación: El Fiat de la Majestad Eterna". ¡Oh, cómo todo lo creado habla elocuentemente de la potencia de mi Querer y enseña que desde la cosa más grande hasta la más pequeña, uno es su valor, porque tienen vida por el Querer Divino! En efecto, una estrella diría al Sol: Es cierto que tú tienes mucha luz y calor, tu oficio es grande, tus bienes son inmensos, la tierra casi depende de ti, tanto que yo hago nada en comparación con lo que haces tú, pero tal te hizo el Fiat de un Dios, así que nuestro valor es igual, la gloria que damos a nuestro Creador es toda semejante".

(3)Después ha agregado con un acento más afligido: "No fue así al crear al hombre. Es verdad que su origen es mi Fiat, pero no me bastó, sino que llevado por un exceso de amor le di el aliento queriendo infundirle mi misma Vida, lo doté de razón, lo hice libre y lo constituí rey de todo lo creado; pero el hombre ingrato, ¿cómo me ha correspondido? Entre todo lo creado sólo él se ha vuelto el dolor de mi corazón, la nota discordante. Y además, qué decirte de mi trabajo en la santificación de las almas, no solo un Fiat, no uno mi aliento, sino que pongo a su disposición mi misma Vida, mi amor, mi sabiduría, pero cuántos rechazos, cuántas derrotas recibe mi amor. ¡Ah, hija mía, compadece mi duro dolor y ven en mi Querer a sustituirme el amor de toda la familia humana, para endulzar mi corazón traspasado!"

+ + + +

12-97
Abril 7, 1919

### Efectos del Querer Divino. Amenazas de castigos.

(1) Continuando mi habitual estado, mi dulce Jesús ha venido todo cansado, en acto de pedirme ayuda, y apoyando su corazón sobre el mío me hacía sentir sus penas; cada pena que sentía era capaz de darme muerte, pero Jesús sosteniéndome me daba la fuerza para no morir. Después, mirándome me ha dicho:

(2) "Hija mía, paciencia, en ciertos días me son más que nunca necesarias tus penas, para hacer que el mundo no se incendie del todo, por eso quiero hacerte sufrir más".

(3) Y con una lanza que tenía en la mano me ha traspasado el corazón. Yo sufría mucho pero me sentía feliz pensando que mi Jesús dividía conmigo sus penas, y que desahogándose conmigo podía librar a las gentes de los inminentes y terribles flagelos que caerán. Después de algunas horas de intensas penas, mi amable Jesús me ha dicho:

(4)"Querida hija mía, tú sufres mucho, por eso ven en mi Querer para tomar descanso y juntos recemos por la pobre humanidad".

(5) Yo no sé cómo me he encontrado en la inmensidad del Querer Divino, en brazos de Jesús, y Él como en voz baja decía y yo repetía junto con Él. Diré algo de lo que decía, porque el decirlo todo me resulta imposible.

(6) Recuerdo: En el Querer de Jesús veía todos los pensamientos de Jesús, todo el bien que nos había hecho con su inteligencia, y cómo de su mente recibían vida todas las inteligencias humanas, pero, ¡oh, Dios! qué abuso hacían de ellas, cuántas ofensas, y yo decía: "Jesús, multiplico mis pensamientos en tu Querer para dar a cada pensamiento tuyo el beso de un pensamiento divino, una adoración, un reconocimiento a Ti, una reparación, un amor de pensamiento divino, como si otro Jesús lo hiciera, y esto a nombre de todos y de todos los pensamientos humanos, presentes, pasados y futuros, e intento suplir a las mismas inteligencias de las almas perdidas. Quiero que la gloria por parte de las criaturas sea completa y que ninguno falte a la llamada, y lo que no hacen ellas, lo hago yo en tu Querer para darte gloria divina y completa".

(7) Después, Jesús mirándome esperaba como si quisiera una reparación a sus ojos; y yo he dicho: "Jesús, me multiplico en tus miradas, para tener también yo tantas miradas por cuantas veces has mirado a la criatura con amor; en tus lágrimas para llorar también yo por todas las culpas de las criaturas, para poderte dar a nombre de todas, miradas de amor divino y lágrimas divinas, para darte gloria y reparación completa por todas las miradas de todas las criaturas". Luego, Jesús ha querido que a todo, a la boca, al corazón, a los deseos, etc., continuara con las reparaciones, multiplicando todo en su Querer; y si lo dijera todo me extendería demasiado, por eso paso adelante. Después Jesús ha agregado:

(8) "Hija mía, conforme tú hacías tus actos en mi Querer, tantos soles se formaban entre el Cielo y la tierra, y Yo miro la tierra a través de estos soles, de otra manera es tanta la repugnancia que me da la

tierra, que no podría mirarla. Pero ella poco recibe de estos soles, porque son tantas las tinieblas que expanden, que poniéndose de frente a estos soles no recibe ni toda la luz ni el calor".

(9)Después me ha transportado en medio de las criaturas, ¿pero quién puede decir todo lo que hacían? Sólo digo que mi Jesús con acento doloroso ha agregado:

(10)"Qué desorden en el mundo, pero este desorden es culpa de las cabezas, tanto civiles como eclesiásticas; su vida interesada y corrupta no tiene fuerza para corregir a los súbditos, por tanto han cerrado los ojos ante los males de los miembros, porque hubieran recriminado los males propios, y si lo han hecho ha sido todo en modo superficial, porque no teniendo en ellos la vida de aquel bien, ¿cómo podían infundirla en los demás? Y cuántas veces estas perversas cabezas han antepuesto los malos a los buenos, tanto que los pocos buenos han quedado turbados por este actuar de las cabezas, por eso haré castigar a las cabezas en modo especial".

(11)Y yo: "Perdona a las cabezas de la Iglesia, ya son pocos, si Tú los golpeas faltaran los regidores".

(12)Y Jesús: "¿No recuerdas que con doce apóstoles fundé mi Iglesia? Así, los pocos que quedarán bastarán para reformar al mundo. El enemigo está ya a sus puertas, las revoluciones están ya en acto, las naciones nadarán en la sangre, las cabezas serán dispersadas; reza, reza y sufre, a fin de que el enemigo no tenga la libertad de convertir todo en ruinas".

+ + + +

12-98
Abril 15, 1919

**Las cosas mayores son hechas después de las menores, y son cumplimiento y corona de éstas. La Humanidad resucitada de Jesús, símbolo de quien vivirá**

## en el Querer Divino.

(1) Estaba fundiéndome en el Santo Querer de mi siempre amable Jesús, y junto con Él mi inteligencia se perdía en la obra de la Creación, adorando y agradeciendo por todo y por todos a la Majestad Suprema, y mi Jesús, todo afabilidad me ha dicho:

(2) "Hija mía, al crear el cielo, primero creé las estrellas como astros menores, y después creé el sol, astro mayor, dotándolo de tal luz, de eclipsar a todas las estrellas, como escondiéndolas en sí, constituyéndolo rey de las estrellas y de toda la naturaleza. Es mi costumbre hacer primero las cosas menores, como preparativo a las cosas mayores, y éstas como corona de las cosas menores. El sol, mientras es mi relator, al mismo tiempo simboliza a las almas que formarán su santidad en mi Querer; los santos que han vivido al reflejo de mi Humanidad y como a la sombra de mi Voluntad, serán las estrellas; y aquellas, si bien han venido después, serán los soles. Este orden lo tuve también en la Redención: Mi nacimiento fue sin estrépito, más bien ignorado; mi infancia, sin esplendor de cosas grandes ante los hombres; mi Vida de Nazaret fue tan oculta, que viví como ignorado por todos, me adaptaba a hacer las cosas más pequeñas y comunes a la vida humana; en la vida pública hubo alguna cosa de grande, pero sin embargo, ¿quién conoció mi Divinidad? Ninguno, ni siquiera los apóstoles, pasaba en medio de las multitudes como otro hombre, tanto que todos podían acercárseme, hablarme y hasta despreciarme".

(3) Y yo, interrumpiendo el hablar de Jesús he dicho: "Jesús, amor mío, qué tiempos felices eran aquellos, más feliz aquella gente que podía, con sólo quererlo, acercarse a Ti, hablarte y estar Contigo".

(4) Y Jesús: "¡Ah! hija mía, la verdadera felicidad la lleva mi Voluntad, sólo Ella encierra todos los bienes en el alma, y haciéndose corona en torno al alma, la constituye reina de la verdadera felicidad; solamente ellas serán reinas de mi trono, porque son parto de mi Querer. Tan es verdad esto, que aquella gente no fue feliz, muchos me vieron, pero no me conocieron,

porque mi Querer no residía en ellos como centro de vida, por tanto, a pesar de que me vieron permanecieron infelices, y sólo aquellos que tuvieron el bien de recibir en sus corazones el germen de mi Querer, se dispusieron a recibir el bien de verme resucitado. Ahora, el portento de mi Redención fue la Resurrección, –que más que refulgente sol coronó mi Humanidad, haciendo resplandecer aún mis más pequeños actos con un esplendor y maravilla tal, que hicieron quedar estupefactos a Cielo y tierra–, que será principio, fundamento y cumplimiento de todos los bienes, corona y gloria de todos los bienaventurados; mi Resurrección es el verdadero sol que glorifica dignamente a mi Humanidad, es el sol de la Religión Católica, es la verdadera gloria de cada cristiano; sin la Resurrección habría sido como el cielo sin sol, sin calor y sin vida. Ahora, mi Resurrección es símbolo de las almas que formarán la santidad en mi Querer; los santos de los siglos pasados son símbolos de mi Humanidad, que si bien resignados, no han tenido actitud continua en mi Querer, por tanto no han recibido la marca del sol de mi Resurrección, sino la marca de las obras de mi Humanidad antes de la Resurrección, por eso serán muchos, casi como estrellas me formarán un bello ornamento al cielo de mi Humanidad, pero los santos del vivir en mi Querer, que simbolizarán mi Humanidad resucitada, serán pocos; en efecto, mi Humanidad antes de morir, fue vista por muchas turbas y multitudes de gentes, pero mi Humanidad resucitada la vieron pocos, solamente los creyentes, los más dispuestos, y podría decir que sólo aquellos que contenían el germen de mi Querer, porque si no lo hubieran tenido, les habría faltado la vista necesaria para poder ver a mi Humanidad gloriosa y resucitada, y por tanto ser espectadores de mi subida al Cielo.

(5) Ahora, si mi Resurrección simboliza a los santos del vivir en mi Querer, es con razón, porque cada acto, palabra, paso, etc., hecho en mi Querer es una resurrección divina que el alma recibe, es la marca de gloria que recibe, es un salir de sí para entrar en la Divinidad y esconderse en el refulgente sol de mi Querer, y ahí ama, obra, piensa; ¿qué maravilla entonces si el alma queda toda resucitada y fundida en el mismo sol de mi gloria y simboliza mi Humanidad resucitada? Pero pocos son los que se disponen a esto,

porque las almas, en la misma santidad, quieren alguna cosa de bien propio; en cambio la santidad del vivir en mi Querer, nada, nada tiene de propio, sino todo de Dios, y para disponerse las almas a despojarse de los bienes propios, se necesita demasiado, por eso no serán muchos. Tú no eres del número de los muchos, sino de los pocos; por eso está siempre atenta a la llamada y a tu vuelo continuo".

+ + + +

12-99
Abril 19, 1919

### Jesús hizo por cada una de las almas, todo lo que estaban obligadas a hacer hacia su Creador.

(1) Continuando mi habitual estado, me sentía toda afligida, y mi siempre amable Jesús al venir me ha estrechado, y rodeándome el cuello con su brazo me ha dicho:

(2) "Hija mía, ¿qué tienes? Tu aflicción pesa sobre mi corazón y me traspasa más que mis mismas penas; pobre hija, tú me has compadecido tantas veces y has tomado sobre ti mis penas, ahora quiero compadecerme de ti y tomar Yo tu pena".

(3) Y me estrechaba toda a su corazón, y sacándome fuera de mí misma ha agregado:

(4) "Elévate hija mía, ven en mi Divinidad para poder comprender mejor y ver lo que hacía mi Humanidad en favor de las criaturas".

(5) Yo no sé decir lo que he comprendido, en muchas cosas me faltan las palabras, digo sólo lo que me ha dicho mi dulce Jesús:

(6) "Hija mía, mi Humanidad fue el órgano que reordenó la armonía entre el Creador y la criatura. Yo hice por cada alma todo lo que estaban obligadas a hacer hacia su Creador, no excluyendo ni

siquiera a las mismas almas perdidas, porque por todas las cosas creadas debía dar al Padre gloria, amor y satisfacción completas, con esta sola diferencia, que las almas que en alguna forma satisfacen sus deberes hacia el Creador, que casi ninguna llega a satisfacerlos todos, a la mía se une su gloria, y todo lo que hacen queda como injertado en la mía; en cambio las almas perdidas quedan como miembros áridos, que faltándoles los humores vitales no son aptas para recibir ningún injerto del bien que he hecho para ellas, sino que sólo son aptas para arder en el fuego eterno. Así que mi Humanidad restituyó la armonía perdida entre criaturas y Creador, y la selló a precio de sangre y de penas inauditas".

+ + + +

12-100
Mayo 4, 1919

**Jesús tiene su trono en la tierra en quien vive en su Voluntad.**

(1) Vivo entre privaciones y amarguras, sólo el Querer de mi Jesús es mi única fuerza y vida. Entonces, por poco tiempo mi dulce Jesús se ha hecho ver en mi interior, todo afligido y pensativo, sosteniéndose la frente con su mano. Yo al verlo tan afligido le he dicho: "Jesús, ¿qué tienes que estás tan afligido y pensativo?" Y Él mirándome me ha dicho:

(2) "¡Ah! hija mía, desde dentro de tu corazón estoy dividiendo la suerte del mundo, tu corazón es el centro de mi trono en la tierra, y desde mi centro veo al mundo, sus locuras, el precipicio que están preparando, y a Mí como puesto a un lado, como si nada fuese para ellos, y Yo estoy obligado no sólo a quitar la luz de la gracia, sino aun la misma luz de la razón natural, para confundirlos y hacerlos tocar con la mano quién es el hombre y qué puede hacer el hombre, y desde dentro de tu corazón lo veo y lloro y ruego por el hombre ingrato, y te quiero a ti junto Conmigo a llorar, rezar y sufrir para mi consuelo y compañía".

(3) Y yo: "Pobre Jesús mío, cuánto te compadezco. ¡Ah! sí, lloraré y rogaré junto Contigo, pero dime amor mío, ¿cómo es posible que mi corazón sea el centro de tu trono en la tierra, mientras que hay tantas almas buenas en las cuales Tú habitas, mientras que yo soy tan mala?"

(4) Y Él ha agregado: "También en el Cielo tengo el centro de mi trono; mientras soy vida de cada uno de los bienaventurados, y con ser vida de cada uno de ellos no por eso queda excluido que hay un trono donde reside como punto de centro toda mi Majestad, mi omnipotencia, inmensidad, belleza y sabiduría, etc., las cuales ningún bienaventurado puede contener, no siendo capaces de contener toda la inmensidad de mi Ser. Así en la tierra tengo mi centro; y mientras habito también en los demás, tengo mi punto de centro desde donde decido, ordeno, obro, beneficio, castigo, lo que no hago en las otras moradas. ¿Y sabes por qué te he elegido a ti como lugar de centro? Porque te he escogido para hacer vida en mi Querer, y quien vive en mi Querer es capaz de contenerme todo como punto de mi centro, porque ella vive en el centro de mi Ser, y Yo vivo en el centro del suyo, pero mientras vivo en su centro, vivo como si estuviera en mi propio centro; mientras que quien no vive en mi Querer no puede abrazarme todo, así que a lo más puedo habitar, pero no erigir ahí mi trono. ¡Ah! si todos comprendieran el gran bien del vivir en mi Querer, harían competencia, pero, ¡ay de Mí! cuán pocos lo comprenden, y viven más en sí mismos que en Mí".

+ + + +

12-101
Mayo 8, 1919

### Causa y necesidad de las penas que la Divinidad dio a la Humanidad de Jesús. Causa por la que no las reveló antes.

(1) Encontrándome en mi habitual estado, estaba pensando en las penas de mi adorable Jesús, especialmente en aquellas que le hizo

sufrir la Divinidad a la Santísima Humanidad de Nuestro Señor. Mientras estaba en esto me he sentido atraer al interior del corazón de mi Jesús, y en él tomaba parte en las penas de su corazón santísimo que le hacía sufrir la Divinidad en el curso de su Vida en la tierra. Estas penas son muy diversas de aquellas que el bendito Jesús sufrió en el curso de su Pasión por manos de los judíos, son penas que casi no se pueden decir. Yo, de aquél poco que tomaba parte, sé decir que sentía un dolor agudo, acerbo, acompañado de un desgarro del mismo corazón que me hacía sentir en realidad morir, pero después Jesús casi con un prodigio de su amor me daba nuevamente la vida. Entonces mi dulce Jesús, después de que he sufrido, me ha dicho:

(2) "Hija de mis penas, debes saber que las penas que me dieron los judíos fueron una sombra de las que me dio la Divinidad, y esto era justo para recibir plena satisfacción. El hombre, pecando, no sólo ofende a la Majestad Suprema externamente, sino también internamente, y desfigura en su interior la parte divina que le fue infundida al crearlo, así que el pecado se forma primero en el interior del hombre, y después sale al exterior, más bien, muchas veces lo que sale al exterior es la parte mínima, y la parte mayor queda en el interior. Ahora, las criaturas eran incapaces de penetrar en mi interior y hacerme satisfacer con penas la gloria del Padre, que con tantas ofensas de su interior le habían negado; mucho más que estas ofensas herían la parte más noble de la criatura, cual es la inteligencia, la memoria y la voluntad, donde está sellada la imagen divina. ¿Quién debía entonces tomar este empeño, si la criatura era incapaz? Por esto fue necesario que la Divinidad misma tomara este empeño y me hiciera de verdugo amoroso, pero por cuanto amoroso, más exigente para recibir plena satisfacción por todos los pecados hechos en el interior del hombre. La Divinidad quería la obra completa y la plena satisfacción de la criatura, tanto del interior como del exterior, así que en la Pasión que me dieron los judíos, di satisfacción a la gloria externa del Padre, que las criaturas le habían quitado; en la Pasión que me dio la Divinidad en todo el curso de mi Vida, di satisfacción al Padre por todos los pecados del interior del hombre. De esto podrás comprender que las penas que sufrí de

manos de la Divinidad, superan grandemente a las penas que me dieron las criaturas, más bien, casi no pueden compararse y son menos accesibles a la mente humana. Así como entre el interior del hombre y el exterior hay una gran diferencia, mucho más diferencia hay entre las penas que me infligió la Divinidad y las que me dieron las criaturas el último día de mi Vida, las primeras eran desgarros crueles, dolores sobrehumanos, capaces de darme muerte y repetidas muertes en las partes más íntimas, tanto del alma como del cuerpo, ni siquiera una fibra quedaba excluida. En las segundas eran dolores acerbos, pero no desgarros capaces de darme muerte a cada pena, como sí era capaz la Divinidad teniendo el poder y el querer. ¡Ah, cuánto me cuesta el hombre! Pero el hombre ingrato no se ocupa de Mí y no busca comprender cuánto lo he amado y cuánto he sufrido por él, tanto que ni siquiera ha llegado a comprender todo lo que sufrí en la Pasión que me dieron las criaturas, y si no comprenden lo menos, ¿cómo pueden comprender lo más de lo que he sufrido por ellos? Por esto me he tardado en revelar las penas innumerables e inauditas que me dio la Divinidad por causa de ellos, pero mi amor quiere desahogo y correspondencia de amor, por eso te llamo a ti en la inmensidad y altura de mi Querer, donde todas estas penas están en acto, y tú no sólo tomas parte en ellas, sino que a nombre de toda la familia humana las honras y das la correspondencia de amor, y junto Conmigo te sustituyes a todo lo que las criaturas están obligadas, pero con sumo dolor mío y daño para ellas, ni siquiera lo piensan".

+ + + +

12-102
Mayo 10, 1919

### Por cuanto dura la Divina Voluntad en el alma, tanto dura la Vida Divina en ella.

(1)Estaba muy afligida y casi preocupada acerca de mi pobre estado, y Jesús, queriéndome distraer del pensar en mí misma me ha dicho:

(2)"Hija mía, ¿qué haces? El pensamiento de ti misma te hace salir de mi Voluntad; ¿y no sabes tú que por cuanto dura mi Voluntad en ti, tanto dura la Vida Divina, y en cuanto cesa mi Querer así cesa la Vida Divina y retomas tu vida humana? ¡Bello cambio que haces! Así sucede a la obediencia, hasta en tanto que dura la obediencia dura la vida de quien ha mandado en quien obedece; en cuanto cesa la obediencia así se retoma la vida propia".

(3)Después, como suspirando ha agregado: "¡Ah!, tú no sabes la destrucción que hará el mundo, y todo lo que ha sucedido hasta ahora se puede llamar juego en comparación de los castigos que vendrán; no te los hago ver todos para no oprimirte demasiado, y Yo viendo la obstinación del hombre me estoy como oculto en ti; tú ruega junto Conmigo y no quieras pensar en ti misma".

+ + + +

12-103
Mayo 16, 1919

### Efectos de los actos hechos en la Divina Voluntad. El sol es imagen de estos actos.

(1)Estaba pensando cómo puede ser que un solo acto hecho en el Querer Divino se multiplique en tantos para hacer bien a todos. Mientras estaba en esto, mi dulce Jesús se ha movido en mi interior, y con una luz que me enviaba a la mente me ha dicho:

(2)"Hija mía, una imagen de esto la encontrarás en el sol, uno es el sol, uno el calor, una la luz, sin embargo este sol se multiplica en todos, dando a cada uno su luz y su calor según las diversas circunstancias: Para el hombre es luz de cada ojo, de cada acción, de cada paso, y si la criatura cambia la acción o el camino, la luz la sigue, pero uno es el sol. El sol se multiplica en toda la naturaleza, dando a cada cosa sus diversos efectos; al despuntar embellece toda la naturaleza y su luz multiplicándose en la escarcha nocturna forma el rocío, extendiendo sobre todas las plantas un manto argentino, que da tal realce y belleza a toda la naturaleza, de dejar atónita y encantada la mirada humana, tanto, que el hombre con toda su industria no tiene poder de formar una sola gota de rocío; pasa más adelante, a las flores les da su color y su perfume, pero no un solo color, sino que a cada una su color y su perfume distinto; en cambio a los frutos, con su calor y luz les da la dulzura y la maduración, y a cada fruto diversidad de dulzura, pero uno es el sol; fecunda y hace crecer otras plantas; así que toda la naturaleza recibe vida del sol y cada cosa tiene el distinto efecto que le conviene.

(3)Ahora, si esto hace el sol porque está en lo alto y se hace vida de toda la creación que vive en lo bajo, a pesar de que el sol es uno, mucho más los actos hechos en mi Voluntad, porque el alma sube en Mí y obra en la altura de mi Voluntad, y más que sol se ponen a guardia de todas las criaturas para darles vida; a pesar de que uno es el acto, como sol dardea sobre todas las criaturas, y a quién embellece, a quién le fecunda la gracia, a quién lo libra del frío, a quién le ablanda el corazón, a quién le disipa las tinieblas, a quién la purifica y la enfervoriza, dando a cada una los diversos efectos que se necesitan, y según las disposiciones mayores o menores de cada una. Esto sucede también con el sol que resplandece sobre el horizonte, si el terreno es estéril, el sol da poco desarrollo a las plantas; si la semilla de la flor no está, el sol con toda su luz y calor no la hace brotar; si el hombre no quiere activarse en su obrar, el sol nada le hace ganar, así que el sol produce los bienes en la Creación según la fecundidad de los terrenos y de la actitud del hombre. Así estos actos hechos en mi Querer, a pesar de que corren para bien de todos, obran según las disposiciones de cada uno, y según la actitud del alma que vive en mi Querer, así que un acto de más hecho en mi Querer, es un sol de más que resplandece sobre todas las criaturas".

(4)Después he tratado de fundirme en mi Jesús, en su Querer, multiplicando mis pensamientos en los suyos para reparar y sustituirme por todas las inteligencias creadas, presentes, pasadas y futuras, y decía de corazón a mi Jesús: "Cuánto quisiera darte con mi mente toda la gloria, el honor, la reparación por toda la familia humana, aun por las mismas almas perdidas, que con su inteligencia no te han dado".

(5) Y Él, como complaciéndose me ha besado en la frente y me ha dicho:

(6) "Y Yo con mi beso sello todos tus pensamientos con los míos, a fin de que siempre encuentre en ti todas las mentes creadas, y a nombre de ellas Yo reciba continua gloria, honor y reparación".

+ + + +

12-104
Mayo 22, 1919

### Las almas en la era del vivir en el Divino Querer, completarán la gloria por parte de la Creación.

(1) Continuando mi habitual estado, mi pequeña mente se perdía en el Santo Querer de Dios, y no sé cómo, comprendía cómo la criatura no le da a Dios la gloria que está obligada a darle, y me sentía amargada. Y mi dulce Jesús queriéndome instruir y consolarme, con una luz intelectual me ha dicho:

(2) "Hija mía, todas mis obras son completas, así que la gloria que me debe dar la criatura será completa, y no llegará el último día si toda la Creación no me da el honor y la gloria querida y establecida por Mí mismo; y lo que no me dan los unos, me lo tomo de los otros, y duplico las gracias en éstos, gracias que los otros me rechazaron, y de éstos recibo doble amor y gloria; en otros, según su disposición llego a dar gracias que daría a diez, a otros la que daría a cien, a otros la de mil, y a veces doy gracias que daría a una ciudad, a provincias, y aun a reinos enteros, y éstos me aman y me dan gloria por diez, por cien, por mil, etc., así mi gloria viene completada por parte de la Creación, y cuando veo que la criatura no puede llegar a

más, a pesar de su buena voluntad, la atraigo en mi Querer, donde encuentra virtud de multiplicar un solo acto por cuantos quiere, y me da la gloria, honor, amor, que los demás no me dan. Por eso estoy preparando la era del vivir en mi Querer, para que lo que no han hecho en las generaciones pasadas, y que no harán, en esta era de mi Voluntad completarán el amor, la gloria, el honor de toda la Creación, dándoles gracias sorprendentes e inauditas. He aquí por qué te llamo a ti en mi Querer y te susurro al oído: "Jesús, pongo a tus pies la adoración, la sujeción de toda la familia humana; pongo en tu corazón el te amo de todos; en tus labios imprimo mi beso, para sellar con éste el beso de todas las generaciones; con mis brazos te estrecho, para estrecharte con los brazos de todos, para llevarte la gloria de todas las obras de las criaturas". Y Yo siento en ti la adoración, el te amo, el beso, etc., de toda la familia humana. ¿Cómo no debería darte a ti el amor, los besos, las gracias que debería dar a los demás?

(3) Has de saber hija mía, que lo que hace la criatura en la tierra es el capital que se hace para el Cielo, así que si poco ha hecho, poco tendrá, si hace mucho, tendrá mucho, si una me ha amado y glorificado por diez, tendrá diez contentos de más, correspondientes a otra tanta gloria, y será amada por Mí diez veces más; si otra me ha amado y glorificado por cien, por mil, tendrá contentos, amor y gloria por cien o por mil. Así Yo daré a la Creación lo que he decidido dar, y la Creación me dará lo que Yo debo recibir de ella, y mi gloria será completada en todo".

+ + + +

12-105
Mayo 24, 1919

### El alma en la cual habita Jesús, siente lo que el mundo le manda a Él: Dureza, tinieblas, pecados, etc.

(1) Me sentía muy oprimida y afligida por la privación de mi dulce Jesús y le decía con todo el corazón: "Ven vida mía, sin Ti me

siento agonizar, pero no para morir, sino para siempre agonizar; ven, no puedo más, no puedo más". Mi dulce Jesús se ha movido en mi interior, y yo sentía que me besaba fuerte el corazón, y después haciéndose ver me ha dicho:

(2)"Hija mía, sentía una irresistible necesidad de desahogarme contigo en amor".

Y yo de inmediato: "Jesús, cuánto me haces sufrir, tu privación me mata, todas las demás penas me serían nada, más bien serían sonrisas y besos tuyos, pero tu privación es muerte sin piedad, ¡ah, Jesús, Jesús, cómo has cambiado!" Y Él interrumpiendo mi hablar me ha dicho:

(3)"Hija de mi amor, no quieres persuadirte que veo al mundo a través de ti y de que estás obligada, puesto que moro en ti, a sentir lo que me manda el mundo: dureza, tinieblas, pecados, furor de mi justicia, etc. Así que en lugar de pensar en mi privación, debes pensar en defenderme de los males que me mandan las criaturas, y en aplacar el furor de mi justicia, así Yo quedaré defendido en ti y las criaturas quedarán menos golpeadas".

+ + + +

12-106
Junio 4, 1919

**Para que la Redención fuera completa, Jesús debía sufrir la injusticia, el odio y las burlas, y como la Divinidad era incapaz de darle estas penas, el último de sus días sufrió la Pasión por parte de las criaturas.**

(1)Estaba pensando en la Pasión de mi siempre amable Jesús, especialmente cuando se encontró bajo la tempestad de los flagelos y pensaba entre mí: "¿Cuándo Jesús pudo sufrir más, en las penas que la Divinidad le había hecho sufrir en todo el curso de su Vida, o bien en el último día en las que le dieron los judíos?" Y mi dulce Jesús con una luz que mandaba a mi inteligencia me ha dicho:

(2)"Hija mía, las penas que me dio la Divinidad superan por mucho las penas que me dieron las criaturas, tanto en la potencia como en la intensidad y multiplicidad y en la duración, pero no hubo ni injusticia ni odio, sino sumo amor, acuerdo de las Tres Divinas Personas, empeño que Yo había tomado sobre de Mí de salvar a las almas a costa de sufrir tantas muertes por cuantas criaturas salían a la luz de la Creación, y que el Padre con sumo amor me había otorgado. En la Divinidad no existe ni puede existir ni la injusticia ni el odio, por tanto era incapaz de hacerme sufrir estas penas, pero el hombre con el pecado había cometido suma injusticia, odio, etc., y Yo para glorificar al Padre completamente debía sufrir la injusticia, el odio, las burlas, etc., he aquí por qué el último de mis días mortales sufrí la Pasión por parte de las criaturas, donde fueron tantas las injusticias, los odios, las burlas, las venganzas, las humillaciones que me hicieron, que a mi pobre Humanidad la convirtieron en el oprobio de todos, hasta tal punto que no parecía que fuera hombre, me desfiguraron tanto que ellos mismos tenían horror de mirarme, era la abyección y el desecho de todos, así que podría llamarlas dos Pasiones distintas. Las criaturas no me podían dar tantas muertes ni tantas penas por cuantas criaturas y pecados habrían ellas de cometer, eran incapaces, y por eso la Divinidad tomo el empeño, pero con sumo amor y de acuerdo entre Nosotros. Por otro lado, la Divinidad era incapaz de injusticia, etc., y ahí entraron las criaturas, y completé en todo la obra de la Redención. ¡Cuánto me cuestan las almas, y es por esto que las amo tanto!"

(3)Otro día estaba pensando entre mí: "Mi amado Jesús me ha dicho tantas cosas, y yo, ¿he sido atenta en hacer lo que me ha enseñado? ¡Oh, cómo escaseo en el contentarlo! ¡Cómo me siento incapaz para todo! Así que sus tantas enseñanzas serán para mi condena". Y mi dulce Jesús moviéndose en mi interior me ha dicho:

(4)"Hija mía, ¿por qué te afliges? Las enseñanzas de tu Jesús jamás servirán para condenarte, y aunque hicieras una sola vez lo que te he enseñado, en el cielo de tu alma es siempre una estrella que pones, porque así como he extendido un cielo sobre la naturaleza humana y mi Fiat lo adornó de estrellas, así también he extendido un cielo en el fondo del alma, y el Fiat del bien que hace, porque todo bien es fruto de mi Querer, viene y embellece con estrellas este cielo, así que si hace diez bienes, pone diez estrellas; si mil bienes, mil estrellas. Entonces, piensa más bien en repetir cuanto más puedas mis enseñanzas, para adornar de estrellas el cielo de tu alma, a fin de que este cielo de tu alma no sea inferior al cielo que resplandece sobre vuestro horizonte, y cada estrella llevará la marca de la enseñanza de tu Jesús. ¡Cuánto honor me darás!"

+ + + +

12-107
Junio 16, 1919

### No hay santidad sin cruz. Ninguna virtud se adquiere sin la unión de las penas.

(1) Estaba pensando en mi interior: "¿Dónde están las penas que mi dulce Jesús me había dicho que me participaría, pues no sufro casi nada?" Y mi siempre amable Jesús me ha dicho:

(2) "Hija mía, cómo te engañas, tú calculas las penas corporales y Yo calculo las penas corporales y morales. Cuantas veces estabas privada de Mí, era una muerte que tú sentías, y Yo me sentía reparado por las tantas muertes que se dan las almas con el pecado, y tú tomabas parte en las tantas muertes que he sufrido. Cuando te sentías fría era otra pequeña muerte que sentías, y venías a tomar parte en la frialdad de las criaturas, que quisieran enfriar mi amor, pero mi amor triunfante sobre su frialdad, la absorbe en Mí para sentir la muerte de su frialdad, y doy a ellas más ardiente amor; así de todas tus otras penas, eran los males opuestos de las criaturas, que como tantas pequeñas muertes te hacían tomar parte en mis muertes. Y además, ¿no sabes que mi justicia cuando está

obligada por la impiedad de los pueblos a derramar nuevos flagelos te suspende las penas? Los males serán tan graves que hacen horrorizar, sé que esto es una pena para ti, pero también Yo tuve esta pena, habría querido liberar a las criaturas de todas las penas, tanto en el tiempo como en la eternidad, pero esto no me fue concedido por la Sabiduría del Padre, y debí resignarme. ¿Tal vez quisieras tú superar a mi misma Humanidad? ¡Ah, hija mía, ninguna especie de santidad es sin cruz, ninguna virtud se adquiere sin la unión con las penas! Sin embargo debes saber que te pagaré con usura todas mis privaciones y las mismas penas que querrías sufrir y no sufres".

+ + + +

12-108
Junio 27, 1919

### El corazón de Jesús: Manantial de gloria y de gracias.

(1) Continuando mi habitual estado, mi amable Jesús me hacía ver su corazón santísimo diciéndome:

(2) "Hija mía, por cuantas virtudes practicó mi corazón, tantas fuentes se formaron en él, y conforme se formaban, así salían innumerables ríos, que brotando hasta el Cielo glorificaban dignamente al Padre a nombre de todos, y estos ríos, desde el Cielo descendían para bien de todas las criaturas. Ahora, también las criaturas conforme practican las virtudes, en sus corazones se forman las pequeñas fuentes que hacen brotar sus pequeños ríos, que se cruzan con los míos, y brotando junto con los míos glorifican al Padre Celestial y descienden para provecho de todos, y forman tal armonía entre el Cielo y la tierra, que los mismos ángeles quedan sorprendidos ante tan encantadora vista. Por eso sé atenta en practicar las virtudes de mi corazón, para hacerme abrir los manantiales de mis gracias".

+ + + +

12-109
Julio 11, 1919

## Los cielos del alma.

(1) Paso días amarguísimos, mi amable Jesús poco o nada se hace ver, o como relámpago y de carrera. Recuerdo que una noche se hizo ver cansado y agotado, y traía como un atado de almas en los brazos, y mirándome me ha dicho:

(2) "¡Ah! hija mía, será tal y tan grande la matanza que harán, que se salvará sólo este puñado de almas que llevo entre mis brazos; ¡a qué locura ha llegado el hombre! Tú no te turbes, seme fiel en mi ausencia y después de la borrasca te pagaré con usura todas mis privaciones, multiplicándote al doble mis visitas y mis gracias".

(3) Y casi llorando ha desaparecido. Es inútil decir el tormento de mi pobre corazón.

(4) Otro día, sólo pasando ante mí, me dejó una luz en la mente que me hacía comprender que el bendito Jesús, así como ha extendido el cielo sobre nuestra cabeza, así ha extendido un cielo en nuestra alma, pero no sólo uno, sino muchos más, así que cielo es nuestra inteligencia, cielo es nuestra mirada, cielo es la palabra, la acción, el deseo, el afecto, el corazón; con la diferencia de que el cielo externo no se cambia, ni crecen ni decrecen las estrellas, mientras que los cielos de nuestro interior están sujetos a cambios, así que si el cielo de nuestra mente piensa santamente, conforme se forman los pensamientos así se forman las estrellas, los soles, los bellos cometas, y nuestro ángel en cuanto los ve formados, los toma y los va colocando en el cielo de nuestra inteligencia; y si el cielo de la mente es santo, la mirada es santa, la palabra, el deseo, el latido son santos. Así que las miradas son estrellas, la palabra es luz, el deseo es cometa que se extiende, el latido es sol, y cada uno de los sentidos adorna su cielo. En cambio, si la mente es mala, nada de bello se forma, más bien se extienden tales tinieblas, que oscurecen todos los otros cielos; así que la mirada lanza relámpagos de

impaciencia, la palabra profiere blasfemias, los deseos arrojan saetas de pasiones brutales, el corazón de su seno hace salir granizadas devastadoras sobre todo el obrar de la criatura; pobres cielos, cómo son oscuros, cómo dan piedad".

+ + + +

12-110
Agosto 6, 1919

### El abandono en Dios. Valor de los actos hechos en el Divino Querer.

(1) Paso mis días amarguísimos, mi pobre corazón está como petrificado por el dolor de la privación de quien forma mi vida, mi todo, y si bien resignada, sin embargo no puedo hacer menos que lamentarme con mi dulce Jesús cuando casi en forma fugaz, o me pasa delante, o se mueve en mi interior, y recuerdo que en estos lamentos una vez me dijo:

(2) "El abandono en Mí es imagen de dos torrentes, en donde uno se descarga en el otro con tal ímpetu, que las aguas se confunden al juntarse, y formando olas altísimas llegan hasta tocar el cielo, tanto, que el lecho de aquellos torrentes queda seco; y el estruendo de esas aguas, su murmullo, es tan dulce y armonioso, que el cielo al verse tocado por esas aguas se siente honrado y resplandece de nueva belleza, y los santos a coro dicen: "Este es el dulce sonido y la armonía que rapta, de un alma que se ha abandonado en Dios, ¡cómo es bello, cómo es bello!"

(3) Otro día me dijo: "¿De qué temes? Abandónate en Mí y quedarás circundada por Mí como dentro de un círculo, de manera que si vienen los enemigos, las ocasiones, los peligros, tendrán que vérselas Conmigo y no contigo y Yo responderé por ti. El verdadero abandono en Mí es reposo para el alma y trabajo para Mí, y si el alma está inquieta, significa que no está abandonada en Mí; justa

pena para quien quiere vivir en sí misma es la inquietud, haciéndome a Mí una gran afrenta y a ella un gran daño".

(4) Otro día me lamentaba más fuerte aún, y mi amable Jesús todo bondad me dijo:

(5) "Hija mía, cálmate, este estado tuyo es el vacío que se está formando para el segundo preparativo de los nuevos castigos que vendrán. Lee bien lo que te he hecho escribir y encontrarás que no todos los castigos se han verificado aún. Cuántas otras ciudades serán destruidas, las naciones continuarán poniéndose como enemigas una de la otra, ¿y de Italia? Sus naciones amigas se harán sus más fieros enemigos, por eso paciencia hija mía, cuando todo esté preparado para volver a llamar al hombre, vendré a ti como antes y rogaremos y lloraremos juntos por el hombre ingrato. Tú no salgas jamás de mi Querer, porque siendo eterno mi Querer, lo que se hace en mi Voluntad adquiere un valor eterno, inmenso, infinito, es como moneda que surge y que jamás se agota; los más pequeños actos hechos en mi Querer quedan escritos con caracteres imborrables y dicen: "Somos actos eternos, porque un Querer eterno nos ha animado, formado y cumplido". Sucede como a un vaso de barro en el cual se pone oro liquido, y el artífice con ese oro licuado forma los objetos de oro, ¿acaso porque ese oro ha sido licuado en un vaso de barro se dice que no es oro? Ciertamente que no; el oro es siempre oro, sin importar en que vaso se pueda licuar. Ahora, el vaso de barro es el alma, mi Voluntad es el oro, el acto de obrar de la criatura en mi Voluntad funde mi Voluntad con la suya y se licuan juntas, y con ese líquido, Yo, divino artífice, formo los actos de oro eterno, de modo que Yo puedo decir que son míos, y el alma puede decir que son los suyos".

+ + + +

12-11
Septiembre 3, 1919

**El fundirse en Jesús equilibra las reparaciones.**

(1)Estaba lamentándome con mi dulce Jesús por mi pobre estado, y porque me he vuelto un ser inútil que no hago ningún bien, entonces, ¿para qué sirve mi vida? Y mi amable Jesús me ha dicho:

(2)"Hija mía, la razón de tu vida la sé Yo, no te corresponde a ti investigarla, pero debes saber que el sólo fundirte en Mí todos los días y varias veces al día, sirve para mantener el equilibrio de todas las reparaciones, porque sólo quien entra en Mí y toma de Mí el principio de todo lo que hace, puede equilibrar las reparaciones de todos y de todo, puede equilibrar por parte de las criaturas la gloria del Padre, porque estando en Mí un principio eterno, una Voluntad eterna, pude equilibrar todo: satisfacciones, reparaciones y gloria completa del Padre Celestial por parte de todos, así que conforme tú entras en Mí vienes a renovar el equilibrio de todas las reparaciones y de la gloria de la Majestad Eterna. ¿Te parece poco esto? ¿No sientes tú misma que no puedes hacer menos, y que Yo no te dejo si antes no te veo fundirte en todas mis partículas para recibir de ti el equilibrio de todas las reparaciones, sustituyéndote a nombre de toda la familia humana? Busca por cuanto está en ti repararme por todo. Si supieras cuánto bien recibe el mundo cuando un alma, sin la sombra del interés personal, sino sólo por mi amor, se eleva entre el Cielo y la tierra, y unida Conmigo equilibra las reparaciones de todos".

+ + + +

12-112
Septiembre 13, 1919

**Se debe morir a la propia vida para vivir de la vida de Jesús.**

(1)Mis amarguras crecen y no hago otra cosa que lamentarme con mi siempre amable Jesús diciéndole: "Piedad Amor mío, piedad, ¿no ves a qué estado me he reducido? Siento que no tengo más vida, ni deseos, ni afectos, ni amor, todo mi interior está como muerto. ¡Ah, Jesús! ¿Dónde está en mí el fruto de tantas enseñanzas tuyas?" Mientras esto decía he sentido cerca a mi dulce Jesús, y con fuertes cadenas me ataba y me ha dicho:

(2)"Hija mía, la señal más cierta y el sello de mis enseñanzas en ti es el no sentir nada propio, y además, ¿no es propiamente esto el vivir en mi Querer, el perderse en Mí? ¿Cómo vas buscando tus deseos, tus afectos y otras cosas, si los has perdido en mi Querer? Mi Voluntad es inmensa, y para encontrarlos se necesita demasiado, y para vivir de Mí conviene no vivir más de la vida propia, de otra manera haces ver que no estás contenta de vivir de mi Vida y toda perdida en Mí".

+ + + +

12-113
Septiembre 26, 1919

### Efectos del estado de víctima.

(1)No hago otra cosa que lamentarme con mi amable Jesús, y el bendito Jesús haciéndose oír me ha dicho:

(2)"Hija mía, quien es víctima debe estar expuesta a recibir todos los golpes de la Justicia Divina, y debe probar en sí las penas de las criaturas y los rigores que estas penas merecen de la Justicia Divina. ¡Oh! cómo gemía mi despedazada Humanidad bajo estos rigores! Y no sólo esto, sino que de tu estado de privación y abandono puedes ver cómo las criaturas están Conmigo y cómo la Justicia Divina está por castigarlas con más terribles flagelos, el hombre ha llegado al estado de completa locura, y con los locos se usan los medios más duros".

(3)Y yo: "¡Ah, mi Jesús, mi estado es demasiado duro, si no tuviese el encanto de tu Querer que me tiene como absorbida, yo no sé qué haría!"

(4)Y Jesús: "Mí justicia no puede tomarse de dos la satisfacción, por eso te tiene como suspendida de las penas de antes, pero como cuando Yo quise que te pusieras en este estado estuvo también el concurso de la obediencia, ahora la obediencia quiere mantenerte aún, es por eso que continúa teniéndote en tal estado, pero esto es siempre algo ante la Justicia Divina, porque la criatura quiere hacer su parte; tú no te apartes en nada y después verás lo que hará tu Jesús por ti".

+ + + +

12-114
Octubre 8, 1919

**Efectos de la confianza.**

(1)Continuando mi habitual estado de penas y de privaciones, me la paso con Jesús casi en silencio, toda abandonada en Él como una pequeña bebita. Entonces mi dulce Jesús haciéndose ver en mi interior me ha dicho:

(2)"Hija mía, la confianza en Mí es la pequeña nube de luz en la cual queda el alma tan envuelta, que le hace desaparecer todos los temores, todas las dudas, todas las debilidades, porque la confianza en Mí no sólo le forma esta pequeña nube de luz que la envuelve toda, sino que la nutre con alimentos contrarios, que tienen la virtud de disipar todos los temores, dudas y debilidades. En efecto, la confianza en Mí disipa el temor y nutre al alma de puro amor, disipa las dudas y le da la certeza, quita la debilidad y le da la fortaleza, es más, la hace tan atrevida Conmigo, que se aferra a mis pechos y chupa, chupa y se nutre, no quiere otro alimento, y si ve que chupando no recibe nada, y esto lo permito para ejercitarla en la más alta confianza, ella ni se cansa ni se separa de mi pecho, más bien chupa más fuerte, golpea la cabeza en mi pecho, y Yo complacido la hago hacer. Así que el alma que verdaderamente confía en Mí es mi sonrisa y mi complacencia, quien confía en Mí me ama, me estima, me cree rico, potente, inmenso; en cambio, quien desconfía, no me ama en verdad, me deshonra, me cree pobre, impotente, pequeño, ¡qué afrenta a mi bondad!"

+ + + +

12-115
Octubre 15, 1919

### El Querer Divino lleva el estado de seguridad.

(1)Continuando mi habitual estado, estaba pensando: "¿Cómo será? Soy tan mala, no soy buena para nada; con las privaciones de mi Jesús me he reducido a un estado de hacer llorar, y si se pudiera ver, aun las piedras llorarían, y con todo esto ni dudas, ni temores, ni de juicio ni de infierno, qué estado tan lamentable es el mío". Mientras esto pensaba, mi amable Jesús se ha movido en mi interior y me ha dicho:

(2)"Hija mía, en cuanto el alma entra en mi Querer y se decide a vivir en Él, huyen de ella todas las dudas y todos los temores. Sucede como a una hija de un rey, que por cuanto la gente quisiera decirle que no es hija de su padre, ella no les presta atención, más bien está orgullosa y dice a todos: "Es inútil que me digan lo contrario, que quieran infundirme dudas y temores, yo soy verdadera hija del rey, él es mi padre, vivo con él; es más, su mismo reino es mío." Así que aunado a tantos otros bienes que lleva el vivir en mi Querer, lleva el estado de seguridad, y como hace suyo lo que es mío, ¿cómo puede temer de lo que posee? Así que el temor, la duda, el infierno, se pierden y no encuentran la puerta, el camino, la llave para entrar en el alma, es más, en cuanto el alma entra en el Querer Divino se desnuda de sí y Yo la visto de Mí con vestiduras reales, y estas vestiduras le ponen el sello de que es mi hija, de que mi reino, así como es mío es suyo, y defendiendo nuestros derechos toma parte en juzgar y en condenar a los demás. Entonces, ¿cómo quieres tú ir pescando temores?"

+ + + +

12-116
Noviembre 3, 1919

### Participación de las penas del estado de víctima de Jesús.

(1) Estaba pensando acerca de mi pobre estado, el dolor de su privación me petrifica, pero estoy calmada y toda abandonada en mi dulce Jesús. El Cielo me parece cerrado, la tierra desde hace mucho ni siquiera la conozco, y si no la conozco, ¿cómo puedo esperar ayuda? Así que no tengo ni siquiera la dulce esperanza de esperar ayuda de personas de este pobre mundo. Si no tuviera la dulce esperanza en mi Jesús, en mi vida, en mi todo, que es mi único apoyo, yo no sé qué cosa haría. Entonces mi siempre amable Jesús, viendo que no podía más, ha venido, y poniéndome su santa mano en la frente para darme fuerza me ha dicho:

(2) "Pobre hija, hija de mi corazón y de mis penas, ánimo, no te abatas, nada ha terminado para ti; más bien cuando parece que termina entonces comienza. De todo lo que tú piensas, nada es verdad, tu estado presente no es otro que un punto del estado de víctima de mi Humanidad. ¡Oh! cuántas veces se encontraba mi Humanidad en estas circunstancias dolorosas, Ella estaba fundida con mi Divinidad, más aún, era una sola cosa, sin embargo mi Divinidad que tenía todo el poder y quería la expiación de toda la familia humana, me hacía sentir el rechazo, el olvido, los rigores, la separación que merecía toda la naturaleza humana. Estas penas para Mí eran las más amargas, y por cuanto más fundido con la Divinidad, tanto más me resultaba doloroso sentir el alejamiento; mientras estaba unido y amado, sentirme olvidado; honrado y sentir el rechazo; santo y verme cubierto con todas las culpas; qué contraste, qué penas, tanto, que para sufrir esto se necesitaba un milagro de mi omnipotencia. Ahora, mi justicia quiere la renovación de estas penas de mi Humanidad, pero quién podía sentirlas sino a quien había fundido Conmigo, honrado tanto de llamarla a vivir en la altura de mi Querer, desde cuyo centro toma todas las partes de todas las generaciones, las une y me repara, me ama, se sustituye a

todas las criaturas, y mientras esto hace siente el olvido, el rechazo, la separación de quien forma su misma vida. Estas son penas que sólo tu Jesús puede calcular, pero en ciertas circunstancias me son necesarias, tanto que estoy obligado a esconderte más en Mí para no hacerte sentir toda la acerbidad del dolor; y mientras te escondo, Yo repito lo que hacía y sufría mi Humanidad, por eso cálmate, este estado terminará para hacerte adentrar en otros pasos de mi Humanidad. Cuando sientas que no puedes más, abandónate más en Mí y oirás a tu Jesús que ruega, sufre, repara, y tú sígueme, y Yo seré actor y tú espectadora, y cuando hayas descansado tomarás la parte de actriz y Yo seré espectador; así nos alternaremos mutuamente".

+ + + +

12-117
Diciembre 6, 1919

### El alma en la Divina Voluntad da a Dios el amor que no darán las almas perdidas. Dios al crear al hombre lo dejó libre y le dio el poder de hacer el bien que quiere.

(1) No siento la fuerza de escribir mis dolorosas penas, digo sólo algunas palabras que mi dulce Jesús me había dicho y que yo no pensaba escribir, pero Jesús reprochándomelo, me hizo decidir el escribirlas.

(2) Recuerdo que una noche estaba haciendo la adoración a mi crucificado Jesús y le decía: "Amor mío, en tu Querer encuentro todas las generaciones, y yo a nombre de toda la familia humana te adoro, te beso, te reparo por todos; tus llagas, tu sangre se las doy a todos, a fin de que todos encuentren su salvación. Y si las almas perdidas no pueden ya aprovecharse de tu santísima sangre, ni amarte, la tomo yo por ellas para hacer lo que deberían hacer ellas, no quiero que tu amor quede defraudado por parte de las criaturas, por todos quiero suplir, repararte, amarte, desde el primero hasta el

último hombre". Mientras esto y otras cosas decía, mi dulce Jesús me puso los brazos al cuello y estrechándome me dijo:

(3) "Hija mía, eco de mi Vida, mientras tú rezabas mi misericordia se endulzaba y mi justicia perdía la aspereza, y no sólo en el tiempo presente, sino también en el tiempo futuro, porque tu oración permanecerá en acto en mi Voluntad, y en virtud de ella mi misericordia dulcificada correrá más abundante, y mi justicia será menos rigorosa, y no sólo esto, sino que escucharé las notas de amor de las almas perdidas, y mi corazón sentirá hacia ti un amor de especial ternura, al encontrar en ti el amor que me debían dar estas almas y derramaré en ti las gracias que tenía preparadas para ellas".

(4) Otra vez me dijo: "Hija mía, amo tanto a la criatura, que al crear el cielo, las estrellas, el sol y toda la naturaleza, no les dejé ninguna libertad, así que el cielo no puede agregar una estrella más, ni quitar ninguna; ni el sol perder o agregar una gota de luz de más; en cambio al crear al hombre lo dejé libre, es más, lo quería junto Conmigo en crear las estrellas, el sol, para embellecer el cielo de su alma, y conforme debía hacer el bien, ejercitarse en las virtudes, le daba el poder de formarse las estrellas, los soles más espléndidos, y por cuanto más bien hacía, tantas más estrellas formaba, y por cuanta más intensidad de amor y de sacrificio, más esplendor y más luz agregaba a sus soles, y Yo, paseando junto con él en el cielo de su alma le decía: "Hijo mío, por cuanto más bello quieres hacerte, tanto más gusto me das; es más, amo tanto tu belleza que te incito, te enseño, y en cuanto te decides Yo corro y junto contigo renuevo la potencia creadora y te doy el poder de hacer el bien que quieres; te amo tanto que no te he hecho esclavo, sino libre, pero, ¡ay, cuánto abuso de este poder que te he dado, tienes el atrevimiento de convertirlo en tu ruina y en ofensa a tu Creador!"

+ + + +

12-118
Diciembre 15, 1919

## La Divina Voluntad, fuente de bien y de santidad.

(1) Estaba diciendo a mi siempre amable Jesús: "Ya que no quieres decirme nada, al menos dime que me perdonas si en alguna cosa te he ofendido". Y Él rápidamente ha respondido:

(2) "¿De qué quieres que te perdone? Quien hace mi Voluntad y vive en Ella ha perdido la fuente, el germen, el origen del mal, porque mi Voluntad contiene la fuente de la santidad, el germen de todos los bienes, el origen eterno, inmutable e inviolable, así que quien en esta fuente vive, es santa y el mal no tiene más contacto con ella, y si en alguna cosa aparentemente aparece el mal, el origen, el germen es santo, el mal no existe, y esto sucede también en Mí: Cuando la Justicia me forza a castigar a las criaturas, aparentemente parece que les hago el mal haciéndolas sufrir, y cuánto me dicen por ello, hasta decirme injusto, pero esto no puede ser faltando en Mí el origen, el germen del mal, más bien, en esa pena que mando hay en Mí un amor más tierno y más intenso. Sólo la voluntad humana es fuente que contiene el germen de todos los males, y si algún bien parece que haga, ese bien está infectado, y quien toca aquel bien quedará por él infectado y envenenado".

(3) Entonces yo he continuado con lo mío, esto es, sustituirme por todos como Jesús me ha enseñado, como está explicado en anteriores escritos míos, y mientras esto hacía me ha dicho:

(4) "Hija mía, conforme vas repitiendo lo que te he enseñado, así me siento herido por mi mismo amor; cuando te lo enseñé Yo, te herí a ti con mi eterno amor, cuando me lo repites tú, me hieres a Mí, y aún con solo recordar mis palabras y enseñanzas, son heridas que me das. Si me amas, híereme siempre".

+ + + +

12-119
Diciembre 26, 1919

## Vivir en la Divina Voluntad es sacramento y sobrepasa a todos los demás sacramentos juntos.

(1) Estaba pensando entre mí: "¿Cómo puede ser que el hacer la Voluntad de Dios sobrepasa a los mismos sacramentos?" Y Jesús moviéndose en mi interior me ha dicho:

(2) "Hija mía, ¿y por qué los sacramentos se llaman sacramentos? Porque son sagrados, tienen el valor y el poder de conferir la gracia, la santidad, pero estos sacramentos obran según las disposiciones de las criaturas, tanto que muchas veces quedan hasta infructuosos, sin poder conferir los bienes que contienen. Ahora, mi Voluntad es sagrada, es santa, y contiene toda junta la virtud de todos los sacramentos, y no sólo esto, sino que no necesita trabajar para disponer al alma a recibir los bienes que contiene mi Voluntad, porque en cuanto el alma se ha dispuesto a hacer mi Voluntad, se ha dispuesto por sí misma a recibirlos, y mi Voluntad encontrando todo preparado y dispuesto, aun a costa de cualquier sacrificio, sin tardanza se comunica al alma, derrama en ella los bienes que contiene y forma los héroes, los mártires del Divino Querer, los portentos más inauditos, y además, qué hacen los sacramentos sino unir al alma con Dios. Y ¿qué cosa es hacer mi Voluntad? ¿No es acaso unir la voluntad de la criatura con su Creador? Perderse en el Querer eterno, la nada subir al Todo, el Todo descender en la nada; es el acto más noble, más divino, más puro, más bello, más heroico que la criatura puede hacer. ¡Ah! sí, te lo confirmo, te lo repito, mi Voluntad es sacramento y sobrepasa a todos los sacramentos juntos, pero en modo más admirable, sin intervención de nadie, sin ninguna materia; el sacramento de mi Voluntad se forma entre mi Voluntad y la del alma, las dos voluntades se anudan juntas y forman el sacramento; mi Voluntad es Vida y el alma está ya dispuesta a recibir la Vida; es santa, y recibe la santidad; es fuerte, y recibe la fuerza, y así de todo lo demás. En cambio mis otros sacramentos, cuánto deben trabajar para disponer a las almas, si es que lo logran. Y estos canales que he dejado a mi Iglesia, ¿cuántas veces quedan maltratados, despreciados, conculcados? Y algunos se sirven de ellos para ensuciarse y los ponen contra de Mí para

ofenderme. ¡Ah, si tú supieras los sacrilegios enormes que se hacen en el sacramento de la confesión y los abusos horrendos del sacramento de la Eucaristía, llorarías junto Conmigo por el gran dolor! ¡Ah! sí, sólo el sacramento de mi Voluntad puede cantar gloria y victoria, sólo él es pleno en sus efectos y es intangible de ser ofendido por la criatura, porque para entrar en mi Voluntad debe dejar su voluntad, sus pasiones; y sólo entonces mi Voluntad se abaja a ella, la inviste, la funde, y de ella hace portentos. Por eso cuando hablo de mi Voluntad hago fiesta, no la termino jamás, es plena mi alegría, no entra amargura entre Yo y el alma; en cambio en los otros sacramentos mi corazón nada en el dolor, el hombre me los ha cambiado en fuentes de amarguras, mientras que Yo se los he dado como tantas fuentes de gracia".

+ + + +

12-120
Enero 1, 1920

### En cada acto que el alma hace en la Divina Voluntad, Jesús queda multiplicado como en las Hostias Sacramentales.

(1) Continuando mi habitual estado, me parecía que mi siempre amable Jesús salía de mi interior, y mirándolo lo veía todo bañado en lágrimas, hasta sus vestidos, sus santísimas manos estaban cubiertas de lágrimas, ¡qué dolor! Yo he quedado conmovida y Jesús me ha dicho:

(2) "Hija mía, qué trastorno hará el mundo, los flagelos correrán más dolorosos que antes, tanto que no hago más que llorar su triste suerte".

(3) Después ha agregado: "Hija mía, mi Voluntad es como una rueda, y quien en Ella entra queda encerrado dentro, y no encuentra abertura para salir de Ella, y todo lo que hace queda fijado al punto eterno y desemboca en la rueda de la eternidad. ¿Pero sabes cuáles son los vestidos del alma que vive en mi Querer? No son de

oro, sino de luz purísima, y esta vestidura de luz le servirá como espejo para hacer ver a todo el Cielo cuantos actos ha hecho en mi Querer, porque en cada acto que ha hecho en mi Voluntad me ha encerrado a todo Yo, y esta vestidura estará adornada de tantos espejos, y en cada uno se verá todo Yo mismo, así que desde donde sea mirada, por delante, por detrás, por la derecha, por la izquierda, me verán a Mí y multiplicado en tantos por cuantos actos ha hecho en mi Querer. Vestidura más bella no podría darle, será el distintivo exclusivo de las almas que viven en mi Querer".

(4) Yo he quedado un poco confundida al oír eso, y Él ha agregado:

(5) "Cómo, ¿dudas de esto? ¿Qué no sucede lo mismo en las hostias sacramentales? Si hay mil hostias, mil Jesús hay, y a mil almas me doy en comunión todo entero; y si hay cien hostias, hay cien Jesús y me puedo dar en comunión sólo a cien. Así en cada acto hecho en mi Voluntad, el alma me encierra dentro y Yo quedo sellado dentro de la voluntad del alma, así que estos actos hechos en mi Querer son comuniones eternas, no sujetas como las hostias sacramentales a consumirse las especies, y con el consumirse las especies mi Vida Sacramental termina; en cambio en las hostias de mi Voluntad no entra ni harina, ni ninguna otra materia, el alimento, la materia de estas hostias de mi Voluntad es mi misma Voluntad eterna unida con la voluntad del alma, eterna Conmigo, no sujetas estas dos voluntades a consumirse. Entonces, ¿qué de extraño tiene el que se vea tantas veces multiplicada toda mi persona por cuantos actos ha hecho en mi Voluntad, mucho más que Yo he quedado sellado en ella, y ella tantas veces en Mí? Así que también en Mí quedará multiplicada tantas veces el alma por cuantos actos ha hecho en mi Querer, son los prodigios de mi Querer, y esto basta para quitarte cualquier duda".

+ + + +

12-121
Enero 9, 1920

## Todas las cosas creadas llevan el Amor de Dios al hombre.

(1) Estaba rezando, y con mi pensamiento me fundía en el Querer Eterno, y poniéndome ante la Majestad Suprema decía: "Eterna Majestad, vengo a tus pies a nombre de toda la familia humana, desde el primero hasta el último hombre de todas las generaciones humanas, a adorarte profundamente; a tus pies santísimos quiero sellar las adoraciones de todos; vengo a reconocerte a nombre de todos como Creador y dominador absoluto de todo; vengo a amarte por todos y cada uno, vengo a corresponderte en amor por todos, por cada cosa creada en la que has puesto para nosotros tanto amor, que la criatura jamás podrá encontrar amor suficiente para corresponderte en amor, pero yo en tu Querer encuentro este amor, y queriendo que mi amor, así como todos mis demás actos, sean plenos, completos, y por todos, por eso he venido en tu Querer, donde todo es inmenso y eterno, y encuentro amor para poderte amar por todos, por tanto te amo por cada estrella que has creado, te amo por cuantas gotas de luz e intensidad de calor has puesto en el sol". ¿Pero quién puede decir todo lo que mi pobre mente decía? Me extendería demasiado en decirlo todo, por eso mejor pongo punto. Ahora, mientras esto hacía, un pensamiento me ha dicho: "¿Cómo es eso, y en qué manera Nuestro Señor ha puesto en cada cosa creada ríos de amor hacia la criatura?" Y una luz ha respondido a mi pensamiento:

(2) "Cierto hija mía que en cada cosa creada mi amor se derramaba a torrentes hacia la criatura, te lo dije antes, te lo confirmo ahora, que mientras mi amor increado creaba el sol, en él ponía océanos de amor, y en cada gota de luz que debía inundar al ojo, al paso, a la mano y todo lo de la criatura, corría mi amor, y casi tocándole dulcemente el ojo, la mano, el paso, la boca, le da mi beso eterno y le lleva mi amor; junto con la luz corre el calor, y golpeándola un poco más fuerte y casi impaciente por el amor de la criatura, hasta dardearla, le repito más fuerte mi "te amo" eterno, y si el sol con su luz y calor fecunda las plantas, es mi amor que corre a la nutrición del hombre; y si he extendido un cielo sobre la cabeza del hombre, adornándolo de estrellas, era mi amor que queriendo alegrar el ojo

del hombre también en la noche, le decía en cada centelleo de estrella mi "te amo", así que cada cosa creada lleva mi amor al hombre, y si no fuera así no tendría ninguna finalidad la Creación, y Yo no hago nada sin finalidad, todo ha sido hecho para el hombre, pero el hombre no lo reconoce y se ha cambiado para Mí en dolor. Por eso hija mía, si quieres mitigar mi dolor ven frecuentemente en mi Querer, y a nombre de todos dame adoración, amor, reconocimiento y agradecimiento por todos".

+ + + +

12-122
Enero 15, 1920

### Quien quiere amar, reparar, sustituirse por todos, debe hacer vida en el Querer Divino.

(1) Estaba volcándome toda en el Divino Querer, para poderme sustituir a todo lo que la criatura está obligada a hacer hacia la Majestad Suprema, y mientras esto hacía he dicho entre mí: "¿Dónde podré encontrar tanto amor para poder dar a mi dulce Jesús amor por todos?" Y Jesús en mi interior me ha dicho:

(2) "Hija mía, en mi Voluntad encontrarás este amor que puede suplir al amor de todos, porque quien entra en mi Voluntad encontrará tantas fuentes que surgen, y por cuanto pueda tomar, jamás disminuye ni una gotita; así que está la fuente del amor, que impetuosa arroja sus olas, pero por cuanto arroja, siempre brota; está la fuente de la belleza, y por cuantas bellezas haga salir jamás se agota, más bien hace surgir siempre nuevas y más hermosas bellezas; está la fuente de la sabiduría, la fuente de los contentos, la fuente de la bondad, de la potencia, de la misericordia, de la justicia, y de todo el resto de mis cualidades, todas brotan y una se derrama en la otra, de manera que el amor es bello, es sabio, es potente, etc.; de la fuente de la belleza sale la belleza amor, sabia, potente, y con tal poder, de tener raptado a todo el Cielo sin cansarlos jamás. Estas fuentes brotantes forman tal armonía, tal contento y un

espectáculo tan encantador, que todos los bienaventurados quedan dulcemente encantados, de no apartar ni siquiera una mirada para no perderse ninguno de estos contentos. Por eso es hija mía la estrecha necesidad, para quien quiere amar, reparar, sustituirse por todos, el hacer vida en mi Querer, donde todo brota, las cosas se multiplican por cuantas se quieran, donde todas las cosas quedan acuñadas con el sello divino, y este sello divino forma otras fuentes, cuyas olas impetuosas se elevan, y se elevan tanto, que al romper inundan todo y hacen bien a todos. Por eso siempre, siempre en mi Querer, ahí te espero, ahí te quiero".

+ + + +

12-123
Enero 24, 1920

### Dios creó al hombre para que le hiciera compañía.

(1)Continuando mi habitual estado, estaba uniéndome con Jesús, pidiéndole que no me dejara sola, que viniera a hacerme compañía, y Él moviéndose en mi interior me ha dicho:

(2)"¡Hija mía, si supieras como deseo, suspiro, amo la compañía de la criatura! Es tanto, que si al crear al hombre dije: "No es bueno que el hombre esté solo, hagamos otra criatura que lo asemeje y le haga compañía, a fin de que uno forme la delicia del otro." Estas mismas palabras, antes de crear al hombre las dije a mi amor: "No quiero estar solo, sino quiero a la criatura en mi compañía, quiero crearla para entretenerme con ella, para compartir con ella todos mis contentos, con su compañía me desahogaré en el amor". Por eso la hice a mi semejanza, y conforme su inteligencia piensa en Mí, se ocupa de Mí, así hace compañía a mi sabiduría, y mis pensamientos haciendo compañía a los suyos, nos entretenemos juntos; si su mirada me mira a Mí y a las cosas creadas para amarme, siento la compañía de su mirada; si la lengua reza, enseña el bien, siento la compañía de su voz; si el corazón me ama, siento su compañía en mi amor; y así de todo lo demás. Pero si en cambio hace lo contrario, Yo me siento solo, como un rey abandonado, pero, ¡ay! cuántos me dejan solo y me desconocen".

+ + + +

12-124
Marzo 14, 1920

### El martirio del amor sobrepasa en modo casi infinito todos los otros martirios juntos.

(1)Mi estado es siempre más doloroso, y mientras nadaba en el mar inmenso de las privaciones de mi dulce Jesús, de mi Vida, de mi Todo, no podía hacer menos que lamentarme y decir algunos desatinos, y mi Jesús moviéndose en mi interior me ha dicho suspirando:

(2)"Hija mía, tú eres para mi corazón el martirio más duro, el dolor más crudo, y cada vez que te veo gemir y petrificada por el dolor de mi privación, mi martirio se hace más acerbo, y es tanto el espasmo, que me veo obligado a suspirar y gimiendo exclamo: "¡Oh hombre, cuánto me cuestas! Tú formaste el martirio a mi Humanidad, la que arrebatada de locura de amor por ti se sometió a todas tus penas, y continúas formando el martirio de quien arrebatada de amor por Mí y por ti se ofrece víctima ante Mí por causa tuya". Así que mi martirio es continuo, es más, lo siento más a lo vivo, porque es martirio de quien me ama, y el martirio del amor sobrepasa en modo casi infinito a todos los demás martirios juntos".

(3)Después, acercando su boca al oído de mi corazón decía gimiendo:

(4)"¡Hija mía, hija mía! ¡Pobre hija! Sólo tu Jesús puede comprenderte y compadecerte, porque siento en mi corazón tu mismo martirio".

(5) Después ha agregado: "Escucha hija mía, si el hombre con el castigo de la guerra se hubiera humillado y entrado en sí mismo, no serían necesarios otros castigos, pero el hombre se ha hecho más perverso, por tanto, para hacerlo entrar en sí mismo son necesarios castigos más terribles que la guerra misma, y vendrán, por eso la justicia va formando vacíos, y si supieras qué vacío se va formando en mi justicia con el no venir a ti, temblarías por ello, porque si Yo viniera a ti harías tuya mi justicia, y tomando sobre ti las penas llenarías los vacíos que el hombre hace con el pecado; ¿no lo has hecho por tantos años? Pero ahora la obstinación del hombre lo vuelve indigno de este gran bien, y por esto te privo frecuentemente de Mí, y viéndote martirizada por causa mía, es tanto mi dolor que deliro, gimo, suspiro, y estoy obligado a esconderte mis gemidos, sin ni siquiera poderlos desahogar contigo para no darte más penas".

+ + + +

12-125
Marzo 19, 1920

**Vivir en la Divina Voluntad es vivir a nombre de todos.**

(1) Estaba lamentándome con mi siempre amable Jesús diciéndole: "¡Cómo has cambiado! ¿Será posible que ni siquiera el sufrir sea ya para mí? Todos sufren, sólo yo no soy digna de sufrir, es verdad que supero a todos en maldad, pero Tú ten piedad de mí y no me niegues al menos las migajas del sufrir que tan abundantemente no niegas a ninguno. Amor mío, cómo es terrible mi estado, ten piedad de mí, ten piedad". Mientras esto decía, mi dulce Jesús se ha movido en mi interior diciéndome:

(2) "¡Ah hija mía, cálmate, de otra manera me haces mal, abres heridas más profundas en mi corazón! ¿Me quieres tú tal vez superar? También Yo habría querido encerrar en Mí todas las penas de las criaturas, era tanto el amor hacia ellas, que habría querido que ninguna pena las tocara, pero esto no lo pude obtener, debí someterme a la sabiduría y a la justicia del Padre, que mientras

me permitía satisfacer en gran parte a las penas de las criaturas, no quiso mi satisfacción por todas las penas, y esto por decoro y por equilibrio de su justicia. Mi Humanidad habría querido sufrir tanto, para poder poner término al infierno, al purgatorio y a todos los castigos, pero la Divinidad no quiso y la justicia dijo a mi amor: "Tú has querido el derecho del amor, y te ha sido concedido, Yo quiero los derechos de la justicia". Yo me resigné a la sabiduría de mi Padre, la vi justa, pero mi gimiente Humanidad sentía la pena por las penas que tocaban a las criaturas. Ahora al oír tus lamentos por no poder sufrir, escucho el eco de mis lamentos y corro a sostener tu corazón para darte fuerza, sabiendo cómo es dura esta pena, pero debes saber que ésta es una pena también de tu Jesús".

(3) Yo me resigné por amor de Jesús también a no sufrir, pero el dolor de mi corazón era acerbísimo, y en mi mente se acumulaban muchas cosas, especialmente sobre lo que me había dicho acerca del Querer Divino, me parecía no ver en mí los efectos de su palabra, y Jesús benignamente ha agregado:

(4) "Hija mía, cuando Yo te pregunté si tú consentías en querer hacer vida en mi Querer, y tú aceptaste diciendo: "Digo sí no en mi querer, sino en el tuyo, a fin de que el mío tenga todo el poder y el valor de un sí de un Querer Divino". Aquel sí existe y existirá siempre, como existirá mi Querer, así que tu vida terminó, tu voluntad no tiene más razón de vivir y por eso te dije que estando en mi Voluntad todas las criaturas, a nombre de toda la familia humana vienes a deponer en modo divino, a los pies de mi trono, en tu mente los pensamientos de todos para darme la gloria de cada pensamiento, en tu mirada, en tu palabra, en tu acción, en el alimento que tomas, aun en el sueño, lo de todos; así que tu vida debe abrazar todo, por eso ves que cuando alguna vez, oprimida por el peso de mi privación, alguna cosa de lo que haces se te escapa y no unes a toda la familia humana junta, Yo te reclamo, y si no me pones atención, afligido te digo: "Si no quieres seguirme, Yo lo hago por Mí mismo." La vida en mi Voluntad es vivir sin vida propia, sin reflexiones personales, sino que es la vida que abraza todas las vidas juntas. Sé atenta en esto y no temas".

+ + + +

12-126
Marzo 23, 1920

### El alma quiere ocultarse, pero Jesús la quiere como luz.

(1)Estaba diciendo a mi dulce Jesús: "Quisiera esconderme tanto, de desaparecer de todos y que todos se olvidaran de mí, como si no existiera más en la tierra. Cómo me pesa el tener que tratar con personas, siento toda la necesidad de un profundo silencio". Y Él, moviéndose en mi interior me ha dicho:

(2)"Tú quieres esconderte, y Yo te quiero como candelero que debe dar luz, y este candelero será encendido por los reflejos de mi luz eterna; así que si tú quieres esconderte, no te escondes tú, sino a Mí, a mi luz, a mi palabra".

(3)Después de esto continuaba rezando, y no sé cómo me he encontrado fuera de mí misma junto con Jesús, yo era pequeña y Jesús era grande, y Él me ha dicho:

(4)"Hija mía, hazte grande de modo que me iguales, quiero que tus brazos lleguen a los míos, tu boca a la mía".

(5)Yo no sabía cómo hacer porque era demasiado pequeña, y Jesús ha puesto sus manos en las mías y me ha repetido: "Hazte grande, hazte grande". Yo lo he intentado y me sentía como un resorte, que si quería hacerme más grande, me agrandaba, y si no, permanecía pequeña; entonces con facilidad me he hecho grande y he apoyado mi cabeza sobre un hombro de Jesús, y continuaba teniendo sus manos en las mías. Al contacto con sus santísimas manos me he recordado de las llagas de Jesús y le he dicho: "Amor mío, quieres que te iguale, ¿y por qué no me das tus dolores? Dámelos, no me los niegues". Jesús me ha mirado y me ha estrechado fuerte a su corazón, como si me quisiera decir muchas cosas, y ha desaparecido, y yo me he encontrado en mi misma.

+ + + +

12-127
Abril 3, 1920

### Toda la Voluntad de Dios al crear al hombre fue que en todo hiciera su Voluntad, para poder desarrollar en él su Vida.

(1)Continuando mi pobre estado, oía a mi amable Jesús en mi interior, que se unía a rezar junto conmigo y después me ha dicho:

(2)"Hija mía, toda mi Voluntad al crear al hombre fue que en todo hiciera mi Voluntad, y conforme iba poco a poco haciendo esta mi Voluntad, así venía a completar mi Vida en él, de modo que después de repetidos actos hechos en mi Voluntad, formando mi Vida en él, Yo venía a él, y encontrándolo semejante a Mí, el sol de mi Vida, encontrando al sol de mi Vida que se había formado en el alma, lo habría absorbido en Mí, y transformándose juntos, como dos soles en uno, lo llevara a las delicias del Cielo. Ahora, la criatura con no hacer mi Voluntad, o bien con hacerla ahora y ahora no, mi Vida queda dividida con la vida humana, y la Vida Divina no puede completarse, con los actos humanos viene oscurecida, no recibe alimento abundante como para dar un desarrollo suficiente para poder formar una vida, por eso el alma está en continua oposición a la finalidad de la Creación, pero, ¡ay! cuántos hay que con vivir la vida del pecado, de las pasiones, forman en ellos la vida diabólica".

+ + + +

12-128
Abril 15, 1920

### Causa de las penas de Jesús: "El amor a las almas".

(1) Estaba lamentándome con mi dulce Jesús de mi estado doloroso diciéndole: "Dime, Amor mío, ¿dónde estás? ¿Qué camino tomaste al irte, para poderte seguir? Hazme ver las huellas de tus pasos, y así paso a paso con certeza podré encontrarte. ¡Ah! Jesús, sin Ti no puedo más, pero si bien estás lejano, yo te envío mis besos. Beso la mano que no me abraza más, beso esa boca que no me habla más, beso ese rostro que ya no veo más, beso esos pies que no se encaminan más hacia mí, sino se dirigen a otras partes. ¡Ah, Jesús, cómo es triste mi estado, que final tan cruel me esperaba!" Mientras esto y otros desatinos decía, mi dulce Jesús se ha movido en mi interior y me ha dicho:

(2) "Hija mía, cálmate, para quien vive en mi Querer todos los puntos son caminos seguros para encontrarme, mi Voluntad llena todo, cualquier camino que tome, no hay temor de que no pueda encontrarme. ¡Ah, hija mía, tu estado doloroso lo siento en mi corazón, siento repetirme la corriente del dolor que corría entre Yo y mi Mamá, Ella era crucificada por mis penas, Yo era crucificado por las suyas, pero la causa de todo, ¿quién era? El amor de las almas. Por amor de ellas mi querida Mamá toleraba todas mis penas, y hasta mi muerte, y Yo por amor de las almas toleraba todas sus penas, hasta privarla de Mí. ¡Oh! cuánto costó a mi amor y a su amor materno el privar de Mí a mi inseparable Mamá, pero el amor por las almas triunfó sobre todo. Ahora, tu estado de víctima al que te sometiste fue por el amor a las almas, y tú aceptaste por amor a ellas todas las penas que se han desarrollado en tu vida, la causa han sido las almas y los tristes tiempos que corren, por eso la justicia divina me impide estarme a lo familiar contigo, para hacer correr tiempos más propicios en lugar de tan tempestuosos y tenerte en la tierra. Son las almas, si no fuera por el amor a ellas tu exilio habría ya terminado y tú no tendrías el dolor de verte privada de Mí, ni Yo tendría el dolor de verte tan deshecha por mi privación, por eso paciencia, y haz que también en ti triunfe hasta lo último el amor por las almas".

+ + + +

12-129
Mayo 1, 1920

## La santidad para quien vive en el Querer Divino, es el Gloria Patri continuado.

(1) Mi miseria se hace sentir más, y en mi interior decía: "Mi Jesús, ¿qué vida es la mía?" Y Él sin darme tiempo de decir otra cosa, súbito ha respondido:

(2) "Hija mía, para quien vive en mi Querer, su santidad tiene un solo punto, es el Gloria Patri continuado, con la secuencia del sicut erat in principio et nunc et semper et in saecula saeculorum. No hay cosa en la cual no dé gloria a Dios, gloria del todo completa, siempre estable, siempre igual, siempre reina, sin jamás cambiarse. Esta Santidad no está sujeta a retrocesos, a pérdidas, es siempre reinar, así que su fondo es el Gloria Patri, su prerrogativa es el sicut erat in principio, etc.".

(3) Continuando a lamentarme por sus privaciones y por la ausencia del sufrir, mientras que a los demás lo da abundantemente, mi siempre amable Jesús ha salido de dentro de mi interior y apoyando su cabeza en mi hombro, todo afligido me ha dicho:

(4) "Hija mía, quien vive en mi Voluntad vive en lo alto, y quien vive en lo alto puede mirar con más claridad en lo bajo, y debe tomar parte en las decisiones, en las aflicciones y en todo lo que conviene a las personas que viven en lo alto. No ves tú en el mundo algunas veces, padre y madre, y en ocasiones también a un hijo más grande que es capaz de tomar parte en las decisiones, en los dolores de los padres, que mientras estos están bajo el peso de penas dolorosas, de incertidumbres, de intrigas, de pérdidas, los otros hijos pequeños no saben nada de eso, más bien los hacen jugar y hacer la vida ordinaria de familia no queriendo amargar aquellas tiernas vidas sin una finalidad útil para ellos ni para los padres. Así sucede en el orden de la gracia, quien es pequeño y aún en estado de crecimiento, vive en lo bajo, y por tanto le son necesarias las purgas,

los medios necesarios para hacerlo crecer en la santidad; sería como los pequeños de la familia, a los que querer hablarles de asuntos, de intrigas, de penas, sería aturdirlos sin que comprendieran nada; pero quien vive en mi Querer, viviendo en lo alto debe sustituirse a las penas de quien vive en lo bajo, debe ver los peligros de éstos, ayudarlos, tomar serias decisiones que a veces hacen temblar, mientras que los pequeños están tranquilos. Por eso cálmate, y en mi Querer haremos vida en común, y junto Conmigo tomarás parte en los dolores de la familia humana, vigilarás sobre las grandes tempestades que surgirán, y mientras ellos en el peligro juegan, tú junto Conmigo llorarás su desventura".

+ + + +

12-130
Mayo 15, 1920

### La Divina Voluntad forma en el alma la crucifixión completa.

(1)Me lamentaba con mi dulce Jesús diciéndole: "¿Dónde están tus promesas? No más cruz, no más semejanza Contigo, todo se ha esfumado y no me queda más que llorar mi doloroso fin". Y Jesús, moviéndose me ha dicho en mi interior:

(2)"Hija mía, mi crucifixión fue completa, ¿y sabes por qué? Porque fue hecha en la Voluntad Eterna de mi Padre. En esta Voluntad la cruz se hizo tan larga y tan ancha, de abrazar todos los siglos, para penetrar en cada corazón presente, pasado y futuro, de modo que quedaba crucificado en cada corazón de criatura; esta Divina Voluntad ponía clavos a todo mi interior, a mis deseos, a los afectos, a mis latidos, puedo decir que no tenía vida propia, sino la Vida de la Voluntad eterna, que encerraba en Mí a todas las criaturas y quería que respondiera por todo. Jamás mi crucifixión podía estar completa y tan extendida para abrazar a todos, si el Querer eterno no fuera el actor. También en ti quiero que la crucifixión sea completa y extendida a todos. He aquí el por qué de las continuas llamadas que te hago en mi Querer, son las incitaciones para llevar ante la Majestad Suprema a toda la familia humana, y a nombre de todos hacer los actos que ellos no hacen. El olvido de ti, la falta de reflexiones personales, no son otra cosa que clavos que pone mi Voluntad. Mi Voluntad no sabe hacer cosas incompletas o pequeñas, y haciéndose corona en torno al alma, la quiere en Sí, y extendiéndola en todo el ámbito de su Querer eterno, pone el sello de su cumplimiento. Mi Querer vacía todo lo humano del interior de la criatura, y pone todo lo divino, y para estar más seguro va sellando todo el interior con tantos clavos por cuantos actos humanos pueden tener vida en la criatura, sustituyéndolos con otros tantos actos divinos, y así forma las verdaderascrucifixiones, y no por un tiempo, sino por toda la vida".

+ + + +

12-131
Mayo 24, 1920

### Los actos hechos en la Divina Voluntad serán los defensores del Trono Divino, no sólo en el tiempo presente, sino hasta el fin de los siglos.

(1) Continuando mi habitual estado, mi siempre amable Jesús me ha dicho:

(2) "Hija mía, los actos hechos en mi Voluntad pierden lo humano, y fundiéndose con mis actos divinos se elevan hasta el Cielo, circulan en todos, abrazan todos los siglos, todos los puntos y todas las criaturas, y como quedan fijos en mi Querer, en cada ofensa que las criaturas me hacen, no sólo en el tiempo presente sino hasta el fin de los siglos, estos actos son y serán los defensores de mi trono, y elevándose en mi defensa harán las reparaciones opuestas a las ofensas que las criaturas harán. Los actos hechos en mi Querer tienen virtud de multiplicarse según las necesidades y las circunstancias que mi gloria requiere. ¿Cuál será la felicidad del alma cuando se encuentre ya allá en el Cielo y vea sus actos hechos en mi Querer como defensores de mi trono, que teniendo un

eco continuo de reparación rechazarán el eco de las ofensas que viene de la tierra? Por eso para el alma que vive en mi Querer en la tierra, su gloria en el Cielo será diferente de la de los otros bienaventurados; los otros tomarán de Mí todos los contentos, estos en cambio no sólo los tomarán de Mí, sino que tendrán sus pequeños ríos en mi mismo mar, porque viviendo en mi Querer se los han formado ellas mismas en la tierra en mi mar. El pequeño río de felicidad y de contentos es justo que lo tengamos en el Cielo. Cómo son bellos estos ríos en mi mar, ellos se vierten en Mí y Yo en ellos, serán una vista encantadora ante la que todos los bienaventurados quedarán sorprendidos".

+ + + +

12-132
Mayo 28, 1920

### Los actos hechos en la Divina Voluntad entran en el ámbito de la eternidad y tienen supremacía sobre los actos humanos.

(1) Estaba ofreciéndome en el santo sacrificio de la misa junto con Jesús, a fin de que también yo pudiera sufrir su misma consagración, y Él, moviéndose en mi interior me ha dicho:

(2) "Hija mía, entra en mi Voluntad a fin de que pueda encontrarte en todas las hostias, no sólo presentes sino también futuras, y así junto Conmigo sufrirás tantas consagraciones por cuantas sufro Yo. En cada hostia Yo pongo una Vida mía, y por correspondencia quiero otra, pero, ¡cuántos no me la dan! Otros me reciben, Yo me doy a ellos, y ellos no se dan a Mí, y mi amor queda doliente, obstaculizado y sofocado, sin correspondencia, por eso en mi Voluntad ven a sufrir todas las consagraciones que sufro Yo, y así encontraré en cada hostia la correspondencia de tu vida, y no sólo mientras estés en la tierra, sino también cuando estés en el Cielo, porque habiéndote tú consagrado anticipadamente mientras estás en la tierra en mi Voluntad, al ir sufriendo Yo las consagraciones

hasta la última, así también las sufrirás tú, y Yo encontraré hasta en el último de los días la correspondencia de tu vida".

(3) Después ha agregado: "Los actos hechos en mi Voluntad son siempre los que tienen la primacía sobre todos y tienen la supremacía sobre todo, porque habiendo siendo hechos en mi Voluntad entran en el ámbito de la eternidad, y tomando ahí los primeros puestos, dejan atrás a todos los actos humanos, corriendo siempre ellos adelante, en nada influye que hayan sido hechos antes o después, si en una época o en otra, si pequeños o grandes, basta que hayan sido hechos en mi Voluntad para que estén siempre entre los primeros y corran adelante de todos los actos humanos. Una semejanza es el aceite puesto junto con otros comestibles, aunque éstos fueran de más valor, o de oro o de plata, o alimentos de mayor sustancia, todos quedan por debajo, y el aceite permanece encima, jamás queda por abajo, aunque fuera una mínima cantidad, con su espejito de luz parece que dice: "Yo estoy aquí para ser primero sobre todo, no me hago común con las otras cosas, ni me mezclo con ellas". Así los actos hechos en mi Querer, como son hechos en mi Voluntad se vuelven luz, pero luz atada, fundida con la luz eterna; por eso no se mezclan con los actos humanos, más bien tienen la virtud de hacer cambiar los actos humanos en divinos, por eso todo dejan atrás y son los primeros entre todo".

+ + + +

12-133
Junio 2, 1920

### Jesús sintió la pena de la separación que el hombre había causado con el pecado.

(1) Continuando mi habitual estado y recogiéndome en la oración, veía un abismo en mí, donde no podía descubrir el fondo, y en medio de este abismo de profundidad y anchura, a mi dulce Jesús afligido y taciturno. Yo no sabía comprender cómo lo veía en mí, y

me sentía lejana de Él, como si no estuviera para mí. Mi corazón quedaba torturado por ello y sentía el desgarro de una muerte cruel, y esto no una vez, sino cada vez que me encuentro en este abismo como separada de mi Todo, de mi Vida. Ahora, mientras mi corazón goteaba sangre, mi siempre amable Jesús saliendo de este abismo, me ha rodeado el cuello con sus brazos, poniéndose tras de mis espaldas y me ha dicho:

(2)"Querida hija mía, tú eres mi verdadero retrato, ¡oh! cuántas veces mi gimiente Humanidad se encontraba en estas torturas, Ella estaba fundida con la Divinidad, más bien eran una sola cosa, y mientras eran una sola cosa Yo sentía el desgarro del abismo, de la separación de la Divinidad, que mientras me envolvía dentro y fuera, fundido con Ella, me sentía lejano. Mi pobre Humanidad debía pagar la pena y la separación que con el pecado la humanidad prevaricadora había causado, y para volverla a unir a la Divinidad, debía sufrir toda la pena de su separación, pero cada instante de separación era para Mí una muerte despiadada.

(3)He aquí la causa de tus penas y del abismo que tú ves, es mi semejanza; también en estos tiempos desventurados, la humanidad corre como en precipitada fuga lejos de Mí, y tú debes sentir la pena de su separación para poderla unir nuevamente a Mí. Es verdad que tu estado es demasiado doloroso, pero es siempre una pena de tu Jesús, y Yo para darte fuerza te tendré estrechada desde atrás de tus espaldas, porque mientras te tengo más segura, doy más intensidad a tu pena, porque si me tuvieras delante, con sólo ver mis brazos junto a ti, la pena disminuiría y mi semejanza en ti se formaría más tarde".

+ + + +

12-134
Junio 10, 1920

**La Humanidad de Nuestro Señor vivía entre el Cielo y la tierra. Para quien vive en el Divino Querer, lo que**

## Él hace lo debe hacer el alma.

(1)Me sentía sola y muy afligida, sin apoyo de nadie, y mi dulce Jesús me ha estrechado entre sus brazos, elevándome en el aire y me ha dicho:

(2)"Hija mía, mi Humanidad cuando vivía sobre la tierra, vivía a medio aire, entre el Cielo y la tierra, teniendo toda la tierra debajo y todo el Cielo sobre de Mí, y viviendo de este modo Yo buscaba atraer a toda la tierra en Mí, y a todo el Cielo, y hacer de ellos una sola cosa. Si Yo hubiera querido vivir a ras de tierra no habría podido atraer todo en Mí, a lo más algún punto. Es cierto que el vivir a medio aire me costó mucho, no tenía ni dónde apoyarme ni en quién apoyarme, y sólo las cosas de estrecha necesidad eran dadas a mi Humanidad, por lo demás estaba siempre solo y sin ningún consuelo, pero esto era necesario, primero por la nobleza de mi persona a la que no convenía vivir en lo bajo, con apoyos humanos viles e inconstantes; segundo, por el gran oficio de la Redención, que debía tener la supremacía sobre todo, por lo tanto me convenía vivir en lo alto, sobre todos.

(3)Ahora, a quien llamo a mi semejanza la pongo en las mismas condiciones en las que puse a mi Humanidad, por eso tu apoyo soy Yo, mis brazos son tu sostén, y haciéndote vivir en mis brazos a medio aire, te pueden llegar sólo las cosas de extrema necesidad. Para quien vive en mi Querer, desapegada de todos, dedicada toda a Mí, todo lo que no es de extrema necesidad son cosas viles y un degradarse de su nobleza, y si le vienen dados los apoyos humanos, siente el mal olor de lo humano y ella misma los aleja".

(4)Después ha agregado: "Conforme el alma entra en mi Querer, su querer queda atado con mi Querer Eterno, y a pesar de que ella no piense en esto, habiendo quedado atado su querer al mío, lo que hace mi Querer hace el suyo, y corre junto Conmigo para bien de todos".

+ + + +

12-135
Junio 22, 1920

**La santidad de la Humanidad de Jesús fue el pleno desinterés.**

(1)Estaba según mi costumbre llevando a mi dulce Jesús a toda la familia humana, rezando, reparando, sustituyéndome a nombre de todos por lo que cada uno está en deber de hacer, pero mientras esto hacía un pensamiento me ha dicho: "Piensa y ruega por ti misma, ¿no ves a qué estado tan penoso te has reducido?" Y casi me disponía a hacerlo, pero mi Jesús moviéndose en mi interior y atrayéndome hacia Él me ha dicho:

(2)"Hija mía, ¿por qué quieres apartarte de mi semejanza? Yo jamás pensé en Mí mismo, la santidad de mi Humanidad fue el completo desinterés, nada hice para Mí, sino que todo lo sufrí y lo hice para las criaturas. Mi amor puede decirse verdadero porque estuvo sellado por mi propio desinterés, donde está el interés no se puede decir que hay una fuente de verdad; el alma con el desinterés propio se pone delante de todos, y mientras se pone delante, el mar de mi gracia la toma por detrás, inundándola, de manera que la hace quedar toda sumergida en él sin que ni siquiera ella lo advierta; en cambio quien piensa en sí misma es la última, y el mar de mi gracia le queda adelante y ella debe a fuerza de brazo surcar el mar, si es que lo logra, porque el pensamiento de sí misma le creará tantos obstáculos que le infundirá temor de arrojarse en mi mar y estará en peligro de quedarse en la orilla".

+ + + +

12-136
Septiembre 2, 1920

**Martirio de amor y de dolor de Jesús por
la falta de la compañía de la criatura.**

(1) Vivo casi en continuas privaciones, a lo más mi dulce Jesús se hace ver y como relámpago me huye. ¡Ah, sólo Jesús conoce el martirio de mi pobre corazón! Ahora, estaba pensando en el amor con el que tanto ha sufrido por nosotros, y mi siempre amable Jesús me ha dicho:

(2) "Hija mía, mi primer martirio fue el amor, y el amor me parió mi segundo martirio, el dolor. Cada pena era precedida por mares inmensos de amor, pero cuando mi amor se vio solo, abandonado por la mayor parte de las criaturas, Yo deliraba, enloquecía, y no encontrando a quién darse, se concentraba en Mí, ahogándome y dándome tales penas, que todas las demás penas me parecían refrigerios en comparación de éstas. ¡Ah! si tuviera compañía en el amor me sentiría feliz, porque todas las cosas con la compañía adquieren la felicidad, se difunden, se multiplican; el amor junto a otro amor es feliz, aunque fuera un pequeño amor, porque encuentra a quién darse, a quién hacerse conocer, a quién poder dar vida con su mismo amor, pero junto a quien no lo ama, a quien lo desprecia, a quien no se ocupa de él, es muy infeliz porque no encuentra el camino para comunicarse y para darle vida. La belleza junto a la fealdad se siente deshonrada y parece que se rechazan mutuamente, porque la belleza odia a la fealdad, y la fealdad se siente más fea junto a la belleza, pero la belleza junto a otra belleza es feliz, y recíprocamente se comunican su belleza, y así de todas las demás cosas. ¿Para qué le sirve al maestro ser docto, haber estudiado tanto si no encuentra un alumno a quién enseñar? ¡Oh! cómo es infeliz al no encontrar a quién enseñar tanta doctrina; ¿para qué le sirve al médico haber comprendido el arte de la medicina, si ningún enfermo lo llama para hacer conocer su valor? ¿Para qué le sirve al rico ser rico si nadie le está junto, y estando solo, a pesar de sus riquezas, no encontrando el camino para hacerlas conocer y comunicarlas, tal vez se muera de hambre? Únicamente la compañía es lo que hace feliz a todos, lo que hace desarrollar el bien y lo hace crecer; el aislamiento hace infeliz y esteriliza todo. ¡Ah hija mía, cómo mi amor sufre este aislamiento! Y los pocos que me hacen compañía forman mi refrigerio y mi felicidad!"

+ + + +

12-137
Septiembre 21, 1920

## Los actos hechos en la Divina Voluntad quedan confirmados en Ella.

(1)Estaba haciendo mis actos en el Querer Santísimo de mi Jesús, y Él moviéndose en mi interior me ha dicho:

(2)"Hija mía, a medida que el alma hace sus actos en mi Voluntad, así queda su acto confirmado en mi Voluntad; es decir, si reza en mi Voluntad, quedando confirmada en mi Voluntad recibe la vida de la oración, de manera que no tendrá más necesidad de esforzarse para rezar, sino sentirá en sí la actitud espontánea en el rezar, porque quedando confirmada en mi Voluntad, sentirá en sí misma la fuente de la vida de la oración, que así como un ojo sano no hace esfuerzo para ver, sino naturalmente ve los objetos, se alegra y goza porque contiene la vida de la luz en el ojo, pero un ojo enfermo, cuántos esfuerzos, cómo sufre al ver; así si sufre en mi Voluntad, si obra, sentirá en sí la vida de la paciencia, la vida del obrar santamente. Así que conforme quedan confirmados sus actos en mi Voluntad, pierden las debilidades, las miserias y lo humano, y quedan sustituidos por fuentes de Vida Divina".

+ + + +

12-138
Septiembre 25, 1920

## La verdad es luz. Semejanza con el sol.

(1)Encontrándome en mi habitual estado, veía a mi siempre amable Jesús como si pusiera en mi interior un globo de luz, y después me ha dicho:

(2)"Hija mía, mi verdad es luz, y al comunicarla a las almas, siendo ellas seres limitados, les comunico mis verdades con luz limitada, pues no son capaces de recibir la luz inmensa; sucede como al sol, que mientras en lo alto del cielo se ve un globo de luz limitado, circunscrito, la luz que expande inviste toda la tierra, la calienta, la fecunda, así que al hombre le resulta imposible numerar las plantas fecundadas, las tierras iluminadas y calentadas por el sol; mientras que en lo alto de los cielos, con una sola mirada a lo alto del cielo lo ve completo, pero no puede ver hasta dónde va a terminar la luz, ni el bien que hace. Así sucede a los soles de las verdades que comunico a las almas, dentro de ellas parecen limitadas, pero cuando estas verdades salen fuera, ¿cuántos corazones no tocan? ¿Cuántas mentes no iluminan? ¿Cuántos bienes no hacen? Por eso has visto que he puesto en ti un globo de luz, son mis verdades que te comunico, sé atenta en recibirlas, más atenta en comunicarlas para dar curso a la luz de mis verdades".

(3) Después he vuelto a la oración y me he encontrado en brazos de mi Mamá Celestial, que estrechándome a su seno me acariciaba, pero después, no sé cómo lo he olvidado, y me estaba lamentado de que todos me habían dejado, y Jesús pasando por delante me ha dicho:

(4)"Poco antes ha venido mi Mamá que con mucho amor te ha estrechado entre sus brazos, (pero mientras lo decía, lo he recordado). Así sucede Conmigo, cuántas veces vengo y tu lo olvidas, ¿podría tal vez estar sin venir? Más bien hago como la mamá cuando su bebita duerme, la besa, la acaricia, pero la bebita no se da cuenta, y cuando se despierta se lamenta de que la mamá no la besa ni la ama, así haces tú".

(5) Viva Jesús, artífice de amorosas estratagemas.

+ + + +

12-139
Octubre 12, 1920

## La ayuda de quien vive en el Divino Querer es Jesús, y debe hacerse ayuda de los demás.

(1)Me sentía muy oprimida y sola, sin ni siquiera la esperanza de tener una palabra de ayuda, de seguridad, y aunque sean personas santas, me parece que si vienen a mí, quieren ayuda, consuelo, quitarse dudas, pero para mí nada. Entonces, mientras me sentía en este estado, mi siempre amable Jesús me ha dicho:

(2)"Hija mía, quien vive en mi Querer es puesto en mis mismas condiciones. Supón que Yo pudiera tener necesidad de las criaturas, lo que no puede ser, las criaturas no son capaces de poder ayudar al Creador, sería como si el sol quisiera pedir luz y calor a las otras cosas creadas, ¿qué dirían éstas? Se espantarían y confundidas le dirían: "¿Cómo, tú pides luz y calor de nosotras, tú que con tu luz llenas el mundo y con tu calor fecundas toda la tierra?" Nuestra luz desaparece ante ti, más bien tú danos luz y calor. Así sucede a quien vive en mi Querer, poniéndose en mis condiciones y estando en ella el Sol de mi Querer, es ella la que debe dar luz, calor, es ella la que debe ayudar, dar seguridad y consolar; así que tu ayuda soy Yo sólo, y tú desde dentro de mi Querer ayudarás a los demás".

+ + + +

12-140
Noviembre 15, 1920

## El bien continuo hace que el alma se sienta transportada a obrar el bien.

(1)Mi estado es siempre más doloroso, sólo el Santísimo Querer es mi única ayuda. Entonces, encontrándome con mi dulce Jesús me ha dicho:

(2)"Hija mía, cada obra hecha para Mí, pensamiento, palabra, oración, sufrimiento, y aun un simple recuerdo de Mí, son tantas cadenas que el alma va formando para atarme y para atarse a Mí, y estas cadenas tienen la virtud, que sin violentar la libertad humana, le suministran dulcemente la cadena de la perseverancia, haciendo que se forme el último eslabón y el último paso para hacerla tomar posesión de la gloria inmortal, porque el bien continuo tiene tal virtud, tal atracción sobre el alma, que sin que nadie la obligue o la violente, voluntariamente ella se siente transportada a obrar el bien".

+ + + +

12-141
Noviembre 28, 1920

### Cuando Jesús quiere dar, pide. Efectos de la bendición de Jesús.

(1)Estaba pensando cuando mi Jesús, para dar principio a su dolorosa Pasión, quiso ir con su Mamá a pedirle su bendición, y el bendito Jesús me ha dicho:

(2)"Hija mía, cuántas cosas dice este misterio, Yo quise ir a pedir la bendición a mi amada Mamá para darle ocasión de que también Ella me la pidiera a Mí. Eran demasiados los dolores que debía soportar, y era justo que mi bendición la reforzara. Es mi costumbre que cuando quiero dar, pido; y mi Mamá me comprendió inmediatamente, tan es verdad, que no me bendijo sino hasta que me pidió mi bendición, y después de haber sido bendecida por Mí, me bendijo Ella. Pero esto no es todo, para crear el universo pronuncié un Fiat, y con ese solo Fiat reordené y embellecí cielo y tierra. Al crear al hombre, mi aliento omnipotente le infundió la vida. Al dar principio a mi Pasión, quise con mi palabra creadora y omnipotente bendecir a mi Mamá, pero no era sólo a Ella a quien bendecía, en mi Mamá veía a todas las criaturas, era Ella quien tenía el primado sobre todo, y en Ella bendecía a todas y a cada una, es más, bendecía cada pensamiento, palabra, acto, etc., bendecía cada cosa que debía servir a la criatura, al igual que cuando mi Fiat omnipotente creó el sol, y este sol sin disminuir ni en su luz ni en su calor continúa su carrera para todos y para cada uno de los mortales; así mi palabra creadora, bendiciendo quedaba en acto de bendecir siempre, siempre, sin cesar nunca de bendecir, como jamás cesará de dar su luz el sol a todas las criaturas. Pero esto no es todo aún, con mi bendición quise renovar el valor de la Creación; quise llamar a mi Padre Celestial a bendecir para comunicar a la criatura la potencia; quise bendecirla a nombre mío y del Espíritu Santo para comunicarle la sabiduría y el amor, y así renovar la memoria, la inteligencia y la voluntad de la criatura, restableciéndola como soberana de todo. Debes saber que al dar, quiero, y mi amada Mamá comprendió y súbito me bendijo, no sólo por Ella sino a nombre de todos. ¡Oh! si todos pudieran ver esta mi bendición, la sentirían en el agua que beben, en el fuego que los calienta, en el alimento que toman, en el dolor que los aflige, en los gemidos de la oración, en los remordimientos de la culpa, en el abandono de las criaturas, en todo escucharían mi palabra creadora que les dice, pero desafortunadamente no escuchada: "Te bendigo en el nombre del Padre, de Mí, Hijo, y del Espíritu Santo, te bendigo para ayudarte, te bendigo para defenderte, para perdonarte, para consolarte, te bendigo para hacerte santo." Y la criatura haría eco a mis bendiciones, bendiciéndome también ella en todo.

(3)Estos son los efectos de mi bendición, de la cual mi Iglesia, enseñada por Mí, me hace eco, y en casi todas las circunstancias, en la administración de los sacramentos y en otras ocasiones da su bendición".

+ + + +

12-142
Diciembre 18, 1920

**Correspondencia de amor y de agradecimiento por todo lo que Dios obró en la Mamá Celestial.**

(1)Estaba muy afligida sin mi Jesús, y mientras rezaba lo he oído cerca, que me decía:

(2)"¡Ah! hija mía, las cosas empeoran, cual torbellino entrará para trastornar todo, reinará por cuanto dura un torbellino, y terminará como termina un torbellino. Al gobierno italiano le falta la tierra bajo los pies y no sabe dónde irá a parar. ¡Justicia de Dios!"

(3)Después de esto me he sentido fuera de mí misma y me he encontrado junto con mi dulce Jesús, pero tan estrechada con Él y Él conmigo, que casi no podía ver su Divina Persona; y no sé cómo le he dicho: "Mi dulce Jesús, mientras estoy estrechada a Ti quiero testimoniarte mi amor, mi agradecimiento y todo lo que la criatura está en deber de hacer por haber Tú creado a nuestra Reina Mamá Inmaculada, la más bella, la más santa, y un portento de gracia, enriqueciéndola con todos los dones y haciéndola nuestra Madre, y esto lo hago a nombre de las criaturas pasadas, presentes y futuras; quiero tomar cada acto de criatura, palabra, pensamiento, latido, paso, y en cada uno de ellos decirte que te amo, te agradezco, te bendigo, te adoro por todo lo que has hecho a mi y tu Celestial Mamá". Jesús ha agradecido mi acto, pero tanto que me ha dicho:

(4)"Hija mía, con ansia esperaba este acto tuyo a nombre de todas las generaciones; mi justicia, mi amor, sentían la necesidad de esta correspondencia, porque grandes son las gracias que descienden sobre todos por haber enriquecido tanto a mi Mamá, sin embargo no tienen nunca una palabra, un gracias que decirme".

(5)Otro día estaba diciendo a mi amable Jesús: "Todo para mí ha terminado, sufrimientos, visitas de Jesús, todo".

(6)Y Él rápidamente: "¿Acaso has terminado de amarme, de hacer mi Voluntad?"

(7)Y yo: "No, no sea jamás".

(8)Y Él: "Si esto no hay, nada ha terminado".

+ + + +

12-143
Diciembre 22, 1920

## La Potencia creadora está en la Divina Voluntad.
## Las muertes que dan vida a los demás.

(1) Estaba pensando en la Santísima Voluntad de Dios diciendo entre mí: "Qué fuerza mágica tiene esta Divina Voluntad, qué potencia, qué encanto". Ahora, mientras esto pensaba, mi amable Jesús me ha dicho:

(2) "Hija mía, la sola palabra Voluntad de Dios contiene la potencia creadora, por tanto tiene el poder de crear, transformar, consumar y hacer correr en el alma nuevos torrentes de luz, de amor, de santidad. Sólo en el Fiat se encuentra la potencia creadora, y si el sacerdote me consagra en la hostia, es porque mi Voluntad, a las palabras que se dicen sobre la hostia santa, les dio el poder, así que todo sale y se encuentra en el Fiat. Y si al solo pensamiento de hacer mi Voluntad el alma se siente endulzada, fuerte, transformada, es porque con pensar en hacer mi Voluntad es como si se pusiera en camino para encontrar todos los bienes, ahora, ¿qué será el hacerla?"

(3) Después de esto he recordado que años atrás mi dulce Jesús me había dicho:

(4) "Nos presentaremos ante la Majestad Suprema, escrito sobre nuestra frente con caracteres imborrables: Queremos muerte para dar vida a nuestros hermanos, queremos penas para liberarlos de las penas eternas".

(5) Y decía para mí: "¿Cómo puedo hacer esto si Él no viene? Lo podía hacer junto con Él, pero por mí sola no sé ir, y además,

¿cómo poder sufrir tantas muertes?" Y el bendito Jesús, moviéndose en mi interior me ha dicho:

(6) "Hija mía, siempre y a cada instante puedes hacerlo porque estoy siempre contigo, jamás te dejo; y además quiero decirte cómo son estas muertes y cómo se forman: Yo sufro la muerte cuando mi Voluntad quiere obrar un bien en la criatura, y partiéndose de Mí lleva consigo la gracia, las ayudas que se necesitan para hacer aquel bien; si la criatura se presta para hacer ese bien, mi Voluntad es como si multiplicara otra vida; en cambio si la criatura es reacia, es como si sufriera una muerte, ¡oh, cuántas muertes sufre mi Voluntad! La muerte en la criatura es cuando quiero que haga un bien, y no haciéndolo, su voluntad muere a aquel bien, así que si la criatura no está en continuo acto de hacer mi Voluntad, por cuantas veces no la hace, tantas muertes sufre, muere a aquella luz que debería tener haciendo ese bien, muere a aquella gracia, muere a aquellos carismas.

(7) Ahora te digo cuáles son tus muertes con las que puedes dar vida a nuestros hermanos: Cuando te sientes privada de Mí y tu corazón está lacerado y sientes una mano de hierro que te lo oprime, tú sientes una muerte, es más, más que muerte, porque la muerte para ti sería vida; esta muerte podría dar vida a nuestros hermanos, porque esta pena y esta muerte contienen una Vida Divina, una luz inmensa, una fuerza creadora, contienen todo, es una muerte y pena que contienen un valor infinito y eterno, por tanto, ¿cuántas vidas podrías dar a nuestros hermanos? Yo sufriré junto contigo estas muertes, les daré el valor de mi muerte, para hacer salir de la muerte la vida. Entonces, mira un poco cuántas muertes haces: Cuántas veces me quieres y no me encuentras, es para ti una muerte real, porque verdaderamente no me ves, no me sientes; para ti es muerte, es martirio, y lo que a ti es muerte, a los demás puede ser vida".

+ + + +

12-144

Diciembre 25, 1920

## La suerte Sacramental de Jesús es más dura aún que su suerte infantil.

(1) Encontrándome en mi habitual estado, me he encontrado fuera de mí misma, y junto con Jesús hacía un largo camino, y en este camino ahora caminaba con Jesús, ahora me encontraba con la Mamá Reina; si desaparecía Jesús me encontraba la Mamá, y si desaparecía la Mamá encontraba a Jesús; en este camino me han dicho muchas cosas; Jesús y la Mamá eran muy afables, con una dulzura que encantaba, y yo he olvidado todo, mis amarguras, aun sus mismas privaciones, creía que no los perdería más. ¡Oh, cómo es fácil olvidar el mal ante el bien! Ahora, al final del camino la Celestial Mamá me ha tomado en sus brazos, yo era pequeña, pequeña y me ha dicho:

(2) "Hija mía, quiero confirmarte en todo".

(3) Y parecía que con su santa mano me signara la frente, como si escribiera y pusiera un sello; después como si escribiera en los ojos, en la boca, en el corazón, en las manos y pies, y luego ponía en ellos el sello. Yo quería ver lo que Ella me escribía, pero no sabía leer lo escrito, sólo en la boca he visto unas letras que decían: "Aniquilamiento de todo gusto". Y de inmediato he dicho: "Gracias Mamá que me quitas todo gusto que no sea Jesús". Quería comprender más, pero la Mamá me ha dicho:

(4) "No es necesario que lo sepas, ten confianza en Mí, te he hecho lo que se necesitaba".

(5) Me ha bendecido y ha desaparecido, y me he encontrado en mí misma. Después ha regresado mi dulce Jesús, era un tierno niño, gemía, lloraba y temblaba por el frío; se ha arrojado en mis brazos para que lo calentara; yo me lo he estrechado fuerte, fuerte, y según mi costumbre me fundía en su Querer para encontrar los pensamientos de todos junto con los míos y circundar al tembloroso

Jesús con las adoraciones de todas las inteligencias creadas; las miradas de todos, para hacerlas mirar a Jesús y distraerlo del llanto; las bocas, las palabras, las voces de todas las criaturas, a fin de que todas lo besaran para no hacerlo gemir y con su aliento lo calentaran. Mientras esto hacía, el niñito Jesús no gemía más, ha cesado de llorar, y habiéndosele quitado el frío me ha dicho:

(6) "Hija mía, ¿has visto qué cosa me hacía temblar, llorar y gemir? El abandono de las criaturas. Tú me las has puesto a todas en torno a mí, me he sentido mirado, besado por todas y he calmado mi llanto, pero has de saber que mi suerte Sacramental es más dura aún que mi suerte infantil: La gruta, si bien fría, era espaciosa, tenía aire para respirar; la hostia también es fría, es tan pequeña que casi me falta el aire. En la gruta tuve un pesebre con un poco de heno por lecho, en mi Vida Sacramental aun el heno me falta, y por lecho no tengo más que metales duros y helados. En la gruta tenía a mi amada Mamá que frecuentemente me tomaba con sus purísimas manos y me cubría con besos ardientes para calentarme, me calmaba el llanto, me nutría con su leche dulcísima; todo lo contrario en mi Vida Sacramental, no tengo una Mamá, si me toman, siento el toque de manos indignas, manos que huelen a tierra y a estiércol; ¡oh! cómo siento más esta peste que la del estiércol de la gruta, en vez de cubrirme con besos me tocan con actos irreverentes, y en vez de leche me dan la hiel de los sacrilegios, de los descuidos, de las frialdades. En la gruta, San José no dejó que me faltara una lamparita de luz en las noches; aquí en el sacramento, ¿cuántas veces quedo en la oscuridad, aun en la noche? ¡Oh! cómo es más dolorosa mi suerte Sacramental, cuántas lágrimas ocultas no vistas por ninguno, cuántos gemidos no escuchados. Si te ha movido a piedad mi suerte infantil, mucho más te debe mover a piedad mi suerte Sacramental".

+ + + +

12-145
Enero 5, 1921

## La verdadera vida del alma hecha en el Divino Querer, no es otra cosa que la formación de su vida en la Vida de Jesús.

(1) Continuando mi habitual estado, estaba rezando, y mientras rezaba intentaba entrar en el Querer Divino, y entonces, haciendo mío todo lo que existe en el Querer Divino, del cual nada escapa, pasado, presente y futuro, y yo haciéndome corona de todos, a nombre de todos llevaba mi homenaje ante la Divina Majestad, mi amor, la satisfacción, etc. Entonces mi siempre amable Jesús, moviéndose en mi interior me ha dicho:

(2) "Hija mía, la verdadera vida del alma hecha en mi Querer, no es otra cosa que la formación de su vida en la mía, dar mi misma forma a todo lo que ella hace. Yo no hacía otra cosa que poner en vuelo en mi Querer todos los actos que hacía, internos o externos, ponía en vuelo cada pensamiento de mi mente, el cual volando sobre cada pensamiento de criatura, porque todos existían en mi Querer, el mío, sobrevolando sobre todos, hacía como corona de cada inteligencia humana y llevaba a la Majestad del Padre el homenaje, la adoración, la gloria, el amor, la reparación de cada pensamiento creado; y así mi mirada, mi palabra, el movimiento, el paso. Ahora, el alma para hacer vida en mi Querer, debe dar la forma de mi mente a la suya, la forma de mi mirada, de mis palabras, de mi movimiento, a los suyos. Entonces, haciendo esto, pierde su forma y adquiere la mía, no hace otra cosa que dar continuas muertes al ser humano y continua vida a la Voluntad Divina; así el alma podrá completar la Vida de mi Voluntad en ella, de otra manera jamás será cumplido este prodigio, esta forma del todo modelada sobre la mía. Es sólo mi Querer, porque es eterno e inmenso, el que hace encontrar todo, el pasado y el futuro lo reduce a un solo punto, y en este solo punto encuentra todos los corazones palpitantes, todas las mentes en vida, todo mi obrar en acto, y el alma haciendo suyo este mi Querer, hace todo, satisface por todos, ama por todos, y hace bien a todos y a cada uno como si todos fueran uno solo. ¿Quién jamás puede llegar a tanto? Ninguna virtud, ningún heroísmo, ni siquiera el martirio pueden estar de frente a mi Querer; todos, todos

quedan atrás del obrar en mi Voluntad, por eso sé atenta y haz que la misión de mi Querer tenga cumplimiento en ti".

+ + + +
12-146
Enero 7, 1921

### La sonrisa de Jesús cuando vea las primicias, las hijas de su Querer, vivir no en el ambiente humano, sino en el ambiente Divino.

(1) Encontrándome en mi habitual estado, mi siempre amable Jesús ha venido y me ha rodeado el cuello con su brazo; después se ha acercado a mi corazón, y tomándose entre sus manos su pecho, lo apretaba sobre mi corazón y de ahí salían ríos de leche, y de esos ríos de leche llenaba mi corazón, y después me ha dicho:

(2) "Hija mía, mira cuánto te amo, he querido llenar todo tu corazón de la leche de la gracia y del amor, así que todo lo que dirás y harás no será otra cosa que el desahogo de la gracia de la que te he llenado. Tú nada harás, sólo pondrás tu querer en mi Voluntad y Yo haré todo; tú no serás otra cosa que el sonido de mi voz, la portadora de mi Querer, la destructora de las virtudes en modo humano y la que hará resurgir las virtudes en modo divino, selladas por un punto eterno, inmenso, infinito".

(3) Dicho esto ha desaparecido. Poco después ha regresado y yo me sentía toda aniquilada, especialmente al pensar en ciertas cosas que no es necesario decir aquí. Mi aflicción era extrema, y decía entre mí: "¿Es posible que suceda esto? ¡Ah, Jesús mío, no lo permitas! Tal vez Tú quieras la voluntad, pero no el acto de este sacrificio, y además, en el duro estado en el que me encuentro no aspiro a otra cosa que al Cielo". Y Jesús saliendo de mi interior ha sollozado; aquel sollozo se repercutía en el Cielo y en la tierra, pero mientras estaba por terminar el sollozo, ha tenido una sonrisa, que igual que el sollozo se repercutía en el Cielo y en la tierra. Yo he quedado encantada y mi dulce Jesús me ha dicho:

(4) "Amada hija mía, a tanto dolor que las criaturas me dan en estos tristes tiempos, tanto que me hacen llorar, y siendo llanto de un Dios por eso se repercute en el Cielo y en la tierra, pero este dolor se sustituirá por una sonrisa que llenará de alegría Cielo y tierra, y esta sonrisa despuntará sobre mis labios cuando vea las primicias, las hijas de mi Querer, vivir no en el ambiente humano sino en el ambiente divino, las veré selladas todas por el Querer eterno, inmenso, infinito; veré aquel punto eterno que tiene vida sólo en el Cielo correr sobre la tierra, y modelar las almas con sus principios infinitos, con el obrar divino, con la multiplicación de los actos en un solo acto; y así como la Creación salió del Fiat, así en el Fiat será completada, así que sólo las hijas de mi Querer, en el Fiat completarán todo, y en mi Fiat que tomará vida en ellas, tendré amor, gloria, reparaciones, agradecimientos y alabanzas completas, y por todo y por todos. Hija mía, las cosas, de donde salen allá regresan, todo salió del Fiat, y en el Fiat vendrá todo a Mí. Serán pocas, pero en el Fiat todo me darán".

+ + + +

12-147
Enero 10, 1921

### El Fiat Mihi de la Santísima Virgen. Dios quiere un segundo "sí" en su Querer: El Fiat de Luisa.

(1) Estaba pensando acerca de lo que está escrito en el capítulo anterior, y decía entre mí: "Yo no sé que querrá Jesús de mí, Él sabe cuan mala soy y cómo no soy buena para nada". Y Jesús moviéndose en mi interior me ha dicho:

(2) "Hija mía, recuérdate que años atrás te pregunté si querías hacer vida en mi Querer, y como te quería en mi Querer, quise que en mi mismo Querer pronunciaras tu "sí"; este "sí" quedó atado a un punto eterno y a una Voluntad que no tendrá fin; este "sí" está en el centro de mi Querer y rodeado por una inmensidad infinita, y queriéndose

salir no encuentra el camino, por eso me río y me divierto con tus pequeñas oposiciones y descontentos, viéndote como una persona atada en el fondo del mar por su propia voluntad, que queriéndose salir no encuentra sino agua por todas partes, y como está atada en el fondo del mar siente la molestia de quererse salir, y para estarse tranquila y feliz se arroja más en el fondo del mar. Así Yo, viéndote inquieta, como si quisieras salir, y no pudiendo, atada por tu mismo "sí", te arrojas más en el fondo de mi Querer, y Yo me río y me divierto. Y además, ¿crees tú que sea cosa de nada y fácil salirse de dentro de mi Querer? Te saldrías de un punto eterno, y si supieras qué significa apartarse de un punto eterno, temblarías de espanto por ello".

(3) Luego ha agregado: "El primer "sí" en mi Fiat lo he pedido a mi querida Mamá, y ¡oh potencia de su Fiat en mi Querer! En cuanto el Fiat Divino se encontró con el Fiat de mi Mamá, se hicieron uno solo; mi Fiat la elevó, la divinizó, la cubrió, y sin obra humana me concibió a Mí, Hijo de Dios. Sólo en mi Fiat podía concebirme; mi Fiat le comunicó la inmensidad, la infinitud, la fecundidad en modo divino, y por eso pude quedar concebido en Ella, Yo, el inmenso, el eterno, el infinito. En cuanto dijo "Fiat Mihi", no sólo se posesionó de Mí, sino cubrió también a todas las criaturas, a todas las cosas creadas, sentía todas las vidas de las criaturas en Ella, y desde entonces comenzó a hacerla de Madre y de Reina de todos. ¡Cuántos portentos no contiene este "sí" de mi Mamá! Si los quisiera decir todos, jamás terminarías de escucharlos!

(4) Ahora, un segundo "sí" en mi Querer te lo he pedido a ti, y tú, si bien temblando, lo pronunciaste; ahora este "sí" en mi Querer tendrá también sus portentos, tendrá un cumplimiento divino. Tú sígueme y profundízate más en el mar inmenso de mi Voluntad, y Yo me pensaré en todo. Mi Mamá no pensó cómo habría hecho para concebirme en Ella, sino sólo dijo "Fiat Mihi" y Yo pensé en el modo cómo concebirme. Así harás tú".

+ + + +

12-148
Enero 17, 1921

**El Fiat Mihi de la Santísima Virgen tuvo la misma potencia del Fiat creador. El tercer Fiat será el cumplimiento de la oración enseñada por Jesús: "El Fiat Voluntas Tua como en el Cielo en la tierra."**

(1) Mi pobre mente me la sentía inmersa en el mar inmenso del Querer Divino, por todas partes veía la marca del Fiat, la veía en el sol, y me parecía que el eco del Fiat en el sol me traía el amor divino que me hiere y me saetea; y yo, sobre las alas del Fiat en el sol, subía hasta el Eterno y llevaba a nombre de toda la familia humana el amor que saeteaba a la Majestad Suprema, que lo hería, y decía: "En tu Fiat me has dado todo este amor, y sólo en el Fiat puedo regresártelo". Miraba las estrellas y en ellas veía el Fiat, y este Fiat me traía en sus dulces y mansos destellos el amor pacífico, el amor dulce, el amor escondido, el amor de compasión en la misma noche de la culpa, y yo en el Fiat de las estrellas llevaba al trono del Eterno, a nombre de todos, el amor pacífico para poner paz entre Cielo y tierra, el amor dulce de las almas amantes, el amor escondido de tantas otras, el amor de las criaturas después de la culpa cuando vuelven a Dios. ¿Pero quién puede decir todo lo que comprendía y hacía en tantos Fiat, de los cuales veía cubierta a toda la Creación? Si yo lo quisiera decir me alargaría demasiado, por eso pongo punto.

(2) Después mi dulce Jesús ha tomado mis manos entre las suyas, y estrechándolas fuerte me ha dicho:

(3) "Hija mía, el Fiat está todo lleno de vida, más bien es la misma vida, y por eso de dentro del Fiat salen todas las vidas y todas las cosas. De mi Fiat salió la Creación, por eso en cada cosa creada se ve la marca del Fiat. Del Fiat Mihi de mi amada Mamá, dicho en mi Querer, el cual tuvo la misma potencia de mi Fiat Creador, salió la Redención, así que no hay cosa de la Redención que no contenga la marca del Fiat Mihi de mi Mamá; aun mi misma Humanidad, mis

pasos, mis obras, mis palabras, estaban sellados por el Fiat Mihi de Ella; mis penas, mis llagas, las espinas, la cruz, mi sangre, todo tenía el sello de su Fiat Mihi, porque todas las cosas llevan el sello y la marca del origen de donde han salido. Mi origen en el tiempo fue el Fiat Mihi de mi Inmaculada Mamá, por eso todo mi obrar lleva el sello de su Fiat Mihi. Así que en cada hostia sacramental está su Fiat Mihi; si el hombre surge de la culpa, si el recién nacido es bautizado, si el Cielo se abre para recibir las almas, es el Fiat Mihi de mi Mamá que sella, que sigue y procede a todo. ¡Oh potencia del Fiat, Él surge a cada instante, se multiplica, se hace vida de todos los bienes!

(4) Ahora quiero decirte por qué te he pedido tu Fiat, tu "sí" en mi Querer. La oración que enseñé, el "Fiat Voluntas Tua Sicut in Coelo et in Terra", esta oración de tantos siglos, de tantas generaciones, quiero que tenga su cumplimiento. He aquí por qué quiero otro "sí" en mi Querer, otro Fiat que contenga la potencia creadora, quiero el Fiat que surge a cada instante, que se multiplica a todos, quiero en un alma mi mismo Fiat que suba a mi trono y con su potencia creadora lleve a la tierra la Vida del Fiat como en el Cielo así en la tierra".

(5) Yo, sorprendida y aniquilada al oír todo esto, he dicho: "Jesús, ¿qué dices? Tú sabes lo mala y lo incapaz que soy para todo".

(6) Y Él: "Hija mía, es mi costumbre elegir las almas más viles, incapaces y pobres para mis obras más grandes; mi misma Mamá nada de extraordinario tenía en su vida exterior, ningún milagro, ninguna señal tenía que la hiciera distinguirse de las demás mujeres, su único distintivo era su perfecta virtud, que a muy pocos llamaba la atención; y si a los demás santos les he dado el distintivo de los milagros, y a otros los he adornado con mis llagas, a mi Mamá nada, nada, sin embargo era el portento de los portentos, el milagro de los milagros, la verdadera y perfecta crucificada, ningún otro similar a Ella.

(7) Yo tengo la costumbre de hacer como un amo que tiene dos servidores, uno parece un gigante hercúleo, hábil para todo; el otro, pequeño, débil, inhábil, parece que no sabe hacer nada, ningún servicio importante, y el amo, si lo tiene, es más por caridad que por otra cosa. Ahora, debiendo enviar una altísima suma de dinero a un país lejano, ¿qué hace? Llama al pequeño, al inhábil y le confía la gran suma y dice para sí: "Si la confío al gigante, todos le pondrán atención, los ladrones lo asaltarán, lo pueden robar, y si con su fuerza hercúlea se defiende, puede quedar herido, sé que él es valiente, pero quiero protegerlo, no quiero exponerlo a un evidente peligro; en cambio este pequeño, sabiéndolo inhábil, ninguno le pondrá atención, ninguno podrá pensar que pueda yo confiarle una suma tan importante, y volverá sano y salvo". El pobre inhábil se asombrará de que su amo confíe en él mientras podía servirse del gigante, y todo tembloroso y humilde va a entregar la gran suma sin que ninguno se haya dignado mirarlo, y sano y salvo regresa a su amo, más tembloroso y humilde que antes. Así hago Yo, cuanto más grande es la obra que quiero hacer, tanto más escojo almas pequeñas, pobres, ignorantes, sin ninguna exterioridad que las señale, su estado de pequeñez sirve como segura custodia de mi obra, los ladrones de la propia estima, del amor propio, no le pondrán atención, conociendo su inhabilidad y ella, humilde y temblorosa desempeñará el oficio confiado por Mí, conociendo que no ella, sino Yo, he hecho todo en ella".

+ + + +

12-149
Enero 24, 1921

**El tercer Fiat completará la gloria, el honor del Fiat de la Creación**
**y será confirmación y desarrollo de los frutos del Fiat de la Redención.**
**Estos tres Fiat semejarán a la Sacrosanta Trinidad sobre la tierra.**

(1) Yo me sentía aniquilada al pensar en este bendito Fiat, pero mi amable Jesús ha querido aumentar mi confusión, me parece que quiere jugar conmigo proponiéndome cosas sorprendentes y casi increíbles, tomándose placer al verme confundida y más anulada, pero lo que es peor, es que me veo obligada por la obediencia a ponerlas por escrito para mi mayor tormento. Entonces, mientras rezaba, mi dulce Jesús apoyaba su cabeza en la mía, y con su mano se sostenía la frente, y una luz que venía de su frente me ha dicho:

(2) "Hija mía, el primer Fiat fue dicho en la Creación, sin intervención de ninguna criatura. El segundo Fiat fue dicho en la Redención y quise la intervención de la criatura, y escogí a mi Mamá como cumplimiento del segundo Fiat. Ahora, a cumplimiento quiero decir el tercer Fiat, y lo quiero decir por medio tuyo, te he escogido a ti para cumplimiento del tercer Fiat. Este tercer Fiat completará la gloria, el honor del Fiat de la Creación, y será confirmación, desarrollo de los frutos del Fiat de la Redención. Estos tres Fiat representarán la Sacrosanta Trinidad sobre la tierra, y tendré el Fiat Voluntas Tua como en el Cielo así en la tierra. Estos tres Fiat serán inseparables, el uno será vida del otro, serán uno y trino, pero distintos entre ellos. Mi amor lo quiere, mi gloria lo exige, porque habiendo sacado del seno de mi potencia creadora los primeros dos Fiat, quiere hacer salir el tercer Fiat, no pudiéndolo contener más mi amor, y esto para completar la obra que salió de Mí, de otra manera quedaría incompleta la obra de la Creación y de la Redención".

(3) Yo al oír esto he quedado no sólo confundida, sino como aturdida y decía entre mí: "¿Será posible todo esto? Hay tantos, y si esto es verdad, que me ha escogido a mí, me parece que sea una de las acostumbradas locuras de Jesús. Además, ¿qué cosa podría hacer, decir, dentro de una cama, medio lisiada e inepta cual soy? ¿Podría yo hacer frente a la multiplicidad e infinitud del Fiat de la Creación y de la Redención? Siendo mi Fiat semejante a los otros dos Fiat debo correr junto con ellos, multiplicarme con ellos, hacer el bien que hacen ellos, entrelazarme con ellos. ¡Jesús, piensa lo que haces! Yo no sirvo para tanto". ¿Pero quién puede decir todos los

desatinos que decía? Entonces mi dulce Jesús ha regresado y me ha dicho:

(4) "Hija mía, cálmate, Yo escojo a quien me place; has de saber que todas mis obras las inicio entre Yo y una sola criatura, después son difundidas. En efecto, ¿quién fue el primer espectador del Fiat de la Creación? Adán, y luego Eva; no fueron ciertamente una multitud de gentes, pero después de años y años han sido espectadores turbas y multitudes de pueblos.

(5) En el segundo Fiat fue espectadora solamente mi Mamá, ni siquiera San José supo algo, mi Mamá se encontraba en mayores condiciones que las tuyas, era tanta la grandeza de la fuerza creadora de mi obra que sentía en Sí, que confundida, no sentía la fuerza de decir una sola palabra a ninguno, y si después San José lo supo, fui Yo quien se lo manifesté. Y así en su seno virginal, como semilla germinó este Fiat, se formó la espiga para multiplicarlo, y luego salí a la luz del día, ¿pero quienes fueron los espectadores? ¡Poquísimos! Y en la estancia de Nazaret los únicos espectadores eran mi amada Mamá y San José; cuando mi Humanidad creció, salí y me hice conocer, pero no a todos, luego se difundió más y se difundirá aún.

(6) Así será del tercer Fiat, germinará en ti, se formará la espiga, sólo el sacerdote tendrá conocimiento, luego pocas almas, y después se difundirá, se difundirá y hará el mismo camino que la Creación y la Redención. Por cuanto más te sientes aniquilada, tanto más crece en ti y se fecunda la espiga del tercer Fiat, por eso sé atenta y fiel".

+ + + +

12-150
Febrero 2, 1921

**El tercer Fiat debe correr junto con los otros dos Fiat. Los tres Fiat**

## tienen un mismo valor y poder porque contienen la Potencia Creadora.

(1) Continuando mi habitual estado, estaba fundiéndome toda en el Querer Divino y decía entre mí: "Jesús mío, quiero amarte, y quiero tanto amor para suplir al amor de todas las generaciones humanas que han estado y estarán, ¿pero quién puede darme tanto amor para poder amar por todos? Amor mío, en tu Querer está la fuerza creadora, por tanto en tu Querer quiero yo misma crear tanto amor para suplir y sobrepasar al amor de todos, y a todo lo que todas las criaturas están obligadas a dar a Dios como nuestro Creador". Pero mientras esto hacía he dicho: "¡Cuántos desatinos estoy diciendo!" Y mi dulce Jesús, moviéndose en mi interior me ha dicho:

(2) "Hija mía, es cierto, en mi Querer está la fuerza creadora; de dentro de un solo Fiat mío salieron millones y millones de estrellas; del Fiat Mihi de mi Mamá, del cual tuvo origen mi Redención, salen millones y millones de actos de gracia que se comunican a las almas, estos actos de gracia son más bellos, más resplandecientes, más multiformes que las estrellas, y mientras las estrellas están fijas y no se multiplican, los actos de la gracia se multiplican al infinito, a cada instante corren, atraen a las criaturas, las hacen felices, las fortifican y les dan vida. ¡Ah, si las criaturas pudiesen ver en el orden sobrenatural de la gracia, oirían tales armonías, verían tal espectáculo encantador, que pensarían que fuera su paraíso! Ahora, también el tercer Fiat debe correr junto con los otros dos Fiat, debe multiplicarse al infinito y a cada instante, debe dar tantos actos por cuantos actos de gracia salen de mi seno, por cuantas estrellas, por cuantas gotas de agua y por cuantas cosas creadas hizo salir el Fiat de la Creación, debe confundirse junto y decir: "Cuantos actos sois vosotros, tantos hago también yo". Estos tres Fiat tienen un mismo valor y poder, tú desapareces, es el Fiat el que actúa, y por eso, también tú en mi Fiat omnipotente puedes decir: "Quiero crear tanto amor, tantas adoraciones, tantas bendiciones, tanta gloria a mi Dios, para suplir a todos y a todo." Tus actos llenarán Cielo y tierra, se multiplicarán con los actos de la Creación y de la Redención y se harán uno solo. Parecerá sorprendente e increíble a algunos todo

esto, pero entonces deberían poner en duda mi potencia creadora, y además, cuando soy Yo quien lo quiere, quien da este poder, toda duda cesa. ¿Acaso no soy libre de hacer lo que quiero y de dar a quien quiero? Tú sé atenta, Yo estaré contigo, te cubriré con mi fuerza creadora y cumpliré lo que quiero en ti".

+ + + +

12-151
Febrero 8, 1921

**Mientras el mundo quiere expulsar a Jesús de la faz de la tierra, Él está preparando una era de amor: "La era del tercer Fiat".**

(1)Esta mañana, después de haber recibido la comunión, escuchaba en mi interior a mi siempre amable Jesús que decía:

(2)"¡Oh! inicuo mundo, tú estás haciendo de todo para echarme de la faz de la tierra, para arrojarme de la sociedad, de las escuelas, de las conversaciones, de todo; estás maquinando cómo abatir los templos y los altares, cómo destruir mi Iglesia y matar a mis ministros, y Yo te estoy preparando una era de amor, la era de mi tercer Fiat. Tú harás tu camino para echarme, y Yo te confundiré de amor, te seguiré por detrás, me haré encontrar por delante para confundirte en amor, y en donde tú me has arrojado Yo erigiré mi trono, y ahí reinaré más que antes, pero en modo más sorprendente, tanto, que tú mismo caerás a los pies de mi trono, como atado por la fuerza de mi amor".

(3)Después ha agregado: "¡Ah! hija mía, la criatura se hace cada vez más perversa en el mal, cuántos artefactos de ruina están preparando, llegarán a tanto que agotarán al mal mismo, pero mientras ellas se ocupan en hacer su camino, Yo me ocuparé en que mi Fiat Voluntas Tua tenga su cumplimiento, que mi Voluntad reine sobre la tierra, pero en modo todo nuevo; me ocuparé en preparar la era del tercer Fiat, en la cual mi amor se desahogará en modo maravilloso e inaudito. ¡Ah! sí, quiero confundir al hombre todo en amor, por eso sé atenta, te quiero Conmigo a preparar esta era de amor, celestial y divina, nos ayudaremos mutuamente y obraremos juntos".

(4)Luego se ha acercado a mi boca, e infundiéndome su aliento omnipotente en mi boca, me sentía infundir una nueva vida y ha desaparecido.

+ + + +

12-152
Febrero 16, 1921

### Para entrar en el Divino Querer, la criatura no debe hacer otra cosa que quitar la piedrecilla de su voluntad.

(1)Mientras pensaba en el Santo Querer Divino, mi dulce Jesús me ha dicho:

(2)"Hija mía, para entrar en mi Querer no hay caminos, ni puertas, ni llaves, porque mi Querer se encuentra por todas partes, corre bajo los pies, a derecha, a izquierda y sobre la cabeza, por todas partes; para entrar, la criatura no debe hacer otra cosa que quitar la piedrecilla de su voluntad, pues si bien está en mi Querer, no toma parte ni goza de sus efectos, volviéndose como extraña en mi Querer, porque la piedrecilla de su voluntad impide a mi Querer correr en ella, igual que las aguas son impedidas por las piedras de las playas para correr por doquier. Pero si el alma quita la piedra de su voluntad, en ese mismísimo instante ella corre en Mí y Yo en ella, y encuentra todos mis bienes a su disposición, fuerza, luz, ayuda, lo que quiera. He aquí por qué no hay caminos, ni puertas, ni llaves, basta que quiera y todo está hecho, mi Querer toma el empeño de todo y de darle lo que le falta, y la hace extenderse en los confines interminables de mi Voluntad. Todo lo contrario para las otras virtudes, cuántos esfuerzos se necesitan, cuántos combates, cuántos caminos largos, y mientras parece que la virtud le sonríe, una pasión un poco violenta, una tentación, un encuentro inesperado, la arrojan hacia atrás y la ponen de nuevo a empezar el camino".

+ + + +

12-153
Febrero 22, 1921

### El tercer Fiat dará tal gracia a la criatura, que la hará casi regresar al estado de origen, y entonces Dios tomará su perpetuo reposo en el último Fiat.

(1)Estaba en mi habitual estado, y mi dulce Jesús estaba silencioso, y le he dicho: "Amor mío, ¿por qué no me dices nada?"

(2) Y Jesús: "Hija mía, es mi costumbre después de haber hablado, el hacer silencio, quiero reposarme en mi misma palabra, es decir en mi misma obra salida de Mí, y esto lo hice en la Creación, después de haber dicho Fiat Lux y la luz fue; Fiat a todas las demás cosas, y las cosas salieron a la vida, quise reposar, y mi luz eterna reposó en la luz salida en el tiempo; mi amor reposó en el amor con el que investí a todo lo creado; mi belleza reposó en todo el universo, el cual adorné con mi misma belleza; como también reposó mi sabiduría y potencia, con las que ordené todo con tal sabiduría y potencia, que Yo mismo mirando todo, dije: "¡Cómo es bella la obra salida de Mí, quiero reposarme en ella!" Así hago con las almas, después de haber hablado quiero reposarme y gozar los efectos de mi palabra".

(3)Después de esto ha agregado: "Digamos juntos Fiat".

(4)Y todo, Cielo y tierra se llenaban de adoración a la Majestad Suprema.

(5)Y de nuevo ha repetido "Fiat", y la sangre, las llagas, las penas de Jesús surgían, se multiplicaban al infinito.

(6) Y después por tercera vez "Fiat", y este Fiat se multiplicaba en todas las voluntades de las criaturas para santificarlas.

(7) Después me ha dicho: "Hija mía, estos tres Fiat son el Creante, el Redimiente y el Santificante. Al crear al hombre lo doté con tres potencias, inteligencia, memoria y voluntad. Con tres Fiat cumpliré la obra de santificación en el hombre. Ante el Fiat Creante la inteligencia del hombre queda como raptada, y cuántas cosas comprende de Mí, y de cómo lo amo, estando Yo oculto en todas las cosas creadas para hacerme conocer y darle amor para hacerme amar. En el Fiat de la Redención la memoria queda como encadenada por los excesos de mi amor al sufrir tanto para ayudar y salvar al hombre en el estado de la culpa. En el tercer Fiat mi amor quiere desahogar de más, quiero asaltar la voluntad humana, quiero poner como sostén de su voluntad mi misma Voluntad, de manera que la voluntad humana quedará no sólo raptada, encadenada, sino sostenida por una Voluntad Eterna, la cual haciéndose apoyo a todo, el hombre casi no le podrá escapar. No terminarán las generaciones si antes no reina mi Voluntad en la tierra. Mi Fiat Redentor se pondrá en medio, entre el Fiat Creante y el Fiat Santificante, se entrelazarán los tres juntos y cumplirán la santificación del hombre. El tercer Fiat dará tal gracia a la criatura, de hacerla regresar casi al estado de origen, y entonces, cuando haya visto al hombre como salió de Mí, mi obra será completa y tomaré mi perpetuo reposo en el último Fiat. Únicamente la vida en mi Querer dará de nuevo al hombre el estado de origen; por eso sé atenta, y junto Conmigo ayúdame a completar la santificación de la criatura".

(8) Yo al oír todo esto le he dicho: "Jesús, amor mío, yo no sé hacer como haces Tú, ni como Tú me enseñaste, y casi tengo miedo de tus reproches si no hago bien lo que quieres de mí". Y Él, todo bondad:

(9) "También Yo sé que no puedes hacer perfectamente lo que te digo, pero a donde tú no llegues te suplo Yo; pero es necesario que te animes y que comprendas lo que debes hacer, a fin de que si no

haces el todo, hagas lo que puedas, pero mientras te hablo, tu voluntad queda encadenada a la mía y quisieras hacer lo que te digo, y Yo lo tomo como si todo lo hicieras".

(10)Y yo: "¿Cómo se podrá divulgar y enseñar a los demás este modo de vivir en el Querer Divino, y quién es el que se prestará a esto?"

(11)Y Jesús: "Hija mía, si a pesar de haber descendido a la tierra ninguno se hubiera salvado, la obra de glorificar al Padre estaba ya completa; así ahora, a pesar de que ningún otro quisiera recibir este bien, lo que no será, tú sola me bastarás y me darás la gloria completa que quiero de todas las criaturas".

+ + + +

12-154
Marzo 2, 1921

### Jesús cambia a Luisa el oficio de víctima por aquel de preparar la era de su Voluntad.

(1)Encontrándome en mi habitual estado, mi siempre amable Jesús al venir me ha dicho:

(2)"Hija mía, el tercer Fiat, mi Fiat Voluntas Tua como en el Cielo así en la tierra, será como el arco iris que se vio en el Cielo después del diluvio, que como iris de paz aseguraba a los hombres que el diluvio había cesado. Así será del tercer Fiat, conforme se conozca y almas amantes y desinteresadas entren a hacer vida en mi Fiat, serán como arco iris de paz, pacificarán el Cielo y la tierra, y harán huir el diluvio de tantas culpas que inundan la tierra. Estos iris de paz tendrán por vida el tercer Fiat, así que mi Fiat Voluntas Tua tendrá cumplimiento en ellas; y así como el segundo Fiat me llamó a la tierra a vivir entre los hombres, así el tercer Fiat llamará a mi Voluntad en las almas, y ahí reinará como en el Cielo así en la tierra".

(3) Después ha agregado, estando yo triste por su ausencia:

(4) "Hija mía, elévate, ven en mi Voluntad, te he elegido entre miles y miles a fin de que mi Querer tenga pleno cumplimiento en ti, y seas cual iris de paz, que con sus siete colores atraiga a los demás a hacer vida en mi Voluntad, por eso, hagamos a un lado la tierra. Hasta ahora te he tenido junto Conmigo para aplacar mi justicia e impedir que castigos más duros llovieran sobre la tierra; ahora dejemos correr la corriente de la maldad humana, y tú junto Conmigo, en mi Querer, quiero que te ocupes en preparar la era de mi Voluntad. Conforme te adentrarás en el camino de mi Querer se formará el arco iris de paz, el cual formará el anillo de conjunción entre la Voluntad Divina y la humana, por lo cual tendrá vida mi Voluntad en la tierra y tendrá principio el cumplimiento de mi oración y de toda la Iglesia: "Venga tu Reino, hágase tu Voluntad como en el Cielo así en la tierra".

+ + + +

12-155
Marzo 8, 1921

**La Virgen con su amor llamó al Verbo a encarnarse en su seno. Luisa con su amor y el fundirse en el Querer Divino, llama a la Divina Voluntad a hacer vida en ella en la tierra.**

(1) Mientras rezaba estaba fundiéndome toda en la Divina Voluntad, y mi dulce Jesús ha salido de dentro de mi interior, y poniendo un brazo en el cuello me ha dicho:

(2) "Hija mía, mi Mamá con su amor, con sus oraciones y con su aniquilamiento, me llamó del Cielo a la tierra a encarnarme en su seno. Tú, con tu amor y con el perderte siempre en mi Querer, llamarás a mi Voluntad a hacer vida en ti en la tierra, y después me darás vida en las demás criaturas. Ahora, has de saber que mi Mamá con haberme llamado del Cielo a la tierra en su seno, siendo

esto que hizo, acto único, que no se repetirá, Yo la enriquecí de todas las gracias, la doté de tanto amor, de hacerla sobrepasar el amor de todas las criaturas unidas juntas, la hice ser primera en los privilegios, en la gloria, en todo, podría decir que todo el Eterno se redujo a un solo punto y se vertió en Ella a torrentes, a mares inmensos, tanto, que todos quedan muy por debajo de Ella.

(3)Tú, con llamar a mi Voluntad en ti, es también acto único, por tanto, por decoro de mi Voluntad que debe habitar en ti, debo derramar tanta gracia y tanto amor de hacerte superar a todas las demás criaturas, y como mi Voluntad tiene la supremacía sobre todo, es eterna, inmensa, infinita, donde debe tener principio y cumplimiento la vida de mi Voluntad, debo comunicarle, enriquecerla y dotarla con las mismas cualidades de mi Voluntad, dándole la supremacía sobre todo. Mi Querer eterno tomará el pasado, el presente y el futuro, los reducirá en un solo punto y lo derramará en ti. Mi Voluntad es eterna y quiere tomar vida donde encuentre lo eterno, es inmensa y quiere vida en la inmensidad, es infinita y quiere encontrar la infinitud, ¿y cómo puede encontrar todo esto si primero no lo pongo en ti?"

(4)Yo, al escuchar todo esto he quedado espantada y aturdida, y si lo he escrito es porque la obediencia se ha impuesto, y he dicho: "Jesús, ¿qué dices? Quieres confundirme y humillarme hasta el polvo, siento que ni siquiera puedo aguantar lo que dices, siento un terror que toda me espanta".

(5)Y Jesús ha agregado: "Lo que te digo me servirá a Mí mismo, es necesario a la santidad y a la dignidad de mi Voluntad; Yo no me abajo a habitar donde no encuentro las cosas que me pertenecen, tú no serás otra cosa que la depositaria de un bien tan grande, y debes ser celosa en custodiarlo, por eso ten ánimo y no temas".

+ + + +

12-156
Marzo 12, 1921

## La Divina Voluntad: Grano que se hace alimento;
## Luisa: La paja que lo viste y lo defiende.

(1) Estaba diciendo entre mí: "Mí Reina Madre suministró su sangre para formar la Humanidad de Jesús en su seno, y yo, ¿qué suministraré para formar la Vida a la Divina Voluntad en mí?" Y mi amable Jesús me ha dicho:

(2) "Hija mía, tú me suministrarás la paja para formar la espiga en la cual el grano seré Yo, que como alimento daré mi Voluntad para nutrir a las almas que querrán alimentarse de mi Voluntad. Tú serás la paja que conservará el grano".

(3) Yo al oír esto he dicho: "Amor mío, mi oficio de servirte de paja es feo, porque la paja se tira y se quema, y no tiene ningún valor".

(4) Y Jesús: "Sin embargo la paja es necesaria a la espiga del grano, si no fuera por la paja el grano no podría madurar ni multiplicarse. La pobre paja sirve de vestido y defensa al grano; si el ardiente sol lo inviste, la paja lo defiende del demasiado calor para no dejarlo secar; si la escarcha, la lluvia u otras cosas invaden al grano, la paja toma sobre ella todos estos males, así que se puede decir que la paja es la vida del grano, y si la paja se tira y se quema, es cuando ha sido separada del grano. El grano de mi Voluntad no está sujeto ni a crecer ni a decrecer, por mucho que tomen no disminuirá en nada, por lo tanto me será necesaria tu paja porque me servirá de vestidura, de defensa, defendiendo los derechos de mi Querer, por eso no hay peligro de que puedas ser separada de Mí".

(5) Después de un poco ha regresado y le he dicho: "Vida mía, Jesús, si las almas que tendrán vida en tu Querer serán los arco iris, ¿cuáles serán los colores de estos arco iris de paz?" Y Jesús, todo bondad:

(6) "Sus cualidades y colores serán todos divinos, refulgirán con los más bellos y esplendorosos colores que son: Amor, bondad, potencia, sabiduría, santidad, misericordia, justicia. La variedad de estos colores será como luz en las tinieblas de la noche, que en virtud de estos colores harán que se haga el día en las mentes de las criaturas".

+ + + +

12-157
Marzo 17, 1921

### Jesús hace pasar a Luisa del oficio que tuvo su Humanidad en la tierra, al oficio que tuvo su Voluntad en su Humanidad.

(1) Estaba diciendo a mi dulce Jesús: "Yo no sé, pero por cuanto más me dices que me das por medio de tu Santo Querer, yo me siento más vil y más mala, debería sentirme mejor, más buena, sin embargo es todo lo contrario". Y Jesús me ha dicho:

(2) "Hija mía, cuanto más crece en ti el grano de mi Voluntad, tanto más sentirás la vileza de tu paja, porque cuando la espiga comienza a formarse, el grano y la paja son una sola cosa; en cambio, conforme se va formando la vida de la espiga, formándose el grano, la paja queda separada del grano y queda sólo en defensa del grano; así que por cuanto más vil te sientas, tanto más se va formando el grano de mi Voluntad en ti, y se va acercando a su maduración perfecta. La paja no es otra cosa en ti que tu débil naturaleza, que viviendo junto con la santidad y nobleza de mi Voluntad, siente mayormente su vileza".

(3) Después ha agregado: "Querida mía, hasta ahora has ocupado el oficio tomado de Mí, que tuvo mi Humanidad en la tierra, ahora quiero cambiarte el oficio, dándote otro más noble, más basto, quiero darte el oficio que tuvo mi Voluntad en mi Humanidad; fíjate cómo es más alto, más sublime: Mi Humanidad tuvo un principio, mi Voluntad es eterna; mi Humanidad es circunscrita y limitada, mi

Voluntad no tiene confines ni límites, es inmensa; oficio más noble y distinto no podía darte".

(4) Yo al oír esto he dicho: "Mi dulce Jesús, yo no sé encontrar ninguna razón por la que quieras darme tal oficio, ni he hecho nada para poder merecer un favor tan grande".

(5) Y Jesús: "¡Toda la razón es mi amor, tu pequeñez, tu vivir en mis brazos como una bebita que no se preocupa por nada, sino sólo de tu Jesús, el no rechazarme nunca ningún sacrificio que te he pedido! Yo no me dejo tomar por las cosas grandes, porque en las cosas grandes en apariencia siempre hay de lo humano, sino de las cosas pequeñas, pero pequeñas en apariencia y grandes en sí mismas. Y además, deberías haberlo comprendido tú misma, que debía darte una misión especial en mi Voluntad, ese hablarte siempre de mi Querer, ese hacerte comprender sus admirables efectos, lo que no he hecho con ninguno hasta ahora; contigo he hecho como un maestro cuando quiere que su discípulo se haga perfecto en la medicina o en la historia o en cualquier otra cosa, parece que no sabe hablar de otra cosa, siempre estará sobre aquel tema. Así he hecho Yo contigo, me he constituido en maestro de Voluntad Divina, como si ignorara todo lo demás; después de que te he instruido bien te he manifestado tu misión, y cómo en ti tendrá principio el cumplimiento del Fiat Voluntas Tua sobre la tierra. Ánimo hija mía, veo que te abates; no temas, tendrás toda mi Voluntad en tu ayuda y sostén".

(6) Y mientras esto decía, con sus manos me acariciaba la cabeza, el rostro, el corazón, como si me confirmara lo que decía, y ha desaparecido.

+ + + +

12-158
Marzo 23, 1921

**La Divina Voluntad vuelve pequeña al alma.**

## Luisa es la más pequeña entre todos.

(1) Encontrándome en mi habitual estado, me he encontrado fuera de mí misma junto con Jesús y le he dicho: "Amor mío, quiero hacerte oír cómo hago para entrar en tu Querer, para ver si te agrada o no." Entonces he dicho lo que tengo por costumbre decir cuando entro en su Querer, que no creo que sea necesario el decirlo habiéndolo dicho otras veces. Y Jesús me ha dado un beso, aprobando con su beso lo que yo le decía, y luego me ha dicho:

(2) "Hija mía, mi Voluntad tiene la virtud especial de volver a las almas pequeñas, de empequeñecerlas tanto, de sentir la extrema necesidad de que mi Voluntad les suministre la vida, es tanta su pequeñez, que no saben hacer un acto, un paso, que mi Voluntad no les suministre o el acto o el paso; así que viven todas a expensas de mi Voluntad, porque su pequeñez no pone ningún estorbo, ni cosas propias, ni amor propio, sino que todo lo toman de mi Voluntad, pero no para tenerlo con ellas, sino para dármelo a Mí, y como tienen necesidad de todo viven perdidas en mi Voluntad. Mira, Yo giré y giré por toda la tierra, miré una por una a todas las criaturas para encontrar a la más pequeña entre todas, y entre tantas te encontré a ti, la más pequeña entre todas; tu pequeñez me agradó y te escogí, te confié a mis ángeles a fin de que te custodiaran, no para hacerte grande, sino para que custodiaran tu pequeñez, y ahora quiero iniciar la gran obra del cumplimiento de mi Voluntad. Ni con esto te sentirás más grande, más bien mi Voluntad te hará más pequeña y continuarás siendo la pequeña hija de tu Jesús, la pequeña hija de mi Voluntad".

+ + + +

12-159
Abril 2, 1921

## El alma que obra en la Divina Voluntad da por todos y recibe por todos.

(1)Mi pobre mente me la sentía como aturdida, y me faltan las palabras para poner en el papel lo que siento, si mi Jesús quiere que escriba se dignará decir en palabras lo que infunde por vía de luz en mí. Recuerdo solamente que al venir me ha dicho:

(2)"Hija mía, quien en mi Voluntad reza, ama, repara, me besa, me adora, Yo siento en ella como si todos me rezaran, me amaran, etc., porque mi Voluntad envolviendo todo y a todos en mi Querer, el alma me da el beso, el amor y la adoración de todos, y Yo mirando a todos en ella, doy a ella tantos besos, tanto amor por cuanto debería dar a todos. El alma en mi Voluntad no está contenta si no me ve completado por el amor de todos, si no me ve besado, adorado, rogado por todos. En mi Voluntad no se pueden hacer cosas a la mitad sino completas, y Yo al alma que obra en mi Querer no le puedo dar cosas pequeñas, sino inmensas, que pueden ser suficientes para todos. Yo hago con el alma que obra en mi Querer, como una persona que necesitara un trabajo de diez personas, ahora de estas diez, sólo una se ofrece a hacer el trabajo, todas las demás lo rechazan. ¿No es justo que todo lo que debería dar a las diez, lo dé a una sola? De otra manera, ¿dónde estaría la diferencia entre quien obra en mi Querer, y entre quien obra en su voluntad?"

+ + + +

12-160
Abril 23, 1921

### El Amor de Dios triunfará sobre todos los males de las criaturas.
### Dios mirará los actos de las criaturas a través de los actos del alma hechos en el Divino Querer.

(1)Paso días amarguísimos, mi siempre amable Jesús se ha casi eclipsado. ¡Qué pena, qué desgarro! Siento mi mente más allá de las estrellas, en su Voluntad, y que quisiera tomar este Santo Querer y hacerlo bajar en medio de los hombres y darlo a cada uno como vida propia. Mi pobre mente se debate entre el Querer Divino y el querer humano de todos, para hacer de ellos uno solo. Ahora, estando en lo sumo de la amargura, mi dulce Jesús apenas se ha movido en mi interior, y sacando sus manos ha tomado las mías en las suyas, y en mi interior me ha dicho:

(2)"Hija mía, ánimo, vendré, vendré, tú no te ocupes de otra cosa que de mi Querer; dejemos a un lado la tierra, se cansaran en el mal, por todas partes irán sembrando terrores, espantos y matanzas, pero llegará el fin, mi amor triunfará sobre todos los males de ellos, por eso tú extiende tu querer en el mío, el cual como un segundo cielo, con tus actos vendrás a extenderlo sobre la cabeza de todos, y Yo miraré los actos de las criaturas a través de tus actos divinos, divinos porque todos parten de mi Querer, y obligarás a mi Querer Eterno a descender por debajo de las esferas celestiales para triunfar sobre la maldad de la voluntad humana, por eso, si quieres que mi Querer descienda y mi amor triunfe, tú debes subir más allá de las esferas celestiales, morar ahí, extender tus actos en mi Voluntad, y después descenderemos juntos, asaltaremos a las criaturas con mi Querer, con mi amor, las confundiremos en tal modo que no nos podrán resistir, por eso, por ahora dejémoslos hacer y tú vive en mi Querer y ten paciencia".

+ + + +

12-161
Abril 26, 1921

### Guerra que hará la Divina Voluntad a las criaturas.

(1)Continúo mi penoso estado, mi dulce Jesús apenas ha venido y atrayéndome fuertemente hacia Él me ha dicho:

(2)"Hija mía, te lo repito, no mirar la tierra, dejémoslos hacer, quieren hacer guerra, háganla pues, y cuando se hayan cansado también Yo haré mi guerra. Su cansancio en el mal, sus desilusiones, los desengaños, las pérdidas súbitas, los dispondrán a recibir mi guerra; mi guerra será guerra de amor, mi Querer descenderá del Cielo en medio de ellos; todos tus actos y los de las criaturas hechos en mi Querer harán guerra a las criaturas, pero no guerra de sangre, pelearán con las armas del amor, dándoles dones, gracias, paz, darán cosas sorprendentes, tanto que dejarán asombrado al hombre ingrato. Esta mi Voluntad, milicia de Cielo, con armas divinas confundirá al hombre, lo arrollará, le dará la luz para ver, pero no el mal, sino los dones y las riquezas con las cuales quiero enriquecerlo. Los actos hechos en mi Querer, llevando en sí la potencia creadora, serán la nueva salvación del hombre, y descendiendo del Cielo llevarán todos los bienes a la tierra, llevarán la nueva era y el triunfo sobre la iniquidad humana. Por eso multiplica tus actos en mi Voluntad, para formar las armas, los dones, las gracias, para poder descender en medio de las criaturas y hacerles guerra de amor".

(3) Después, con un acento más afligido ha agregado: "Hija mía, sucederá de Mí como a un pobre padre, cuyos hijos malvados no sólo lo ofenden, sino que quisieran matarlo, y si no lo hacen es porque no pueden. Ahora, estos hijos queriendo matar a su propio padre, no es de asombrarse si se matan entre ellos, si uno está contra otro, si empobrecen, lleguen a tanto que están todos en acto de perecer, y lo que es peor, ni siquiera se recuerden que tienen un padre. Ahora, ¿este padre qué hace? Exiliado por sus propios hijos, mientras éstos se pelean, se hieren, están por perecer por el hambre, el padre está sudando para adquirir nuevas riquezas, dones y remedios para sus hijos, y cuando los ve casi perdidos va en medio de ellos para hacerlos más ricos, les da los remedios para curar sus heridas y lleva a todos la paz y la felicidad. Ahora, estos hijos vencidos por tanto amor, se vincularán a su padre con paz duradera y lo amarán. Así sucederá de Mí, por eso te quiero en mi Voluntad como fiel hija de mi Querer, y junto Conmigo en el trabajo de la adquisición de las nuevas riquezas para dar a las criaturas. Seme fiel y no te ocupes de otra cosa".

Deo Gratias.

Nihil obstat

Canonico Hanibale
M. Di Francia

Eccl.
Imprimatur
Arzobispo Giuseppe M. Leo
Octubre de 1926

[1] Este libro ha sido traducido directamente del original manuscrito de Luisa Piccarreta.

[2] Para entender este capítulo, es necesario saber que en Italiano la palabra "cattiva" quiere decir mala, cautivadora, o alguien que conquista algo o a alguien (hacer rehén a alguien). Por eso nuestro Señor juega con esta palabra a la que Luisa le da el valor de "mala".

[1]

I. M. I.
13-1
Mayo 1, 1921

### La voluntad humana hace surgir la desemejanza entre Creador y criatura.

(1) Continuando mi habitual estado, me he encontrado fuera de mí misma en medio de una multitud de personas, y estaba también la Mamá Reina, que hablaba a aquella gente y lloraba, tanto, que teniendo un ramo de rosas en su regazo, las bañaba con sus lágrimas; yo no comprendía nada de lo que decía, sólo veía que la gente quería hacer tumultos, y la Celestial Mamá les pedía llorando que se calmaran. Después ha tomado una rosa y señalándome entre tanta gente me la ha dado, yo la he mirado, y la rosa estaba adornada con las lágrimas de mi querida Mamá, y esas lágrimas me invitaban a implorar por la paz de los pueblos.

(2) Después me he encontrado con mi dulce Jesús, y le he pedido por la paz de los pueblos, y Él atrayéndome a Sí me ha hablado de su Santísima Voluntad diciéndome:

(3) "Hija mía, mi Voluntad contiene la potencia creadora, y así como mi Voluntad dio vida a todas las cosas, así también tiene el poder para destruirlas. Ahora, el alma que vive en mi Querer tiene también el poder de dar vida al bien y muerte al mal, en su inmensidad se encuentra en el pasado, y donde hay vacíos de mi gloria, ofensas no reparadas, amor que no me fue dado, ella llena los vacíos de mi gloria, me hace las reparaciones más bellas y me da amor por todos. En mi Querer se difunde al presente, se extiende a los siglos futuros, y por doquier y por todos me da lo que la Creación me debe. Yo siento en el alma que vive en mi Querer el eco de mi poder, de mi amor, de mi santidad; en todos mis actos oigo el eco de los suyos, corre dondequiera, delante, atrás y hasta dentro de Mí; dondequiera que está mi Querer está el suyo, conforme se multiplican mis actos así se multiplican los suyos. Sólo la voluntad humana pone la desarmonía entre criatura y Creador, un solo acto de voluntad humana pone el desorden entre el Cielo y la tierra, arroja desemejanza entre Creador y criatura; en cambio para quien vive en mi Querer todo es armonía, sus cosas y las mías armonizan juntas, Yo estoy con ella en la tierra y ella está Conmigo en el Cielo; uno es el interés, una es la vida, una es la Voluntad. Mira la Creación, porque en nada se ha apartado de mi Voluntad, el cielo es siempre azul y estrellado, el sol está lleno de luz y calor, toda la Creación está en perfecta armonía, una cosa es sostén de la otra, es siempre bella, fresca, joven, jamás envejece ni pierde ni un rasgo de su belleza, más bien parece que cada día surge más majestuosa, dando un dulce encanto a todas las criaturas. Tal habría sido el hombre si no se hubiera sustraído de mi Querer, y así son las almas que viven en Él, son los nuevos cielos, los nuevos soles, la nueva tierra toda florida, más multiformes en belleza y en encanto".

+ + + +

13-2
Mayo 21, 1921

**Jesús encuentra reposo en las almas que viven en su Querer.**

(1) Encontrándome en mi habitual estado, mi siempre amable Jesús se hacía ver en mis brazos, en actitud de tomar reposo, yo me lo he estrechado al corazón diciéndole: "Amor mío, dime una palabra, ¿por qué callas?"

(2) Y Jesús: "Querida hija mía, me es necesario el reposo después de haberte hablado tanto, quiero en ti los primeros efectos de mis palabras, tú trabaja haciendo lo que te he enseñado y Yo reposo, y cuando hayas puesto en práctica mis enseñanzas, Yo regresaré de nuevo a hablarte de cosas más altas y sublimes, para poder encontrar en ti un reposo más bello. Y además, si no reposo en las almas que viven en mi Querer, ¿en quién podría esperar reposo? Sólo las almas que viven en mi Querer son capaces de darme reposo; el vivir en mi Querer me forma la estancia, los actos hechos en mi Voluntad me forman el lecho, los actos repetidos y la constancia en repetirlos son los arrullos, la música y el opio para conciliar el sueño. Pero mientras duermo Yo te vigilo, de modo que tu voluntad no es otra cosa que el desahogo de la mía, tus pensamientos el desahogo de mi Inteligencia, tu palabra el desahogo de la mía, tu corazón el desahogo de mi corazón; así que si bien no me oyes hablar, estás tan perdida en Mí que no quieres, ni piensas, ni haces sino lo que quiero y hago Yo. Así que hasta en tanto vivas en mi Querer, puedes estar segura que todo lo que se desarrolla en ti, soy Yo".

+ + + +

13-3
Junio 2, 1921

**Jesús cuando vino a la tierra habló muy poco acerca de su Voluntad.**

(1) Me sentía muy oprimida porque me han dicho que quieren publicar todo lo que mi dulce Jesús me había manifestado sobre su Santísimo Querer, y era tanta la angustia que me sentía también agitada, y mi dulce Jesús en mi interior me decía:

(2) "¿Quieres tú juzgarlo todo? Bonita cosa; ¿sólo porque un maestro ha querido dictar a un alumno su doctrina, no puede volverse pública la doctrina, ni el bien que se puede hacer con ella? Esto sería absurdo y disgustar al propio maestro, y además, de ti no hay nada, todo es doctrina mía, tú no has sido otra cosa que una escribana, ¿y sólo porque te he escogido a ti, tú quisieras sepultar mis enseñanzas, y por tanto también mi gloria?"

(3) Pero a pesar de todo me sentía inquieta, y mi siempre amable Jesús, saliendo de mi interior me ha rodeado el cuello con su brazo, y estrechándome fuerte me ha dicho:

(4) "Hija amada mía, cálmate, cálmate y contenta a tu Jesús".

(5) Y yo: "Amor mío, es demasiado duro el sacrificio, al sólo pensar que todo lo que ha pasado entre Tú y yo debe hacerse público, me siento morir, y se me rompe el corazón por el dolor. Si he escrito ha sido sólo por obedecer y por el temor de que Tú pudieras disgustarte, y ahora mira en qué laberinto me pone la obediencia. Vida mía, ten piedad de mí y pon tu santa mano en todo esto".

(6) Y Jesús: "Hija mía, y si Yo quiero este sacrificio tú debes estar dispuesta a hacerlo, no debes negarme nada. Tú debes saber que Yo al venir a la tierra vine a manifestar mi doctrina celestial, y a hacer conocer mi Humanidad, mi patria, y el orden que la criatura debía tener para alcanzar el Cielo, en una palabra, el Evangelio; pero de mi Voluntad casi nada o poquísimo dije, casi la pasé por alto, haciendo entender que la cosa que más me importaba era la Voluntad de mi Padre. De sus cualidades, de su altura y grandeza, de los grandes bienes que la criatura recibe con vivir en mi Querer, casi nada dije, porque la criatura siendo demasiado niña en las

cosas celestiales no habría entendido nada, sólo le enseñé a pedir: "Fiat Voluntas Tua, Sicut in Coelo et in Terra", a fin de que se dispusiera a conocer mi Voluntad para amarla y hacerla, y por tanto recibir los bienes que Ella contiene. Ahora, lo que debía hacer entonces, las enseñanzas que debía haber dado a todos sobre mi Voluntad, te las he dado a ti, así que con hacerlas conocer no es otra cosa que suplir a lo que debía hacer Yo estando en la tierra, como cumplimiento de mi venida. Entonces, ¿no quieres tú que cumpla la finalidad de mi venida a la tierra? Por eso déjame hacer a Mí, Yo vigilaré todo y dispondré todo, tú sígueme y estate en paz".

+ + + +

13-4
Junio 6, 1921

### El milagro más grande que Dios puede hacer, es que un alma viva de su Fiat.

(1) Estaba perdiéndome en el Santo Querer de Jesús bendito y pensaba entre mí: "¿Cuál será más grande, más variada, más múltiple, la obra de la Creación o la obra de la Redención?" Y mi siempre amable Jesús me ha dicho:

(2) "Hija mía, la obra Redimiente es más grande, más variada y múltiple que la obra de la Creación, tan es más grande, que cada acto de la obra Redimiente son mares inmensos que circundan la obra de la Creación, la cual, circundada por la obra Redimiente, no es más que pequeños riachuelos circundados por los vastísimos mares de la obra Redimiente. Ahora, quien vive en mi Voluntad, quien toma por vida mi Fiat Voluntas Tua, corre en estos mares inmensos de la obra Redimiente, se difunde y se ensancha junto, en modo que supera la misma obra de la Creación, por eso únicamente la vida de mi Fiat puede dar verdadero honor y gloria a la obra de la Creación, porque mi Fiat se multiplica, se extiende dondequiera, no tiene limites; en cambio la obra de la Creación tiene sus límites y no se puede hacer más grande de lo que es.

(3) Hija mía, el más grande milagro que puede obrar mi omnipotencia, es que un alma viva de mi Fiat. ¿Te parece poco que mi Voluntad santa, inmensa, eterna, descienda en una criatura, y poniendo juntas mi Voluntad con la suya la pierdo en Mí y me hago vida de todo el obrar de la criatura, aun de las más pequeñas cosas? Así que su latido, la palabra, el pensamiento, el movimiento, el respiro, es del Dios viviente en la criatura; esconde en ella Cielo y tierra y aparentemente se ve una simple criatura. Gracia más grande, prodigio más portentoso, santidad más heroica no podría dar que mi Fiat. Mira, la obra de la Creación es grande, la obra de la Redención es más grande aún, pero mi Fiat, el hacer vivir a la criatura en mi Voluntad supera a la una y a la otra, porque en la Creación mi Fiat creó y puso fuera mis obras, pero no quedó como centro de vida en las cosas creadas; en la Redención, mi Fiat quedó como centro de vida en mi Humanidad, pero no quedó como centro de vida en las criaturas, es más, si su voluntad no se adhiere a la mía, dejan inútiles los frutos de mi Redención; en cambio mi Fiat, al hacer vivir a la criatura en mi Querer, Yo quedo como centro de vida de la criatura, y por eso te repito, como otras veces, que mi Fiat Voluntas Tua será la verdadera gloria de la obra de la Creación, y el cumplimiento de los copiosos frutos de la obra de la Redención. He aquí la causa por la que no quiero otra cosa de ti, sino que mi Fiat sea tu vida, que no mires otra cosa que mi Querer, porque quiero ser centro de tu vida".

+ + + +

13-5
Junio 12, 1921

**Donde encuentre su Vida, Dios se detendrá y morará ahí por siempre, y entonces se reposará no en la obra de la Creación, sino en su misma Vida. El alma debe ser centro del Divino Querer.**

(1) Continuando mi habitual estado, mi siempre amable Jesús continúa hablándome de su Santo Querer diciéndome:

(2) "Querida hija mía, parto de mi Voluntad, Yo no te quiero cielo tachonado de estrellas, me agradaría, encontraría mi obra, pero no me satisfacería, porque no me encontraría a Mí mismo; no te quiero sol, si bien me agradaría, encontraría la sombra de mi luz y de mi calor, pero no encontrando mi Vida pasaría de largo; no te quiero tierra llena de flores, de plantas y de frutos, pues si bien me podría agradar porque encontraría el aliento de mis perfumes, las huellas de mi dulzura, la maestría de mi mano creadora, en suma, encontraría mis obras pero no mi Vida, por eso pasaría delante a todo, continuaría girando sin detenerme, ¿para encontrar qué cosa? Mi Vida. ¿Y dónde encontraré esta mi Vida? En el alma que vive de mi Voluntad. He aquí por qué no te quiero ni cielo, ni sol, ni tierra florida, sino centro de mi Querer. Donde encuentre mi Vida me detendré y ahí habitaré por siempre, y entonces estaré contento, me reposaré no en mi obra como en la Creación, sino en mi misma Vida.

(3) Has de saber que tu vida debe ser el Fiat, mi Fiat te sacó a la luz, y cual noble reina llevando en tu seno al Fiat Creador, debes caminar el campo de la vida sobre las alas del mismo Fiat, arrojando por todas partes la semilla de mi Voluntad, para poder formar otros tantos centros de mi Vida sobre la tierra, y después volver en mi mismo Fiat al Cielo. Seme fiel y mi Voluntad te será vida, mano para conducirte, pies para caminar, boca para hablar, en suma, se sustituirá a todo".

+ + + +

13-6
Junio 20, 1921

**Semejanza entre el sol y quien vive del Divino Querer.**

(1) Encontrándome en mi habitual estado, mi siempre amable Jesús ha venido, ero todo majestad y amor; me ha tomado la mano derecha con la suya y acercándose a mi corazón me lo ha besado; después, con ambas manos me ha tomado mi cabeza durante algunos momentos. ¿Quién puede decir lo que me sentía infundir? Sólo Él puede decir lo que infundía en mí. Después me ha dicho:

(2) "Hija de mi Querer, mi Querer te llena, y para custodiar mi Querer en ti me ofrezco Yo mismo como custodia de mi misma Voluntad. Es tan grande el don que he puesto en ti, que no quiero dejarlo a merced tuya, porque no tendrías atención suficiente para custodiarlo, por eso no sólo estaré como defensa, sino que te ayudaré a que se derrame fuera de ti, de manera que donde quiera se verá la marca de mi Voluntad".

(3) Después ha agregado: "Quien vive en mi Querer debe ser como centro de todo; mira el sol en lo alto, en el cielo se ve el centro de su luz, su circunferencia, pero la luz y el calor que expande tocan y llenan toda la tierra, haciéndose vida y luz de toda la naturaleza; así quien vive en mi Querer debe vivir como fundido en mi mismo centro, el cual es vida de todo; estas almas son más que sol, son luz, calor y fecundidad de todos los bienes, así que quienes no viven del todo en mi Querer, se pueden llamar plantas, flores, árboles, que reciben luz, calor, fecundidad y vida de estos soles, y viviendo en lo bajo están sujetos a crecer y a decrecer, están expuestos a los vientos, a las heladas, a las tempestades, en cambio quien vive en mi Querer, como sol tiene la primacía sobre todo, triunfa y conquista todo, y mientras él toca todo y se hace vida de todo, él es intangible, no se deja tocar por ninguno, porque viviendo en lo alto ninguno lo puede alcanzar".

+ + + +

13-7
Junio 28, 1921

**Las almas que viven en el Divino Querer, lo**

**que hace Dios hacen ellas. El verdadero reinar
es no estar excluido de ninguna cosa creada por Dios.**

(1) Me estaba poniendo toda en el Divino Querer y mi dulce Jesús me ha dicho:

(2) "Hija mía, las almas que viven en mi Querer son el reflejo de todos y de todo, y como reflejan en todo, por consecuencia reciben el reflejo de todos, y como mi Voluntad es vida de todo, ellas en mi Querer corren a dar vida a todo, así que también las cosas inanimadas y los vegetales reciben sus reflejos, y ellas reciben el reflejo de todo lo creado, armonizan en mi Querer con todas las cosas creadas por Mí, en mi Querer dan a todos, son amigas y hermanas con todos, y reciben amor y gloria de todos. Mi Querer me las vuelve inseparables, y por eso lo que hago Yo lo hacen ellas, mi Querer no sabe hacer cosas diferentes de Mí. El reino de mi Voluntad es reinar, por eso todas ellas son reinas, pero el verdadero reinar es no estar excluido de ninguna cosa creada por Mí".

+ + + +

13-8
Julio 14, 1921

**Así como el sol forma la vida de toda la naturaleza,
el Divino Querer forma la vida de las almas.**

(1) Mi voluntad nadaba en el Querer Eterno, y una luz incomprensible me hacía comprender y me decía:

(2) "Hija mía, para quien vive en mi Voluntad sucede como a la tierra que está expuesta al sol; el sol, rey de todo lo creado está por encima de todo, y toda la naturaleza parece que mendiga del sol lo que forma su vida, su belleza, su fecundidad: La flor mendiga del sol su belleza, su colorido, su perfume, y conforme va brotando y abriéndose, así abre la boca para recibir del sol el calor y la luz para

colorearse, perfumarse y formar su vida; las plantas mendigan del sol la madurez, la dulzura, el sabor; todas las cosas mendigan del sol su vida.

(3) Mi Querer es más que sol, y conforme el alma entra en sus ardientes rayos, así recibe la vida, y al ir repitiendo sus actos en mi Querer, así recibe, ahora mi belleza, ahora mi dulzura y fecundidad, ahora mi bondad y santidad, así que cada vez que entra en los rayos de mi Querer, tantas cualidades divinas de más recibe. ¡Oh! cuántas variadas bellezas adquiere, cuánta vivacidad de colores, cuántos perfumes, si esto pudiera ser visto por las demás criaturas, formaría su paraíso en la tierra, tal es la belleza de estas almas, ellas son mis reflectores, mis verdaderas imágenes".

+ + + +

13-9
Julio 20, 1921

### Semejanza entre el agua y la Divina Voluntad.

(1) Continuando mi habitual estado me sentía muy amargada y decía entre mí: "Sólo tu Querer me queda, no tengo nada más, todo ha desaparecido". Y mi dulce Jesús moviéndose en mi interior me ha dicho:

(2) "Hija mía, mi Voluntad es lo único que te debe quedar, Ella está simbolizada por el agua, que mientras se ve abundante en los mares, en los ríos, en los pozos, en el resto de la tierra se ve como si el agua no estuviera, sin embargo no hay punto de la tierra que no esté impregnado por el agua, no hay edificios en los cuales el agua no haya sido el primer elemento para edificarlos, no hay alimento en el que el agua no tenga su lugar primario, de otra manera sería alimento árido que el hombre ni siquiera podría deglutir. Es tal y tanta la fuerza que contiene el agua, que si tuviera el campo libre para salir del lecho del mar, devastaría y abatiría toda la tierra. Más que agua es mi Voluntad; es verdad que en ciertos puntos, épocas y

circunstancias ha estado como represa en vastísimos mares, ríos y pozos, pero no hay cosa, de la más grande a la más pequeña, en la cual mi Voluntad no corra y no tenga el puesto primario, pero como escondida, como está escondida el agua en la tierra, que aunque no aparece, es ella la que hace vegetar las plantas y da la vida a las raíces. Pero cuando mi amor haga despuntar la era de mi Voluntad, la nueva era del máximo beneficio sobre las criaturas, entonces se desbordarán los mares, los ríos de mi Querer, y poniendo fuera sus olas gigantescas arrollarán todo en mi Querer, pero no más como escondido, sino que sus olas fragorosas se harán ver por todos y tocarán a todos, y quien quiera resistir a la corriente estará en peligro de perder su vida.

(3) Ahora, habiéndote quedado sólo mi Querer, eres como el agua que tiene su lugar primario sobre todos los bienes, y en todas las cosas, en el Cielo y en la tierra, y cuando mi Querer salga de sus playas, tu querer fundido en el mío tendrá su primado. ¿Qué más quieres?"

+ + + +

13-10
Julio 26, 1921

### El Querer Divino es más que vida del alma

(1) Mi dulce Jesús continúa hablándome de su Santo Querer:

(2) "Hija mía, si el sol es el rey del universo, si con su luz simboliza mi majestad y con su calor mi amor y mi justicia, que cuando encuentra la tierra que no quiere prestarse a su fecundidad, con su aliento ardiente la termina de secar y volverla estéril; el agua se puede decir reina de la tierra, porque simbolizando a mi Voluntad no hay punto donde no entre, ni hay criatura que pueda estar sin Ella; tal vez sin el sol se pueda vivir, pero sin el agua ninguno, ella entra en todo, hasta en las venas, en las vísceras humanas, como en las profundas entrañas de la tierra, ella en mudo silencio hace su curso

continuado, se puede decir que el agua no sólo es reina, sino que es como el alma de la tierra, sin el agua la tierra sería como un cuerpo muerto. Tal es mi Voluntad, no sólo es reina, sino es más que alma de todas las cosas creadas, es vida de cada latido, de cada fibra del corazón. Mi Querer, como agua corre en todo, ahora silencioso y escondido, ahora palpitante y visible. El hombre se puede sustraer de mi luz, de mi amor, de mi gracia, pero de mi Voluntad jamás, sería como uno que quisiera vivir sin agua, es verdad que puede haber algún loco que odie el agua, pero a pesar de que la odie, que no la ame, estará obligado a beberla, o el agua o la muerte. Así es de mi Voluntad, siendo vida de todo, las criaturas, o la tendrán con ellas con amor o con odio, pero a pesar de todo estarán obligadas a hacer correr mi Querer en ellas, como la sangre en las venas, y quien quisiera sustraerse de mi Querer sería como suicidar la propia alma; pero mi Querer no lo dejaría, seguiría sobre él el curso de la justicia, no habiendo podido seguir sobre él el curso de los bienes que contiene mi Querer. Si el hombre supiera qué significa hacer o no hacer mi Voluntad, todos temblarían de espanto al solo pensamiento de sustraerse por un solo instante de mi Querer".

+ + + +

13-11
Agosto 9, 1921

### Efectos de los actos hechos en el Divino Querer

(1) Continuando mi habitual estado, me he encontrado fuera de mí misma en medio de un vastísimo mar y veía una máquina, que conforme se movía el motor, así el agua brotaba por todas las partes de la máquina, que elevándose hasta el cielo estas oleadas de agua cubrían a todos los santos y ángeles, y llegando hasta el trono del Eterno se derramaban con ímpetu a sus pies y después descendían de nuevo al fondo del mismo mar. Yo he quedado maravillada al ver esto y decía entre mí: "¿Qué será esta máquina?" Y una luz que venía del mismo mar me ha dicho:

(2) "El mar es mi Voluntad, la máquina es el alma que vive en mi Querer, el motor es la voluntad humana que obra en el Divino Querer. Cada vez que el alma hace sus intenciones especiales en mi Querer, el motor pone en movimiento la máquina, y como mi Voluntad es vida de los bienaventurados, como también lo es de la máquina, no es maravilla que mi Voluntad, que brota de esta máquina, entre en el Cielo y resplandezca de luz, de gloria, derramándose sobre todos, hasta en mi trono y después descienda de nuevo en el mar de mi Voluntad en la tierra para bien de los viadores. Mi Voluntad está por todas partes, y los actos hechos en mi Voluntad corren por todas partes, en el Cielo y en la tierra; corren al pasado, porque mi Voluntad existía; al presente, porque nada ha perdido de su actividad; al futuro, porque existirá eternamente. Cómo son bellos los actos en mi Voluntad, y así como mi Voluntad contiene siempre nuevos contentos, así estos actos son los nuevos contentos de los mismos bienaventurados, son los suplentes de los actos de los santos que no han sido hechos en mi Querer, son las nuevas gracias de todas las criaturas".

(3) Después he quedado toda afligida porque no había visto a mi dulce Jesús, y Él, moviéndose en mi interior, me ha estrechado en sus brazos diciéndome:

(4) "Hija mía, ¿por qué tan afligida? ¿No soy Yo mismo el mar?"

+ + + +

13-12
Agosto 13, 1921

### La tristeza no entra en la Divina Voluntad. La Divina Voluntad contiene la sustancia de todas las alegrías, la fuente de todas las felicidades.

(1) Me sentía muy afligida, y mi amable Jesús moviéndose en mi interior me ha dicho:

(2) "Hija mía, ánimo, no te quiero afligida, porque en quien vive en mi Voluntad aflora sobre todo su ser la sonrisa del Cielo, el contento de los bienaventurados, la paz de los santos. Mi Voluntad contiene la sustancia de todas las alegrías, la fuente de todas las felicidades, y quien vive en mi Querer, aun en el dolor siente mezclados juntos, dolor y alegría, lágrimas y sonrisas, amargura y dulzura; el contento es inseparable de mi Voluntad. Tú debes saber que conforme piensas en mi Voluntad, conforme hablas, conforme obras, conforme amas, etc., tantos hijos pares a mi Querer por cuantos pensamientos haces, por cuantas palabras dices, por cuantas obras y actos de amor emites; estos hijos se multiplican al infinito en mi Querer y giran por el Cielo y por toda la tierra, llevando al Cielo nueva alegría, nueva gloria y contento, y a la tierra nueva gracia, girando por todos lo corazones les llevan mis suspiros, mis gemidos, las súplicas de su Madre que los quiere salvos y que les quiere dar su Vida. Ahora, estos hijos, partos de mi Querer, para ser reconocidos como hijos míos, deben semejar, tener los mismos modos de la Madre que los ha parido; si se ven tristes serán echados fuera del Cielo y se les dirá: "En nuestra morada no entra la tristeza". Y a las criaturas no les harán impresión, porque viéndolos tristes dudarán que sean verdaderos hijos legítimos de mi Querer, y además, quien es triste no tiene la gracia de insinuarse en los demás, de vencerlos y dominarlos; quien es triste no es capaz de heroísmo ni de darse para bien de todos. Muchas veces estos hijos quedan abortados o mueren en el parto, sin salir a la luz del Divino Querer".

+ + + +

13-13
Agosto 20, 1921

**Los actos hechos en el Divino Querer son nuevos cielos de amor y de gloria.**

(1) Continuando mi estado de privación y de amargura indecible, mi amado Jesús ha venido y circundándome con sus brazos me ha dicho:

(2) "Hija mía, hija de mi Querer, Yo amo tanto a quien vive en mi Voluntad, que me hago custodio y lo tengo defendido en mis mismos brazos. Soy celoso de que ni siquiera uno de sus actos quede perdido, porque en cada acto está comprometida mi misma Vida. El Fiat hizo salir la Creación y del Fiat recibe continua conservación, si mi Fiat se retirara se resolvería en la nada, y si se conserva íntegra, sin cambiarse, es porque del Fiat no se ha salido, pero Yo un nuevo Fiat no lo he repetido, de otra manera saldrían otros nuevos cielos, otros nuevos soles y estrellas, uno diferente del otro; pero en el alma que vive en mi Querer no es un solo Fiat, sino repetidos Fiat, por lo cual conforme el alma obra en mi Querer, Yo repito el Fiat y se extienden nuevos cielos, nuevos soles y estrellas, y como el alma contiene una inteligencia, estos cielos son nuevos cielos de amor, de gloria, de luz, de adoración, de conocimiento, que forman tal variedad de bellezas que Yo mismo quedo raptado; todo el Cielo, los santos, los ángeles, no saben separar la mirada, porque mientras están mirando la variedad de los cielos que contiene, otros nuevos se extienden, el uno más bello que el otro, ven la patria celestial reproducida en el alma que vive en mi Querer, la multiplicidad de las cosas nuevas se multiplican al infinito. ¿Cómo no debo tener custodiada esta alma y ser sumamente celoso de ella, si uno solo de sus actos vale mucho más que la misma Creación? Porque el cielo, el sol, son sin inteligencia, por eso, por parte de ellos no tienen ningún valor, todo el valor es mío; en cambio para quien vive en mi Querer, conteniendo una inteligencia, está su querer que corre en el mío, y la potencia de mi Fiat se sirve de él como materia para extender estos nuevos cielos, así que, conforme el alma obra en mi Querer, me da el deleite de formar nuevas creaciones. Estos actos son el cumplimiento, el desarrollo de la Vida de mi Voluntad, los prodigios de mi Querer, mi Fiat repetido, ¿cómo no debo amar a esta alma?

+ + + +

13-14
Agosto 25, 1921

## Por cuanto más conocimiento se tiene del Divino Querer, tanto más valor adquieren los actos.

(1) Estaba toda fundiéndome en el Santo Querer Divino, y mi Jesús me ha dicho:

(2) "Hija de mi Querer, cuantas veces de más te sumerges en mi Querer, tanto más se ensancha el círculo de tu voluntad en la mía. Es verdad que los actos hechos en mi Querer llenan todo, como la luz del sol llena la tierra, pero con el repetir los actos en mi Querer se ensancha la circunferencia del mismo sol, y el alma adquiere mayor intensidad de luz y de calor; y conforme repite sus actos en mi Querer, tantas veces queda anudada su voluntad a la mía, y estos nudos hacen correr tantos ríos divinos sobre toda la tierra, que impiden el libre curso a la justicia".

(3) Y yo: "Sin embargo, oh mi Jesús, muchos flagelos llenan la tierra, tanto de hacer estremecer".

(4) Y Él: "¡Ah, hija mía, sin embargo se puede decir que es nada aún! Y si no fuera por estos ríos, por estos nudos de la voluntad humana hechos en la Voluntad Divina, Yo miraría la tierra como si no me perteneciera más, y entonces haría abrir vorágines por todas partes para tragársela. ¡Oh, cómo me pesa la tierra!"

(5) Pero lo decía con tal amargura de hacer llorar a las piedras. Luego ha agregado:

(6) "Cada vez que te hablo de mi Querer y tú adquieres nuevos conocimientos, tanto más valor tiene tu acto en mi Querer y más riquezas inmensas adquieres. Sucede como con alguno que tiene una joya y sabe que ésta tiene un valor de un centavo; él es rico en un centavo. Ahora, sucede que hace ver su joya por un experto, y éste le dice que su joya tiene un valor de cinco mil liras; entonces ya no posee un centavo, sino que es rico en cinco mil liras. Después de algún tiempo tiene ocasión de hacer ver su joya por otro perito

más experto, y él le asegura que su joya tiene un valor de cien mil liras y que está dispuesto a comprarla si es que la quiere vender; ahora es rico en cien mil liras. Según conoce el valor de su joya, así se hace más rico y siente mayor amor y estima por su joya; la tiene guardada con mayor cuidado sabiendo que es toda su fortuna, mientras que antes la tenía como una cosa de nada. No obstante la joya no ha cambiado, ha quedado tal como era, el cambio se ha realizado en él con saber el valor que la joya contiene. Así sucede de mi Voluntad, como también de las virtudes, según el alma comprende su valor, adquiere mayor conocimiento sobre ella, así viene a adquirir nuevos valores y nuevas riquezas en sus actos. Así que por cuanto más conozcas de mi Voluntad, tanto más tu acto adquirirá su valor. ¡Oh, si supieras qué mares de gracias Yo abro entre tú y Yo cada vez que te hablo de los efectos de mi Querer, te morirías de felicidad y harías fiesta como si hubieses adquirido nuevos reinos para dominar!"

+ + + +

13-15
Septiembre 2, 1921

**Quien sale del Divino Querer va al encuentro de todas las miserias. Un conocimiento de más prepara al alma a un conocimiento mayor.**

(1) Me estaba lamentando con mi dulce Jesús por estos benditos escritos que quieren divulgar, y me sentía como si quisiera sustraerme de su Querer, y mi dulce Jesús me ha dicho:

(2) "Hija mía, ¿cómo? ¿Quisieras sustraerte de mi Querer? Demasiado tarde, después de haberte atado tú misma en mi Voluntad, Ella para tenerte más segura te ha atado con dobles cadenas. Has vivido como reina en mi Voluntad, te has habituado a vivir con alimentos delicadísimos y sustanciosos, no dominada por ninguno sino dominadora de todo, hasta de ti misma; estás habituada a vivir con todas las comodidades, inmersa en inmensas

riquezas. Si tú sales de mi Voluntad, de inmediato sentirías la miseria, el frío, el dominio perdido, todos los bienes te desaparecerán y de reina te convertirás en vilísima sierva. Así que tú misma, advirtiendo el gran contraste que hay entre el vivir en mi Querer y el salir fuera de Él, te arrojarías más al fondo de mi Voluntad, por eso te digo: "Demasiado tarde". Además me quitarías un gran contento; tú debes saber que Yo he hecho contigo como un rey que quiere amar a un amigo muy desemejante de él en la condición, pero es tanto su amor, que ha decidido hacerlo semejante a él. Ahora, este rey no puede hacer todo de un solo golpe y hacer al amigo rey como él mismo, sino que lo hace poco a poco, primero le prepara la morada real semejante a la suya, después le manda los ornamentos para adornar el palacio, le forma un pequeño ejército, a continuación le da la mitad del reino, de modo que puede decir: "Lo que posees tú poseo yo, rey soy yo, rey eres tú". Pero cada vez que el rey le daba sus dones, veía su fidelidad, y el darle el don le era ocasión de nuevo contento, de mayor gloria suya y honor, y de una nueva fiesta. Si el rey hubiera querido dar al amigo de un solo golpe todo lo que le ha dado poco a poco, habría incomodado y turbado al amigo porque no estaba adiestrado a saber dominar, pero poco a poco, con su fidelidad, ha venido instruyéndose y todo le resulta fácil.

(3) Así he hecho contigo. Habiéndote elegido en modo especial a vivir en la altura de mi Voluntad, poco a poco te he instruido haciéndotela conocer, y conforme te la hacía conocer ensanchaba tu capacidad y la preparaba a un conocimiento mayor, y cada vez que te manifiesto un valor, un efecto de mi Querer, Yo siento por ello un contento mayor y junto con el Cielo hago fiesta. Ahora, conforme salen fuera estas mis verdades, tú duplicas mis contentos y mis fiestas, por eso déjame hacer a Mí, tú profundízate más en mi Querer".

+ + + +

13-16
Septiembre 6, 1921

**Conforme se conocen las verdades, así se forma nueva unión con Jesús. Jesús quiere hacer conocer lo que hacía su Voluntad en su Humanidad para hacer herederas a las nuevas generaciones de su Voluntad, de los efectos, del valor que Ella contiene.**

(1) Estaba fundiéndome toda en el Santo Querer de mi dulce Jesús, y le decía: "Amor mío, entro en tu Querer y aquí encuentro todos los pensamientos de tu mente y todos los de las criaturas, y yo hago corona con mis pensamientos y con los de todos mis hermanos en torno a los tuyos, y después los uno todos y hago de todos uno solo, para darte el homenaje, la adoración, la gloria, el amor, la reparación de tu misma inteligencia". Y mientras esto decía, mi Jesús se ha movido en mi interior y poniéndose de pie me ha dicho:

(2) "Hija inseparable de mi Voluntad, cómo estoy contento al oír repetir lo que hacía mi Humanidad en mi Voluntad, y Yo beso tus pensamientos en los míos, tus palabras en las mías, tu latido en el mío".

(3) Y mientras esto decía me cubría toda de besos. Luego le dije: "Vida mía, ¿por qué gozas tanto y haces fiesta cada vez que manifiestas otro efecto de tu Voluntad?"

(4) Y Jesús: "Tú debes saber que cada vez que te manifiesto una verdad de más sobre mi Voluntad, es una unión de más que formo entre tú y Yo y con toda la familia humana; es una unión mayor, un vínculo más estrecho, es un mayor participar en mi herencia, y conforme las manifiesto formo la escritura de donación, y viendo a mis hijos más ricos y que toman parte en la herencia, siento nuevos contentos y hago fiesta. Me sucede a Mí como a un padre, el cual posee muchas posesiones, pero estas posesiones no son conocidas por los hijos, así que no saben que son hijos de un padre tan rico. Ahora, el padre, llegados los hijos a edad mayor, día tras día les va diciendo que posee tal y tal hacienda; los hijos al oírlo hacen fiesta y se estrechan con un mayor vínculo de amor en torno al padre; éste,

al ver la fiesta de los hijos, hace también fiesta y les prepara una sorpresa mayor y les dice: Tal provincia es mía, luego tal reino. Los hijos quedan encantados y no sólo hacen fiesta, sino que se sienten afortunados de ser hijos de un tal padre. Pero el padre no sólo hace conocer sus posesiones a los hijos, sino que los constituye herederos de sus bienes. Así me sucede a Mí, hasta ahora he hecho conocer lo que hizo mi Humanidad, sus virtudes, sus penas, para constituir a la familia humana heredera de los bienes de mi Humanidad, pero ahora quiero ir más allá, quiero hacerles conocer lo que hacía mi Voluntad en mi Humanidad para constituir herederas de mi Voluntad, de los efectos, del valor que Ella contiene a las nuevas generaciones, por eso sé atenta en escucharme y no pierdas nada de los efectos y del valor de mi Voluntad, para que puedas ser fiel relatora de estos bienes y primer vínculo de unión con mi Querer y de comunicación para las demás criaturas".

+ + + +

13-17
Septiembre 14, 1921

### Cada vez que el alma hace sus actos en la Divina Voluntad, así crece siempre más en santidad.

(1) Continuando mi habitual estado, mi siempre amable Jesús al venir me ha dicho:

(2) "Hija mía, cada vez que el alma hace sus actos en mi Voluntad, crece siempre más ante Mí en sabiduría, en bondad, potencia y belleza, porque conforme va repitiendo los actos en mi Voluntad, tantos bocados toma de sabiduría, de bondad, etc., y el alma crece de aquel alimento del cual se alimenta, por eso de Mí está escrito en el santo Evangelio que crecía en sabiduría ante Dios y ante los hombres; como Dios no podía ni crecer ni decrecer, mi crecer no era otra cosa que mi Humanidad, que conforme crecía en los años venía a multiplicar mis actos en el Querer Supremo, y un acto de más que hacía era un crecer de más en la Sabiduría de mi Padre Celestial, y

era tan verdadero este mi crecimiento, que aun las criaturas lo notaban. Cada acto mío corría en el mar inmenso de la Voluntad Divina, y conforme obraba me nutría de este alimento celestial; sería demasiado extenso el decirte los mares de sabiduría, de bondad, de belleza, de potencia que recibía mi Humanidad en cada acto de más que hacía, así le sucede al alma. Hija mía, la santidad en mi Voluntad crece a cada instante, no hay cosa que se escape del crecer y que el alma no pueda hacer correr en el mar infinito de mi Voluntad; las cosas más indiferentes, el sueño, el alimento, el trabajo, etc., pueden entrar en mi Querer y tomar en Él su puesto de honor como obras de mi Querer; sólo conque el alma lo quiera, y todas las cosas, desde las más grandes hasta las más pequeñas pueden ser ocasiones para entrar en mi Querer, lo que no sucede con las virtudes, porque las virtudes si se quieren ejercitar, muchas veces falta la ocasión, si se quiere ejercitar la obediencia, se necesita a alguien que dé órdenes, y puede suceder que por días y por semanas falte quien dé nuevas órdenes para hacerla obedecer, y entonces, por cuanta buena voluntad tenga de obedecer, la pobre obediencia quedará ociosa; así de la paciencia, la humildad y todas las demás virtudes, pues como son virtudes de este bajo mundo, se necesita a las otras criaturas para ejercitarlas, en cambio mi Voluntad es virtud de Cielo, y Yo solo basto para tenerla a cada instante en continuo ejercicio, para Mí es fácil mantenerla tan elevada, así de noche o de día, para tenerla ejercitada en mi Querer".

+ + + +

13-18
Septiembre 16, 1921

**Jesús al obrar formaba nuestras obras en el Divino Querer.**

(1) Estaba haciendo la hora de la Pasión cuando mi dulce Jesús se encontraba en el palacio de Herodes vestido de loco, recibiendo burlas, y mi siempre amable Jesús, haciéndose ver me ha dicho:

(2) "Hija mía, no solamente en aquel momento fui vestido de loco, escarnecido y recibí burlas, sino que las criaturas continúan dándome estas penas, más bien estoy bajo continuas burlas y por toda clase de personas. Si una persona se confiesa y no mantiene sus propósitos de no ofenderme, es una burla que me hace; si un sacerdote confiesa, predica, administra Sacramentos, y su vida no corresponde a las palabras que dice y a la dignidad de los Sacramentos que administra, tantas burlas me hace por cuantas palabras dice, por cuantos Sacramentos administra; y mientras Yo en los Sacramentos les doy la vida nueva, ellos me dan escarnios, burlas, y al profanarlos me preparan la vestidura para vestirme de loco; si los superiores ordenan a sus inferiores sacrificios, oración, virtud, desinterés, y ellos llevan una vida cómoda, viciosa, interesada, son tantas burlas que me hacen; si las cabezas civiles y eclesiásticas quieren la observancia de las leyes, y ellos son los primeros transgresores, son burlas que me hacen. ¡Oh, cuántas burlas me hacen! Son tantas que estoy cansado de ellas, especialmente cuando bajo apariencia de bien ponen el veneno del mal, ¡oh! cómo hacen de Mí un juego, como si Yo fuera su juguete y su pasatiempo, pero mi justicia tarde o temprano se burlará de ellos castigándolos severamente. Tú reza y repárame estas burlas que tanto me duelen, y que son la causa por la que no puedo hacer conocer quién soy Yo".

(3) Después, habiendo venido nuevamente, y como yo estaba fundiéndome toda en el Divino Querer, me ha dicho:

(4) "Hija queridísima de mi Querer, Yo estoy esperando con ansia tus fusiones en mi Voluntad; tú debes saber que conforme Yo pensaba en mi Voluntad, así iba modelando tus pensamientos en Ella, preparándoles su lugar; al obrar, modelaba tus obras en mi Querer, y así de todo lo demás. Ahora, lo que Yo hacía no lo hacía para Mí, porque no tenía necesidad, sino para ti, y por eso te espero en mi Voluntad para que vengas a tomar los lugares que te preparó mi Humanidad, y sobre las obras que preparé ven a hacer las tuyas, y entonces por ello estaré contento y recibiré completa gloria cuando te vea hacer lo que Yo hice".

+ + + +

13-19
Septiembre 21, 1921

## Dios quiere dar sus bienes a sus hijos.
## El obrar en la Divina Voluntad es día.

(1) Encontrándome en mi habitual estado, mi siempre amable Jesús al venir me ha dicho:

(2) "Hija mía, en qué dolorosas condiciones me ponen las criaturas. Yo soy como un padre riquísimo y que ama sumamente a sus hijos, pero sus hijos son sumamente ingratos, porque mientras el padre quiere vestirlos, éstos rechazan las vestiduras y quieren quedar desnudos; el padre les da el alimento, y éstos quieren quedar en ayunas, y si comen, se alimentan de alimentos sucios y viles; el padre les dona sus riquezas, los quiere tener a su alrededor, les da su misma habitación, y los hijos nada quieren aceptar y se contentan con andar errantes, sin techo y pobres. ¡Pobre padre, cuántos dolores, cuántas lágrimas no derrama! Sería menos infeliz si no tuviera qué dar, pero el tener los bienes y no tener qué hacer con ellos, y ver perecer a sus hijos, esto es un dolor que supera a cualquier dolor. Tal soy Yo, quiero dar y no hay quién tome, así que las criaturas son causa de hacerme derramar lágrimas amargas y de tener un dolor continuo; ¿pero sabes tú quién enjuga mis lágrimas y me cambia el dolor en alegría? Quien quiere estar siempre junto Conmigo, quien toma con amor y con filial confianza mis riquezas, quien se alimenta a mi misma mesa y quien se viste con mis mismos vestidos; a estos Yo doy sin medida, son mis confidentes y los hago reposar sobre mi mismo seno".

(3) Después de esto me he encontrado fuera de mí misma, y veía surgir nuevas revoluciones entre partidos y partidos, y cómo estas serán causa de mayores combates, y mi dulce Jesús me ha dicho:

(4) "Hija mía, si no se forman los partidos no pueden suceder las verdaderas revoluciones, especialmente contra la Iglesia, porque si no estuviera el partido faltaría el elemento contra el cual se quisiera combatir; pero cuántos de este partido que aparentemente se dice católico son verdaderos lobos cubiertos con el manto de corderos, y darán muchos dolores a mi Iglesia; muchos creen que con este partido será defendida la religión, pero será todo lo contrario, y los enemigos se servirán de él para maldecir mayormente contra Ella".

(5) Después he regresado en mí misma, y era la hora cuando mi amado Jesús salía de la prisión y era llevado de nuevo ante Caifás, [3] yo he tratado de acompañarlo en este misterio, y Jesús me ha dicho:

(6) "Hija mía, cuando fui presentado ante Caifás era pleno día, y era tanto el amor que Yo tenía hacia las criaturas, que salía en este último día ante el pontífice todo deformado, llagado, para recibir la condena de muerte; pero cuantas penas debía costarme esta condena, y Yo estas penas las convertía en días eternos, con los cuales circundaba a cada una de las criaturas, a fin de que alejándole las tinieblas, cada una encontrara la luz necesaria para salvarse y ponía a su disposición mi condena de muerte para que encontraran en ella su vida. Así que cada pena y cada bien que Yo hacía, era un día de más que daba a la criatura; y no sólo Yo, sino también el bien que hacen las criaturas es siempre día que forman, así como el mal es noche. Sucede como cuando una persona tiene una luz y se encuentran cerca de ella diez, veinte personas, a pesar de que la luz no es de todas, sino de una sola, las otras gozan de la luz, pueden trabajar, leer, y mientras ellas se aprovechan de la luz, no hacen ningún daño a la persona que la posee. Así sucede con el bien obrar, no sólo es día para ella, sino que puede hacer el día a quién sabe cuántas otras; el bien es siempre comunicativo y mi amor no sólo me incitaba a Mí, sino que daba la gracia a las criaturas que me aman de formar tantos días en provecho de sus hermanos, por cuantas obras buenas van haciendo".

+ + + +

13-20
Septiembre 28, 1921

### Jesús es luz y todo lo que de Él sale es luz, que difundiéndose en medio de todas las criaturas se sustituye como vida de cada una de ellas.

(1) Continuando mi habitual estado, mi siempre amable Jesús se hacía ver junto a mí, con el corazón todo en llamas, y de cada latido que daba su corazón salía una luz, estas luces me circundaban toda y se difundían sobre toda la Creación. Yo he quedado sorprendida, y Jesús me ha dicho:

(2) "Hija mía, Yo soy luz eterna, y todo lo que sale de Mí es luz, así que no es solamente mi latido el que emana luz, sino cada pensamiento mío, respiro, palabra, paso, cada gota de mi sangre es luz que se desprende de Mí, y que difundiéndose en medio de todas las criaturas, se sustituye como vida de cada una de ellas, queriendo la correspondencia de sus pequeñas luces, porque también ellas son luz, pues también ellas han salido de dentro de mi misma luz, pero el pecado convierte en tinieblas el obrar de la criatura.

(3) Hija mía, amo tanto a la criatura, que la concebí en mi aliento y la parí sobre mis rodillas, para hacerla reposar sobre mi seno y tenerla al seguro, pero la criatura me huye, y Yo, no sintiéndola en mi aliento ni encontrándola sobre mis rodillas, mi aliento la llama continuamente, y mis rodillas están cansadas de esperarla y la voy buscando por todas partes para tenerla Conmigo de regreso. ¡Ah, en qué estrecheces de dolor y de amor me ponen las criaturas!"

(4) Después de esto, habiendo yo oído hablar de la humildad, estoy convencida de que esta virtud no existe en mí, ni yo pienso en ella jamás; y al venir mi dulce Jesús le he dicho mi pena, y Él me ha dicho:

(5) "Hija mía, no temas, Yo te he crecido en el mar, y quien vive en el mar no se entiende de la tierra. Si se quisiera preguntar a los peces cómo es la tierra, cómo son sus frutos, las plantas, las flores, si tuvieran razón responderían: "Nosotros hemos nacido en el mar, vivimos en el mar, el agua nos nutre, y si los demás quedarían ahogados en él, nosotros nos movemos en él y él nos da la vida, y si a los demás seres les helaría la sangre en las venas, a nosotros nos da el calor, el mar es todo para nosotros, nos sirve de habitación, de cama, paseamos en él, somos los únicos seres afortunados que no debemos fatigarnos para encontrar el alimento; lo que queremos, todo está pronto a nuestra disposición, así que podemos platicar del mar, no de la tierra; el agua nos sirve para todo y en ella encontramos todo". Pero si en cambio se les preguntara a los pájaros, éstos responderían: "Conocemos las plantas, la altura de los árboles, las flores, los frutos; dirían cuántas fatigas pasan para encontrar una semilla para alimentarse, un escondite para protegerse del frío, de la lluvia".

(6) Similitud del mar es para quien vive en mi Voluntad; similitud de la tierra es para quien camina por el camino de las virtudes. Por eso viviendo tú en el mar de mi Voluntad, no es maravilla el que sólo mi Voluntad te baste para todo; si el agua sirve y hace tantos oficios diversos a los peces: de alimento, de calor, de lecho, de habitación, de todo, mucho más lo puede hacer y en modo más admirable mi Voluntad, es más, en mi Voluntad las virtudes son en el grado más heroico y divino. Mi Voluntad absorbe todo y licua todo en Sí, y el alma queda absorbida en mi Voluntad, de Ella se alimenta, en Ella camina, sólo a Ella conoce y le basta para todo, se puede decir que entre todas las criaturas es la única afortunada que no debe mendigar un pan, no, sino que el agua de mi Voluntad la inunda por encima, por debajo, a la derecha, a la izquierda, y si quiere el alimento come, si quiere la fuerza la encuentra, si quiere dormir encuentra la cama más suave para reposarse, todo está pronto y a su disposición".

+ + + +

13-21
Octubre 6, 1921

## **El pecado es el punto negro del hombre, el estado de gracia es el punto luminoso del hombre.**

(1) Estaba rezando y adorando las llagas de mi crucificado Jesús, y pensaba entre mí: "Cómo es feo el pecado, que ha reducido a mi sumo bien a un estado tan desgarrador". Y mi siempre amable Jesús, apoyando su santísima cabeza sobre mi hombro, suspirando me ha dicho:

(2) "Hija mía, el pecado no sólo es feo, sino horrible, es el punto negro del hombre. Mientras peca sufre una transformación brutal, todo lo bello que le he dado se cubre de una fealdad horrible al verse, y no solamente el sentido que peca, sino todo el hombre corre junto, así que pecado el pensamiento, el latido, el respiro, el movimiento, el paso; la voluntad ha arrastrado al hombre a un solo punto, y de todo su ser salen densas tinieblas que lo ciegan y un aire venenoso que lo envenena, todo es negro en torno a él, todo es mortal, y cualquiera que se acerca a él se pone en un estado de peligro, horrible y espantoso, tal es el hombre en el estado de pecado".

(3) Yo he quedado aterrorizada y Jesús ha continuado:

(4) "Si horrible es el hombre en el estado de culpa, en el estado de gracia y de obrar el bien es bello; el bien, aunque sea el más pequeño, es el punto luminoso del hombre, mientras hace el bien sufre una transformación celestial, angélica y divina; su buen querer arrastra todo su ser a un solo punto, así que bien es el pensamiento, la palabra, el latido, el movimiento, el paso, todo es luz dentro y fuera de él, su aire es balsámico y vital, y cualquiera que se acerca se pone al seguro. Cómo es bella, graciosa, atrayente, amable, hermosa, el alma en gracia al hacer el bien, tanto que Yo mismo quedo enamorado, cada bien que hace es un matiz de belleza de más que adquiere, es una semejanza de más con su Creador que la

hace distinguir por hija suya, es una posesión divina que pone en comercio. Cada bien que hace son los portavoces entre el Cielo y la tierra, son los postes, los hilos eléctricos que mantienen las comunicaciones con Dios".

+ + + +
13-22
Octubre 9, 1921

**La voluntad en el hombre es lo que más semeja a su Creador. La voluntad humana es el depósito de todo el obrar del hombre.**

(1) Estaba pensando en el momento en el que mi dulce Jesús tomaba la última cena con sus discípulos, y mi amable Jesús en mi interior me ha dicho:

(2) "Hija mía, mientras cenaba con mis discípulos, no era sólo a ellos a quienes tenía a mi alrededor, sino a toda la familia humana, una por una las tenía junto a Mí, las conocí todas, las llamé por su nombre; también te llamé a ti y te di el puesto de honor entre Juan y Yo y te constituí pequeña secretaria de mi Querer, y mientras dividía el cordero ofreciéndolo a mis apóstoles, lo daba a todos y a cada uno. Aquel cordero desvenado, asado, cortado en pedazos, hablaba de Mí, era el símbolo de mi Vida y de cómo debía reducirme por amor de todos, y Yo quise darlo a todos como alimento exquisito que representaba mi Pasión, porque todo lo que hice, dije y sufrí, mi amor lo convertía en alimento del hombre, ¿pero sabes tú por qué llamé a todos y les di el cordero a todos? Porque también Yo quería el alimento de ellos, cada cosa que hicieran quería que fuese alimento para Mí, quería el alimento de su amor, de sus obras, de sus palabras, de todo".

(3) Y yo: "Amor mío, ¿cómo puede ser que se convierta en alimento para Ti nuestro obrar?"

(4) Y Jesús: "No es sólo de pan que se puede vivir, sino de todo aquello a lo que mi Voluntad da la virtud de poder hacer vivir, y si el

pan alimenta al hombre es porque Yo lo quiero. Ahora, lo que la criatura dispone con su voluntad formarme con su obrar, esa forma toma su obrar, si de su obrar quiere formarme el alimento, me forma el alimento; si de su obrar quiere formarme amor, me da el amor; si reparación, me forma la reparación; y si en su voluntad me quiere ofender, con su obrar me forma el cuchillo para herirme, y tal vez aun para matarme".

(5) Después ha agregado: "La voluntad en el hombre es lo que más lo asemeja a su Creador, en la voluntad humana he puesto parte de mi inmensidad y de mi Potencia, y dándole el puesto de honor la he constituido reina de todo el hombre y depositaria de todo su obrar. Así como las criaturas tienen cajas para conservar sus cosas para tenerlas custodiadas, así el alma tiene su voluntad para conservar y custodiar todo lo que piensa, lo que dice y lo que obra, ni siquiera un pensamiento perderá. Lo que no puede hacer con el ojo, con la boca, con las obras, lo puede hacer con la voluntad; en un instante puede querer mil bienes o mil males, la voluntad hace volar el pensamiento al Cielo, en las partes más lejanas y hasta en los abismos; a la criatura se le puede impedir que obre, que vea, que hable, pero todo esto lo puede hacer en la voluntad, y todo lo que hace y quiere forma un acto y lo deja en depósito en su mismo querer; y como la voluntad se puede extender, ¿cuántos bienes y cuántos males no puede contener? Por eso, entre todo quiero el querer del hombre, porque si tengo esto, la fortaleza está vencida".

+ + + +

13-23
Octubre 13, 1921

### Todas las palabras de Jesús son fuentes que llevan y brotan hacia la Vida eterna.

(1) Estaba oprimida al pensar que estoy obligada a decir y a escribir aun las más pequeñas cosas que el buen Jesús me dice, y al venir me ha dicho:

(2) "Hija mía, cada vez que Yo te hablo intento abrir una fuentecita en tu corazón, porque todas mis palabras son fuentes que llevan y brotan a la vida eterna, pero para formarse estas fuentes en tu corazón, tú debes poner también de lo tuyo, es decir, debes masticarlas muy bien para poderlas poner en tu corazón y abrir en él la fuente; con pensarlas y repensarlas tú formas la masticación; con decirlas a quien tiene autoridad sobre ti y siéndote asegurado que es palabra mía, tú sin duda la pasas y abres la fuente para ti, y según las ocasiones de tus necesidades, te sirves de ella y bebes a grandes sorbos en la fuente de mi verdad; con escribirlas abres los canales que pueden servir a cualquiera que quiera quitarse la sed para no dejarlo morir de sed. Ahora, con no decirlas tú no las piensas, y al no masticarlas no puedes pasarlas, por eso corres peligro de que la fuente no se forme y que el agua no brote, y cuando tengas necesidad de aquella agua, la primera en sufrir la sed serás tú, y si no escribes, no abriendo los canales, ¿de cuántos bienes no privarás a los demás?

(3) Ahora, mientras escribía pensaba entre mí: "Hace ya algún tiempo que mi dulce Jesús no me habla de su Santísima Voluntad, sino de otras verdades; yo me siento más llevada a escribir sobre su Santísimo Querer, siento más gusto y siento como si fuera cosa exclusivamente mía, y su Querer me basta para todo". Y mi siempre benigno Jesús al venir me ha dicho:

(4) "Hija mía, no te debes maravillar si sientes más gusto y te sientes más llevada a escribir sobre mi Querer, porque oír, decir, escribir sobre mi Querer es la cosa más sublime que pueda existir en el Cielo y en la tierra, es lo que más me glorifica y toma todos los bienes juntos y toda la santidad de un solo golpe, en cambio las otras verdades encierran cada una su bien distinto, se beben de sorbo en sorbo, se suben escalón por escalón, se adaptan al modo humano, en cambio mi Voluntad, es el alma la que se adapta al modo divino, no son sorbos que se beben, sino mares; no escalones que se suben, sino vuelos que en un abrir y cerrar de ojos toman el Cielo, ¡oh, mi Voluntad, mi Voluntad! Sólo al oírla de ti me trae tanta

alegría y dulzura, y sintiéndome circundado por mi Voluntad que contiene la criatura, como por otra inmensidad mía, siento tanto gusto que me hace olvidar el mal de las otras criaturas, por eso debes saber que grandes cosas te he manifestado de mi Voluntad, pero que aun no las has masticado bien y no las has digerido, de modo de tomar toda la sustancia para formar la sangre de tu alma. Cuando hayas formado toda la sustancia, regresaré de nuevo y te manifestaré otras cosas más sublimes de mi Voluntad, y mientras espero que las digieras bien, te tendré ocupada con otras verdades que me pertenecen, para que si las criaturas no se quieren servir del mar, del sol de mi Voluntad para venir a Mí, se puedan servir de las fuentecitas, de los canales para venir a Mí y tomar para su bien las cosas que me pertenecen".

+ + + +

13-24
Octubre 16, 1921

### En cuanto Jesús fue concebido, hizo renacer todas las criaturas en Él.

(1) Encontrándome en mi habitual estado, mi siempre amable Jesús me hacía ver cómo de dentro de su Santísima Humanidad salían todas las criaturas, y todo ternura me ha dicho:

(2) "Hija mía, mira el gran prodigio de la encarnación, en cuanto fui concebido y se formó mi Humanidad, así hacía renacer a todas las criaturas en Mí, así que en mi Humanidad, mientras renacían en Mí, sentía todos sus actos distintos: En la mente contenía cada pensamiento de criatura, buenos y malos, los buenos los confirmaba en el bien, los rodeaba con mi gracia, los investía con mi luz, a fin de que renaciendo de la santidad de mi mente, fueran dignos partos de mi inteligencia; los malos los reparaba, hacía la penitencia que les correspondía, multiplicaba mis pensamientos al infinito para dar al Padre la gloria por cada pensamiento de las criaturas. En mis miradas, en mis palabras, en mis manos, en mis pies y hasta en mi

corazón, contenía las miradas, las palabras, las obras, los pasos, los corazones de cada uno, y renaciendo en Mí todo quedaba confirmado en la santidad de mi Humanidad, todo reparado, y por cada ofensa sufrí una pena especial. Y habiéndolos hecho renacer a todos en Mí, los llevé en Mí todo el tiempo de mi Vida, ¿y sabes cuando los parí? Los parí sobre la cruz, en el lecho de mis acerbos dolores, entre espasmos atroces, en el último suspiro de mi Vida, y en cuanto morí, así renacían todos a nueva vida, todos sellados y marcados con todo el obrar de mi Humanidad; y no contento con haberlos hecho renacer, a cada uno le daba todo lo que Yo había hecho para tenerlos defendidos y seguros. ¿Ves qué santidad contiene el hombre? La santidad de mi Humanidad, jamás habría podido dar a luz hijos indignos y desemejantes de Mí, por eso amo tanto al hombre, porque es parto mío, pero el hombre es siempre ingrato y llega a no conocer al Padre que lo ha parido con tanto amor y dolor".

(3) Después de esto se hacía ver todo en llamas, y Jesús quedaba quemado y consumido en aquellas llamas, y no se veía más, no se veía otra cosa que fuego, pero después se veía renacer de nuevo, y después quedaba otra vez consumido en el fuego. Entonces ha agregado:

(4) "Hija mía, Yo ardo, el amor me consume, es tanto el amor, las llamas que me queman, que muero de amor por cada criatura. No fue solamente por las penas por lo que morí, sino que las muertes de amor son continuas, no obstante no hay quien me dé su amor por refrigerio".

+ + + +

13-25
Octubre 18, 1921

**La turbación del alma es noche e impide que despunte el Sol Jesús. La turbación no es otra cosa que falta de abandono en Dios.**

(1) He pasado el día distraída por algunas cosas que he escuchado y que no es necesario decirlas aquí, y también un poco turbada, y por cuanto me esforzaba no lograba liberarme. Por todo el día no he visto a mi dulce Jesús, la vida de mi alma, como si la turbación fuese un velo que poniéndose entre Él y yo impedía el poderlo ver. Entonces, ya avanzada la noche, mi mente cansada se ha calmado, y mi amable Jesús, como si estuviera esperando, se ha hecho ver y doliente me ha dicho:

(2) "Hija mía, hoy con tu turbación has impedido que el sol de mi Persona despuntara en ti, la turbación es nube entre tú y Yo que impide que los rayos desciendan en ti, y si no descienden los rayos, ¿cómo puedes ver el sol? Si supieras qué significa no hacer despuntar mi sol, el gran mal para ti y para todo el mundo, estarías muy atenta a no turbarte jamás, porque para las almas turbadas es siempre noche, y en la noche no surge el sol; en cambio para las pacíficas es siempre día, y Yo, a cualquier hora que quiera surgir mi sol, el alma está siempre pronta a recibir el bien de mi venida. Además, la turbación no es otra cosa que falta de abandono en Mí, y Yo te quiero tan abandonada en mis brazos, que ni siquiera un pensamiento debes tener de ti, Yo pensaré en todo. No temas, tu Jesús no puede hacer menos que tomar cuidado de ti, tenerte defendida de todos, me cuestas mucho, mucho he puesto en ti, sólo Yo tengo derecho sobre ti. Entonces, si los derechos son míos, la custodia será toda mía, por esto estate en paz y no temas".

+ + + +

13-26
Octubre 21, 1921

**Todo lo que Jesús hizo y sufrió está en continuo acto de darse al hombre**

(1) Estaba pensando en la Pasión de mi dulce Jesús, entonces Él, al venir me ha dicho:

(2) "Hija mía, cada vez que el alma piensa en mi Pasión, recuerda lo que he sufrido o me compadece, en ella se renueva la aplicación de mis penas, surge mi sangre para inundarla y mis llagas se ponen en camino para sanarla si está llagada, o para embellecerla si está sana, y todos mis méritos para enriquecerla. El negocio que hace es sorprendente, es como si pusiera en el banco todo lo que hice y sufrí, y de ello obtiene el doble, porque todo lo que hice y sufrí está en continuo acto de darse al hombre, así como el sol está en continuo acto de dar luz y calor a la tierra; mi obrar no está sujeto a agotarse, solamente conque el alma lo quiera, y por cuantas veces lo quiera, recibe el fruto de mi Vida, así que si se recuerda veinte, cien, mil veces de mi Pasión, tantas veces de más gozará los efectos de Ella, pero qué pocos son los que de Ella hacen tesoro. Con todo el bien de mi Pasión se ven almas débiles, ciegas, sordas, mudas, cojas, cadáveres vivientes que dan repugnancia, porque mi Pasión ha sido puesta en el olvido. Mis penas, mis llagas, mi sangre, son fuerza que quita las debilidades, luz que da vista a los ciegos, lengua que desata las lenguas y abre el oído, es medio que endereza a los cojos, vida que resucita los cadáveres. Todos los remedios necesarios a la humanidad están en mi Vida y en mi Pasión, pero la criatura desprecia la medicina y no pone atención a los remedios, por eso se ve que con toda mi Redención, el hombre perece en su estado como afectado por una tisis incurable. Pero lo que más me duele es ver a personas religiosas que se fatigan para hacer adquisición de doctrinas, de especulaciones, de historias, pero de mi Pasión, nada, así que mi Pasión muchas veces está desterrada de las iglesias, de la boca de los sacerdotes, así que su hablar es sin luz, y las gentes se quedan más en ayunas que antes".

(3) Después de esto me he encontrado de frente a un sol, cuyos rayos llovían todos sobre mí, me penetraban dentro; me sentía investida de modo que me sentía en poder del sol, su luz vibrante no me impedía mirarlo, y cada vez que lo veía sentía una alegría y una felicidad mayor; entonces, de dentro de aquel sol ha salido mi dulce Jesús y me ha dicho:

(4) "Amada hija de mi Querer, como sol te inunda mi Querer, tú no eres otra cosa que la presa, el entretenimiento, el contento de mi Querer, y conforme te sumerges en Él, así mi Querer, como rayos solares derrama en ti los perfumes de mi santidad, de mi potencia, sabiduría, bondad, etc., y como mi Querer es eterno, por cuanto más tratas de estar en Él, y hacer de Él más que vida propia, vienes a absorber en ti mi inmutabilidad e impasibilidad. La eternidad como círculo gira en torno a ti para hacer que tomes parte en todo y que nada se te escape, y esto para hacer que mi Voluntad en ti quede honrada y plenamente glorificada. A la primera hija de mi Querer quiero que nada le falte, que no le falte ningún distintivo que me pertenece y que la haga distinguirse por todo el Cielo como el primer inicio de la santidad del vivir en mi Querer. Por eso sé atenta, de mi Querer no salgas jamás, a fin de que recibas todos lo perfumes de mi Divinidad, y haciendo salir todo lo tuyo, confirme todo lo que es mío, y mi Voluntad quede como centro de vida en ti".

+ + + +

13-27
Octubre 23, 1921

**Las verdades acerca del Divino Querer, son canales que se abren desde
el mar de la Divina Voluntad para provecho de todas las criaturas.**

(1) Me sentía toda inmersa en el Querer Divino, y mi amable Jesús al venir me ha dicho:

(2) "Hija de mi Querer, mira en tu interior como corre pacífico el mar inmenso de mi Voluntad, pero no creas que este mar corre en ti desde hace poco tiempo sólo porque ahora me oyes hablar frecuentemente de mi Voluntad, sino desde hace mucho, mucho, siendo mi costumbre primero hacer y después hablar. Es verdad que tu principio fue el mar de mi Pasión, porque no hay santidad que no pase por el puerto de mi Humanidad; hay santos que quedan en

el puerto de mi Humanidad, otros pasan más allá. Pero después injerté inmediatamente el mar de mi Voluntad, y cuando te vi dispuesta y me cediste tu querer, el mío tomó vida en ti y este mar corría y crecía siempre, cada acto tuyo de más hecho en mi Querer era un crecimiento mayor; Yo poco te hablé de esto, pero nuestros quereres estaban unidos juntos y se comprendían sin hablarse, y además, con sólo vernos nos comprendíamos. Yo me hacía feliz en ti, sentía las delicias del Cielo en nada diferentes de las que me dan los santos, que mientras Yo los felicito a ellos, ellos me felicitan a Mí; porque estando inmersos en mi Querer no pueden hacer menos que darme alegrías y delicias. Pero mi felicidad no estaba completa, quería que también mis otros hijos participaran de un bien tan grande, por eso empecé a hablarte de mi Querer en modo sorprenderte, y por cuantas verdades, por cuantos efectos y valores te decía, tantos canales abría desde el mar de mi Voluntad en favor de ellos, a fin de que estos canales dieran agua abundante a toda la tierra. Mi obrar es comunicativo y siempre está en acto sin jamás detenerse, pero estos canales de las criaturas muchas veces son ensuciados, en otros arrojan piedras y el agua no corre, corre con dificultad; no es que el mar no quiera dar el agua, ni porque no esté limpia pueda penetrar en todas partes, sino que es la parte de las criaturas que se opone a tan gran bien; por eso si leen estas verdades y no están dispuestos no entenderán nada, quedarán confundidos y deslumbrados por la luz de mis verdades; para los dispuestos será luz que los iluminará y agua que, quitándoles la sed, no querrán separarse jamás de estos canales por el gran bien que sienten y por la nueva vida que corre en ellos. Por eso también tú deberías estar contenta en abrir estos canales en favor de tus hermanos, no descuidando nada de mis verdades, ni la más pequeña, porque por más pequeña que sea puede servir a un hermano tuyo para tomar agua. Así que sé atenta en abrir estos canales y en contentar a tu Jesús que tanto ha hecho por ti".

+ + + +

13-28
Octubre 27, 1921

## La Divina Voluntad debe ser como alma al cuerpo.

(1) Estaba diciendo a mi siempre amable Jesús: "Hace ya mucho tiempo que no me pones dentro de Ti, yo ahí me sentía más segura, participaba más de tu Divinidad, y era como si la tierra no me perteneciera, y el Cielo fuera mi morada; ¿cuántas lágrimas no derramaba cuando tu Querer me ponía fuera de Ti? El sólo sentir el aire de la tierra me era de peso insoportable, pero tu Querer vencía y yo inclinando la frente me resignaba. Ahora te siento siempre dentro de mí, y cuando deliro por verte, sólo con moverte en mi interior, o bien sacando un brazo me calmas y me das la vida; dime, ¿cuál es la causa?"

(2) Y Jesús: "Hija mía, es justo, después de haberte llevado en mi interior toda mi Vida, es tu deber que me lleves a Mí en tu interior toda tu vida; y si te ponía en mi interior era para perfumar tu alma y extender en ti un nuevo cielo para volverla digna habitación de mi persona. Es verdad que te sentías más segura, y las alegrías llovían sobre ti, pero la tierra no es lugar de delicias, sino que el dolor es su herencia, y la cruz es el pan de los fuertes. Mucho más que debiendo establecer en ti el centro de mi Querer, era necesario que viviera en ti y que te sirviera como alma al cuerpo. Mi Voluntad jamás podía descender en un alma en modo singular y fuera de lo ordinario, si no tuviera sus prerrogativas distintas, como con mi amada Mamá, no podía descender Yo, Verbo Eterno, si Ella no hubiese tenido sus prerrogativas distintas y el soplo divino no hubiera soplado en Ella como a nueva creación, para volverla admirable a todos y superior a todas las cosas creadas. Así en ti, primero mi Humanidad ha querido hacer estable morada en ti para prepararte, y después te está dando la Vida de mi Voluntad como alma al cuerpo. Tú debes saber que mi Voluntad debe ser como alma al cuerpo; mira, también en Nosotros sucede esto, entre las Tres Divinas Personas, nuestro amor es grande, infinito, eterno, pero si no tuviéramos una Voluntad que anima y da vida a este amor, nuestro amor estaría sin vida, sin obras; nuestra sabiduría llega a lo increíble, nuestro poder puede pulverizar todo en un

minuto, y en otro minuto puede rehacerlo todo, pero si no tuviéramos una Voluntad que quisiera manifestar la maestría de nuestra sabiduría, como la manifestó en la Creación, en la cual todo ordenó y armonizó junto, y con su poder le dio su lugar en tal modo que no puede apartarse ni un tantito, tanto mi sabiduría como mi poder habrían estado sin hacer nada, y así de todos nuestros demás atributos.

(3) Ahora, así lo quiero, que mi Voluntad sea como alma al cuerpo; el cuerpo sin el alma está sin vida, a pesar de que contiene todos los sentidos, pero no ve, ni habla, ni siente, ni obra, es casi una cosa inservible y tal vez aún insoportable, pero si está animado, ¿cuántas cosas no puede hacer? Y ¡oh! cuántos se vuelven inservibles e insoportables porque no están animados por mi Voluntad, parecen como instalaciones eléctricas sin luz, como máquinas sin movimiento, cubiertas de herrumbre y de polvo y casi impotentes al movimiento, ¡ah, cómo dan piedad! Entonces, cada cosa que no está animada por mi Voluntad es una vida de santidad que viene a faltar, por eso quiero ser en ti como alma al cuerpo, y mi Voluntad hará nuevas sorpresas de creaciones, da nueva vida a mi amor, nuevas obras y maestría de mi sabiduría, y da nuevo movimiento a mi poder, por eso sé atenta y déjame hacer, a fin de que cumpla mi gran designio: Que la criatura sea animada por mi Voluntad".

+ + + +

13-29
Octubre 29, 1921

### Las penas que sufrió Jesús en las tres horas de prisión

(1) Esta noche la he pasado en vigilia, y mi mente frecuentemente volaba a mi Jesús atado en la prisión, quería abrazarme a aquellas rodillas que temblaban por la cruel y dolorosa posición en la que los enemigos lo habían atado, quería limpiarlo de aquellos salivazos con los que lo habían ensuciado. Pero mientras esto pensaba, mi Jesús, mi vida, se ha dejado ver como entre densas tinieblas, en las cuales

apenas se descubría su adorable persona, y sollozando me ha dicho:

(2) "Hija, los enemigos me dejaron solo en la prisión, atado horriblemente y en la oscuridad, así que en torno a Mí todo era densas tinieblas; ¡oh!, cómo me afligía esta oscuridad, tenía las vestiduras bañadas por las sucias aguas del torrente cedrón, sentía la peste de la prisión y de los salivazos con los que estaba cubierto, tenía los cabellos en desorden, sin una mano piadosa que me los quitara de los ojos y de la boca, las manos atadas por las cadenas, y la oscuridad no me permitía ver mi estado, ay de Mí, demasiado doloroso y humillante. ¡Oh, cuántas cosas decía este mi estado tan doloroso en esta prisión! En la prisión estuve tres horas, con esto quise rehabilitar las tres edades del mundo: La de la ley natural, la de la ley escrita, y la de la ley de la gracia; quería liberarlos a todos, reuniéndolos a todos juntos y darles la libertad de hijos míos. Con estar tres horas quise también rehabilitar las tres edades del hombre: La niñez, la juventud y la vejez, quise rehabilitarlo cuando peca por pasión, por voluntad y por obstinación. ¡Oh! cómo la oscuridad que veía en torno a Mí me hacía sentir las densas tinieblas que produce la culpa en el hombre, ¡oh! cómo lo lloraba y le decía: "Oh hombre, son tus culpas las que me han arrojado en estas densas tinieblas, las cuales sufro para darte la luz, son tus infamias quienes así me han ensuciado, a las cuales la oscuridad no me permite ni siquiera ver; mírame, soy la imagen de tus culpas, si quieres conocerlas míralas en Mí".

(3) También debes saber que en la última hora que estuve en la prisión despuntó el alba, y por las fisuras entró algún resplandor de luz, ¡oh! cómo respiró mi corazón al poderme ver, mi estado tan doloroso, pero esto significaba cuando el hombre cansado de la noche de la culpa, la gracia como alba se pone en torno a él, mandándole resplandores de luz para llamarlo, por eso mi corazón dio un suspiro de alivio, y en esta alba te vi a ti, mi amada prisionera, a quien mi amor debía atar en este estado, y que no me habrías dejado solo en la oscuridad de la prisión, sino que esperando el alba a mis pies, y siguiendo mis suspiros, habrías llorado Conmigo la

noche del hombre; esto me alivió y ofrecí mi prisión para darte la gracia de seguirme. Pero otro significado contenía esta prisión y esta oscuridad, y era mi larga permanencia en la prisión en los tabernáculos, la soledad en la cual soy dejado, en la que muchas veces no tengo a quién decir una palabra o darle una mirada de amor; otras veces siento en la santa hostia la impresión de los toques indignos, la peste de manos purulentas y enfangadas, y no hay quien me toque con manos puras y me perfume con su amor, y cuántas veces la ingratitud humana me deja en la oscuridad, sin la mísera luz de una lamparita, así que mi prisión continúa y continuará. Y como ambos somos prisioneros, tú prisionera en tu lecho sólo por amor a Mí, y Yo prisionero por ti, atemos, con las cadenas que me tienen atado, a todas las criaturas con mi amor, así nos haremos compañía recíprocamente y me ayudarás a extender las cadenas para atar todos los corazones a mi amor".

(4) Después estaba pensando para mí: "Qué pocas cosas se saben de Jesús, mientras que ha hecho tanto, ¿por qué han hablado tan poco de todo lo que mi Jesús hizo y sufrió? Y regresando de nuevo ha agregado:

(5) "Hija mía, todos son avaros Conmigo, aun los buenos, cuánta avaricia tienen Conmigo, cuántas restricciones, cuántas cosas no manifiestan de lo que les digo y comprenden de Mí, y tú, ¿cuántas veces no eres avara Conmigo? Cuantas veces no escribes lo que te digo o no lo manifiestas, es un acto de avaricia que haces Conmigo, porque cada conocimiento de más que se tiene de Mí, es una gloria y un amor de más que recibo de las criaturas. Por tanto sé atenta, y sé más liberal Conmigo, y Yo seré más liberal contigo".

+ + + +

13-30
Noviembre 4, 1921

**La santidad en la criatura debe ser entre ella y Jesús, Él, dando su Vida y como fiel compañero comunicándole**

## su Santidad, y ella como fiel e inseparable compañera recibiéndola.

(1) Me sentía toda fundida con mi dulce Jesús, y al venir me he arrojado en sus brazos, abandonándome toda en Él como a mi centro; sentía una fuerza irresistible de estarme en sus brazos y mi dulce Jesús me ha dicho:

(2) "Hija mía, es la criatura que busca el seno de su Creador y reposarse en sus brazos. Es tu deber venir a los brazos de tu Creador y reposarte en aquel seno de donde saliste, porque tú debes saber que entre la criatura y el Creador corren muchos hilos eléctricos de comunicación y de unión, que la vuelven casi inseparable de Mí, siempre que no se haya sustraído de mi Querer, porque sustraerse no es otra cosa que romper los hilos de comunicación, despedazar la unión; la Vida del Creador, más que electricidad corre en la criatura y ella corre en Mí, mi Vida está esparcida en la criatura; al crearla encadené mi sabiduría a su inteligencia, a fin de que no fuese otra cosa que el reflejo de la mía, y si el hombre llega a tanto con su ciencia, que de en lo increíble, es el reflejo de la mía que se refleja en la suya; si su ojo es animado por una luz, no es otra cosa que el reflejo de mi luz eterna que se refleja en su ojo.

(3) Entre las Divinas Personas no tenemos necesidad de hablarnos para entendernos, en la Creación quise usar la palabra y dije Fiat, y las cosas fueron hechas; a este Fiat ataba y daba el poder para que las criaturas tuvieran la palabra para entenderse, así que también las voces humanas están unidas como hilos eléctricos a mi primera palabra, de la que todas las demás descienden; y mientras creé al hombre lo animé con mi aliento, infundiéndole la vida, pero en esta vida que le infundí puse toda mi Vida según la capacidad humana podía contener, pero todo puse, no hubo cosa mía de la que no lo hiciera partícipe. Mira, también su aliento es el reflejo de mi aliento, con el cual doy vida continua, y el suyo se refleja en el mío y lo siento continuamente en Mí. Ve entonces cuántas relaciones hay entre la criatura y Yo, por eso la amo mucho, porque la veo como

parto mío, exclusivamente mío. Y después, ¿cómo ennoblecí la voluntad del hombre? La encadené con la mía, dándole todas mis prerrogativas, la hice libre como la mía, y si al cuerpo le había dado dos pequeñas luces, limitadas, circunscritas, que partían de mi luz eterna, a la voluntad humana la hice toda ojo, así que cuantos actos hace la voluntad humana, tantos ojos puede decir que posee, ella mira a la derecha y a la izquierda, hacia adelante y hacia atrás, y si la vida humana no está animada por esta Voluntad, no hará nada de bien; Yo al crearla le dije: "Tú serás mi hermana en la tierra, mi Querer desde el Cielo animará el tuyo, estaremos en continuos reflejos, y lo que haré Yo lo harás tú, Yo por naturaleza y tú por gracia de mis continuos reflejos; te seguiré como sombra, no te dejaré jamás. Al crear a la criatura mi única finalidad fue que ella hiciera en todo mi Querer, con esto quería dar a la existencia nuevos partos de Mí mismo; quería hacer de ella un prodigio portentoso, digno de Mí y todo semejante a Mí; pero, ¡ay de Mí, la primera en ponerse contra Mí debía ser la voluntad humana! Mira un poco, todas las cosas se hacen entre dos: Tú tienes un ojo, pero si no tuvieras una luz externa que te iluminara nada podrías ver; tú tienes manos, pero si no tuvieras las cosas necesarias para formar los trabajos nada harías, y así de todo lo demás. Ahora, así quiero la santidad en la criatura, entre ella y Yo, entre dos, Yo por una parte y ella por la otra, Yo a dar mi Vida y como fiel compañero a comunicarle mi santidad, y ella como fiel e inseparable compañera a recibirla. Así, ella sería el ojo que ve, y Yo el sol que le doy la luz; ella la boca, y Yo la palabra; ella las manos, y Yo que le suministro el trabajo para obrar; ella el pie, y Yo el paso; ella el corazón, y Yo el latido. ¿Pero sabes tú quién forma esta santidad? Mi Voluntad, es la única que mantiene en orden la finalidad de la Creación, la santidad en mi Querer es la que mantiene el perfecto equilibrio entre criaturas y Creador, porque son las verdaderas imágenes salidas de Mí".

+ + + +

13-31
Noviembre 8, 1921

Vivir en el Divino Querer significa multiplicar
la Vida de Jesús con todo el bien que contiene.

(1) Encontrándome en mi habitual estado, mi siempre amable Jesús se ha hecho ver tomando una luz que estaba en mi interior y se la llevaba. Yo he gritado: "Jesús, ¿qué haces, me quieres dejar a oscuras?" Y Él con toda dulzura me ha dicho:

(2) "Hija mía, no temas, me llevo tu pequeña luz y te dejo la mía. Esta pequeña luz no es otra cosa que tu voluntad, que habiéndose puesto de frente a la mía ha recibido el reflejo de mi Voluntad, por eso se ha hecho luz. Yo me la llevo para hacerla girar, la llevaré al Cielo como la cosa más rara y más bella, cual es la voluntad humana que ha recibido el reflejo de la Voluntad de su Creador; la haré girar entre las Divinas Personas, a fin de que reciban los homenajes, las adoraciones de sus reflejos, sólo dignos de Ellas, y después la mostraré a todos los santos, a fin de que también ellos reciban la gloria de los reflejos de la Voluntad Divina en la voluntad humana, y después la haré correr por toda la tierra, a fin de que todos tomen parte en tan gran bien".

(3) Yo en seguida he añadido: "Amor mío, perdóname, creía que me querías dejar a oscuras, por eso he dicho ¿qué haces? Pero tratándose de mi voluntad llévatela y haz lo que quieras". Ahora, mientras Jesús se llevaba esta pequeña luz en sus manos, no sé decir lo que sucedía, me faltan las palabras para expresarme, sólo recuerdo que la pequeña luz la ponía de frente a su persona, y la pequeña luz recibía todos sus reflejos, de modo que formaba otro Jesús, y cada vez que mi voluntad repetía los actos, tantos Jesús se multiplicaban. Y mi Jesús me ha dicho:

(4) "¿Ves qué significa vivir en mi Querer? Es multiplicar mi Vida por cuantas veces se quiere, es repetir todo el bien que mi Vida contiene".

(5) Después de esto estaba diciendo a mi Jesús: "Vida mía, entro en tu Querer para poderme extender en todos y a todo, desde el

primero al último pensamiento, de la primera a la última palabra, de la primera a la última acción y paso que se han hecho, se hacen y se harán; quiero sellar todo con tu Querer a fin de que recibas de todo la gloria de tu santidad, de tu amor, de tu potencia, y todo lo que es humano quede cubierto, escondido, marcado por tu Querer, a fin de que nada, nada quede de humano en lo cual Tú no recibas gloria divina".

(6) Mientras esto y otras cosas hacía, mi dulce Jesús ha venido todo jubiloso, acompañado de innumerables bienaventurados, y Él me ha dicho:

(7) "Toda la Creación me dice gloria mía, gloria mía".

(8) Y todos los santos han respondido: "He aquí, oh, Señor, que por todo te damos gloria divina". Se oía un eco por todas partes que decía: "De todo te damos amor y gloria divina". Y Jesús ha agregado:

(9) "Bendita tú eres, y todas las generaciones te llamarán bienaventurada. Mi brazo hará obras de potencia en ti; serás el reflejo divino, que llenando toda la tierra me harás rescatar de todas las generaciones la gloria que ellas me niegan".

(10) Yo he quedado confundida y aniquilada al oír esto, y no quería escribir; y Él acariciándome me ha dicho:

(11) "No, no, lo harás, lo quiero Yo; lo que he dicho servirá para honor de mi Voluntad, he querido Yo mismo rendir el homenaje justo que conviene a la santidad en mi Querer; más bien no he dicho nada en comparación de lo que podría decir".

+ + + +

13-32
Noviembre 12, 1921

**La santidad en el Divino Querer no tiene confines, es la santidad que más se acerca al Creador; tendrá el primado sobre todas las demás santidades y será su vida.**

(1) Escribo sólo por obedecer, de otra manera no habría sido buena para poner una sola palabra, sólo el temor de poder entristecer a mi dulce Jesús si no lo hiciera, me da aliento y fuerza. Ahora continúa hablando de su Santísimo Querer, y al venir me ha dicho:

(2) "Hija mía, la santidad en mi Querer no es conocida aún, es por esto por lo que se maravillan, porque cuando una cosa es conocida los asombros cesan. Todas las santidades simbolizan alguna cosa de las que están esparcidas en la creación: Están las santidades que simbolizan los montes, otras los árboles, otras las plantas, la pequeña flor, las estrellas, y tantas otras similitudes. Todas estas santidades tienen su bien limitado e individual, tienen su principio y su fin, no pueden abrazar todo y hacer bien a todos, como no lo puede hacer un árbol y una flor. Ahora, la santidad en mi Querer simbolizará al sol; el sol ha estado y estará siempre, y si bien tuvo un principio en iluminar al mundo, siendo él luz que tuvo origen de mi luz eterna, se puede decir que no tiene principio. El sol hace bien a todos, se extiende a todos con su luz, no hace particularidad con ninguno; con su majestad y con su dominio impera sobre todo y da vida a todo, aún a la más pequeña flor, pero silencioso, sin hacer ruido y casi inobservado. ¡Oh! si una planta hiciera una pequeña cosa, una sombra de lo que hace el sol, como dar calor a otra planta, gritarían todos diciendo que es un milagro, todos lo quisieran ver, hablarían de ella con asombro. En cambio del sol que da vida y calor a todo y que es milagro continuado, ninguno habla de él, ningún asombro, y esto sucede porque el hombre tiene siempre los ojos en lo bajo y a las cosas terrenas, jamás en lo alto y a las cosas celestiales.

(3) Ahora, la santidad en mi Querer, simbolizando al sol, saldrá del centro de mi santidad, será un rayo parido por mi santidad que no tiene principio, así que estas almas existían en mi santidad, existen y existirán; estaban junto Conmigo en el bien que hacía, jamás

salían del rayo en el cual las había hecho salir a la luz, no alejándose jamás de mi Querer Yo me entretenía con ellas y me entretengo todavía ahora. Mi unión con ellas es permanente; las veo sobrevolar sobre todo; los apoyos humanos para ellas no existen, igual que el sol no se apoya en ningún punto, vive en lo alto como aislado, pero con su luz todo encierra en sí. Así estas almas, viven en lo alto como el sol, pero su luz desciende hasta lo más bajo, se extiende a todos. Yo me sentiría como si las defraudara si no las hiciera partícipes, y no las hiciera hacer lo que hago Yo, así que no hay bien que de ellas no descienda. En esta santidad Yo veo mis sombras, mis imágenes sobrevolar sobre toda la tierra, en el aire, en el Cielo, y por esto amo y amaré al mundo, porque espero que mi santidad tenga su eco sobre la tierra, que mis rayos salgan fuera, a la luz, y me den gloria completa, restituyéndome el amor, el honor que los demás no me han dado. Pero al igual que el sol serán las más inobservadas, sin ningún estrépito, pero si las querrán mirar, será tanto mi celo, que correrán peligro de quedar cegadas y estarán obligados a bajar la mirada para recuperar la vista. ¿Ves cómo es bella la santidad en mi Querer? Es la santidad que más se acerca a tu Creador, por eso tendrá el primado sobre todas las demás santidades, encerrará en sí todas las otras santidades juntas, y será vida de todas las otras santidades.

(4) ¡Qué gracia para ti el conocerla! ¡Ser la primera, como rayo solar, en salir del centro de mi Santidad sin separarse jamás! Gracia más grande no podría hacerte, milagro más portentoso no podría obrar en ti; sé atenta hija mía, rayo mío, porque cada vez que entras en mi Querer y obras, sucede como el sol cuando toca los cristales, tantos soles en ellos se forman, así tantas veces repites mi Vida, la multiplicas, das nueva vida a mi amor".

(5) Después de esto estaba pensando entre mí: "En esta Santa Voluntad no se ven milagros, cosas portentosas de las que las criaturas son tan ávidas e irían por medio mundo con tal de tener alguno, sino que todo pasa entre el alma y Dios, y si las criaturas reciben el bien, no saben de donde ha venido el bien. Verdaderamente son como el sol, que mientras da vida y calor a

todo, nadie lo señala". Ahora, mientras esto pensaba, mi Jesús regresando ha agregado, pero con aspecto imponente:

(6) "¡Qué milagros, qué milagros! ¿No es tal vez el más grande milagro el hacer mi Voluntad? Mi Voluntad es eterna y es milagro eterno que jamás termina, es milagro de cada instante el que la voluntad humana tenga conexión continua con la Voluntad Divina. El resucitar muertos, dar vista a los ciegos y todo eso, no son cosas eternas, están sujetas a perecer, por eso se pueden llamar sombras de milagros, milagros fugaces comparados al milagro grande y permanente de vivir en mi Voluntad. Tú no pongas atención a estos milagros, Yo sé cuándo convienen y cuándo se necesitan".

+ + + +

13-33
Noviembre 16, 1921

### El pecado es cadena que ata al hombre, y Jesús quiso ser atado para romper sus cadenas.

(1) Esta mañana, mi siempre amable Jesús se hacía ver todo atado, atadas las manos, los pies, la cintura; del cuello le descendía una doble cadena de fierro, pero estaba atado tan fuertemente, que le quitaba el movimiento a su Divina Persona. Qué dura posición era ésta, de hacer llorar aun a las piedras, y mi sumo bien Jesús me ha dicho:

(2) "Hija mía, en el curso de mi Pasión todas las otras penas hacían competencia entre ellas, pero una cedía el lugar a la otra, y se mantenían vigilantes para hacerme sufrir lo peor, para darse la vanagloria de que una había sido más dura que las demás, pero las cuerdas no me las quitaron jamás, desde que me apresaron hasta el monte calvario estuve siempre atado, es más, agregaban siempre más cuerdas y cadenas por temor de que pudiese huir, y para hacer más burla y juego de Mí; cuántos dolores, confusiones, humillaciones y caídas me causaron estas cadenas. Pero debes

saber que en estas cadenas había un gran misterio y una gran expiación: El hombre, al empezar a caer en el pecado queda atado con las mismas cadenas de su pecado, si es grave son cadenas de fierro, si venial son cuerdas; entonces, si quiere caminar en el bien, siente las trabas de las cadenas y queda obstaculizado en su paso, el estorbo que siente lo agota, lo debilita, y lo lleva a nuevas caídas; si obra siente el impedimento en las manos y casi queda como si no tuviera manos para hacer el bien; las pasiones, viéndolo tan atado hacen fiesta y dicen: "Es nuestra la victoria". Y de rey que es el hombre, lo vuelven esclavo de pasiones brutales. Cómo es abominable el hombre en el estado de culpa, y Yo para romper sus cadenas quise ser atado, y no quise estar en ningún momento sin cadenas, para tener siempre listas las mías para romper las suyas, y cuando los golpes, los empujones me hacían caer, Yo le extendía las manos para desatarlo y hacerlo libre de nuevo".

(3) Pero mientras esto decía, yo veía a casi todas las gentes atadas por cadenas, que daban piedad, y rogaba a Jesús que tocara con sus cadenas las cadenas de ellas, a fin de que por el toque de las suyas quedaran rotas las de las criaturas.

+ + + +

13-34
Noviembre 19, 1921

**Los dos apoyos. Para conocer las verdades es necesario que esté
la voluntad y el deseo de conocerlas. Las verdades deben ser simples.**

(1) Estaba haciendo compañía a mi Jesús agonizante en el Huerto de Getsemaní, y por cuanto me era posible lo compadecía, lo estrechaba fuerte a mi corazón tratando de secarle el sudor mortal, y mi doliente Jesús, con voz apagada y agonizante me ha dicho:

(2) "Hija mía, dura y penosa fue mi agonía en el Huerto, quizá más penosa que la de la cruz, porque si ésta fue el cumplimiento y el triunfo sobre todos, aquí en el Huerto fue el principio, y los males se sienten más al principio que cuando están por terminar, en esta agonía la pena más desgarradora fue cuando se me hicieron presentes uno por uno todos los pecados, mi Humanidad comprendió toda la enormidad de ellos y cada delito llevaba el sello de "muerte a un Dios", y estaba armado con espada para matarme. Delante a la Divinidad la culpa me aparecía tan horrenda y más horrible que la misma muerte; sólo al comprender qué significa pecado, Yo me sentía morir y moría en realidad, grité al Padre y fue inexorable, no hubo uno solo que al menos me diera una ayuda para no hacerme morir, grité a todas las criaturas que tuvieran piedad de Mí, pero en vano, así que mi Humanidad languidecía y estaba por recibir el último golpe de la muerte, pero ¿sabes tú quién impidió la ejecución y sostuvo mi Humanidad para no morir? Primero fue mi inseparable Mamá, Ella al oírme pedir ayuda voló a mi lado y me sostuvo, y Yo apoyé mi brazo derecho en Ella, la miré casi agonizante y encontré en Ella la inmensidad de mi Voluntad íntegra, sin haber habido nunca ruptura alguna entre mi Voluntad y la suya. Mi Voluntad es Vida, y como la Voluntad del Padre era inamovible, y la muerte me venía de las criaturas, otra criatura que encerraba la Vida de mi Voluntad me daba la vida. Y he aquí que mi Mamá, que en el portento de mi Voluntad me concibió y me hizo nacer en el tiempo, y ahora me da por segunda vez la vida para hacerme cumplir la obra de la Redención. Después miré a la izquierda y encontré a la pequeña hija de mi Querer, te encontré a ti como primera, con el séquito de las otras hijas de mi Voluntad, y así como a mi Mamá la quise Conmigo como primer eslabón de la misericordia, con el cual debíamos abrir las puertas a todas las criaturas, por eso quise apoyar en Ella la derecha; a ti te quise como primer eslabón de la justicia, para impedir que se descargase sobre todas las criaturas como se merecen, por eso quise apoyar la izquierda, a fin de que la sostuvieras junto Conmigo. Entonces, con estos dos apoyos Yo me sentí dar nuevamente la vida, y como si nada hubiera sufrido, con paso firme fui al encuentro de mis enemigos, y en todas las penas que sufrí en mi Pasión, muchas de

ellas capaces de darme la muerte, estos dos apoyos no me dejaban jamás, y cuando me veían a punto de morir, con mi Voluntad que contenían me sostenían y me daban como tantos sorbos de vida. ¡Oh! los prodigios de mi Querer, ¿quién puede jamás numerarlos y calcular su valor? Por eso amo tanto a quien vive de mi Querer, reconozco en ella mi retrato, mis nobles rasgos, siento en ella mi mismo aliento, mi voz, y si no la amase me defraudaría a Mí mismo, sería como un padre sin generación, sin el noble cortejo de su corte y sin la corona de sus hijos, y si no tuviera la generación, la corte, la corona, ¿cómo podría llamarme Rey? Así que mi reino es formado por aquellos que viven en mi Voluntad, y de este reino escojo la Madre, la Reina, los hijos, los ministros, el ejército, el pueblo, Yo soy todo para ellos y ellos son todos para Mí".

(3) Después estaba pensando en lo que Jesús me decía, y decía entre mí: "¿Cómo se hace para poner en práctica esto?" Y Jesús regresando ha agregado:

(4) "Hija mía, las verdades para conocerlas, es necesario que haya voluntad y el deseo de conocerlas. Supón una estancia con las persianas cerradas, por cuanto sol haya afuera la estancia está siempre en oscuridad; ahora, abrir las persianas significa querer la luz, pero esto no basta si no se aprovecha la luz para reordenar la estancia, sacudirla, ponerse a trabajar, porque si no, es como matar esa luz y hacerse ingrato por la luz recibida. Así no basta tener voluntad de conocer las verdades, si a la luz de la verdad que lo ilumina no busca sacudirse de sus debilidades y reordenarse según la luz de la verdad que conoce, y junto con la luz de la verdad ponerse a trabajar haciendo de ella sustancia propia,"" en modo de trasparentar por su boca, por sus manos, por su comportamiento, la luz de la verdad que ha absorbido, entonces sería como si asesinara la verdad, y con no ponerla en práctica sería estarse en pleno desorden delante de esa luz. Pobre estancia, llena de luz pero toda desordenada, trastornada y en pleno desorden, y una persona dentro que no se preocupa de reordenarla, ¿qué compasión no daría? Tal es quien conoce las verdades y no las pone en práctica.

(5) Has de saber que en todas las verdades, como primer alimento entra la simplicidad, si las verdades no fueran simples, no serían luz y no podrían penetrar en las mentes humanas para iluminarlas, y donde no hay luz no se pueden distinguir los objetos; la simplicidad no sólo es luz, sino es como el aire que se respira, que aunque no se ve da la respiración a todo, y si no fuese por el aire, la tierra y todos quedarían sin movimiento, así que si las virtudes, las verdades, no llevan la marca de la simplicidad, serán sin luz y sin aire".

+ + + +

13-35
Noviembre 22, 1921

**Los actos hechos en la Divina Voluntad son luz. La pena que más traspasó a Jesús en su Pasión fue el fingimiento.**

(1) Continuando mi habitual estado y pasando casi toda la noche en vela, mi pensamiento frecuentemente volaba a mi prisionero Jesús, y Él haciéndose ver entre densas tinieblas, tanto, que oía su respiro afanoso, sentía la proximidad de su persona, pero no lo veía; entonces he buscado fundirme en su Santísima Voluntad haciendo mis acostumbradas compasiones y reparaciones, y un rayo de luz más luminoso que el sol ha salido de dentro de mi interior e iluminaba el rostro de Jesús. Con esta luz su santísimo rostro se ha iluminado, y haciéndose de día se han disipado las tinieblas y yo he podido abrazarme a sus rodillas, y Él me ha dicho:

(2) "Hija mía, los actos hechos en mi Voluntad son días para Mí, y si el hombre con sus culpas me circunda de tinieblas, estos actos, más que rayos solares me defienden de las tinieblas y me circundan de luz, y me dan la mano para hacer conocer a las criaturas quién soy Yo. Por eso amo tanto a quien vive en mi Querer, porque en mi Voluntad puede darme todo y me defiende de todos, y Yo me siento llevado a darle todo y a encerrar en ella todos los bienes que

debería dar a todos los demás. Supón que el sol tuviese razón, y que las plantas fueran racionales, y que voluntariamente rechazaran la luz y el calor del sol, que no desearan ni fecundar ni producir frutos; sólo una planta recibe con amor la luz del sol y quisiera dar al sol todos los frutos que las otras plantas no quieren producir, ¿no sería justo que el sol retirando de todas las demás plantas su luz, hiciera llover sobre esta planta toda su luz y su calor? Creo que sí. Ahora, lo que no sucede al sol porque está privado de razón, puede suceder entre el alma y Yo".

(3) Dicho esto ha desaparecido. Después ha regresado y ha agregado:

(4) "Hija mía, la pena que más me traspasó en mi Pasión fue el fingimiento de los fariseos, fingían justicia y eran los más injustos; fingían santidad, legalidad, orden, y eran los más perversos, fuera de toda regla y en pleno desorden, y mientras fingían honrar a Dios, se honraban a sí mismos, su propio interés, su propia conveniencia, por eso la luz no podía entrar en ellos, porque sus modos fingidos les cerraban las puertas, y el fingimiento era la llave que a doble giro de cerradura, cerrándola a muerte, obstinadamente impedía aun cualquier resplandor de luz, tanto que Pilatos, idólatra, encontró más luz que los mismos fariseos, porque todo lo que él hizo y dijo no partía del fingimiento, sino a lo más del temor, y Yo me siento más atraído hacia el pecador más perverso, no fingido, que hacia aquellos que son más buenos, pero fingidos. ¡Oh!, cómo me da repugnancia quien aparentemente hace el bien, finge ser bueno, reza, pero por dentro anida el mal, el propio interés, y mientras los labios rezan su corazón está lejano de Mí, y en el mismo acto de hacer el bien piensa cómo satisfacer sus pasiones brutales. Además, el hombre fingido en el bien que aparentemente hace y dice, no es capaz de dar luz a los demás, habiéndole cerrado las puertas a la luz, así que obran como demonios encarnados, que muchas veces bajo aspecto de bien atraen al hombre, y éstos viendo el bien se dejan atraer, pero cuando van en lo mejor del camino los precipitan en las culpas más graves. ¡Oh! cómo son más seguras las tentaciones bajo aspecto de culpa, que aquellas bajo

aspecto de bien, así es más seguro tratar con personas perversas, que con personas buenas pero fingidas, ¿cuánto veneno no esconden, cuantas almas no envenenan? Si no fuera por los fingimientos y todos se hicieran conocer por lo que son, se quitarían la raíces del mal de la faz de la tierra, y todos quedarían desengañados".

+ + + +

13-36
Noviembre 26, 1921

### Concentración de la finalidad de la Creación, Redención y Glorificación.

(1) Estaba pensando en lo que está escrito el pasado día 19 y decía entre mí: "¿Cómo puede ser posible que después de mi Mamá pueda ser yo el segundo apoyo?" Y mi dulce Jesús, atrayéndome a Él dentro de una luz inmensa me ha dicho:

(2) "Hija mía, ¿por qué lo dudas? ¿Cuál es el motivo?"

(3) Y yo: "Mi gran miseria".

(4) Y Él: "Esto hazlo a un lado; y además, si no te elegía a ti, ciertamente debía elegir a otra de la familia humana, porque ésta se rebeló a mi Voluntad, y con el rebelarse me quitó la finalidad de la gloria y del honor que la Creación debía darme, por lo tanto, otra de la misma familia humana, con tener una continua conexión con mi Querer, con vivir más con mi Voluntad que con la suya, abrazando todo en mi Querer debía elevarse sobre todo para poner a los pies de mi trono la gloria, el honor, el amor que todos los demás no me han dado.

(5) Única finalidad de la Creación fue que todos cumplieran mi Querer; no fue que el hombre hiciera cosas grandes, más bien, éstas las veo como una nada y con desprecio si no son frutos de mi

Voluntad, y por eso muchas obras en su mejor momento se deshacen, porque la Vida de mi Voluntad no estaba dentro. Entonces el hombre, habiendo roto su voluntad con la mía, me destruyó lo más bello, la finalidad para la que lo había creado; él se arruinó completamente y me negó todos los derechos que me debía dar como a su Creador. Pero mis obras llevan el sello de lo eterno, y mi infinita sabiduría y mi eterno amor no podían dejar la obra de la Creación sin sus efectos y los derechos que me correspondían; he aquí el por qué de la Redención. Quise expiar con tantas penas las culpas del hombre, y con no hacer jamás mi voluntad sino siempre la de la Divinidad, y aun en las cosas más pequeñas, como el respirar, el mirar, el hablar, etc.; mi Humanidad no se movía, ni tenía vida si no era animada por la Voluntad de mi Padre, me habría contentado con morir miles de veces antes que dar un respiro sin su Querer, con esto anudé de nuevo la voluntad humana con la Divina, y en mi persona, siendo Yo verdadero hombre y verdadero Dios, daba a mi Padre toda la gloria y los derechos que le correspondían. Pero mi Querer y mi amor no quieren estar solos en mis obras, quieren hacer otras imágenes semejantes a Mí, y habiendo mi Humanidad rehecho la finalidad de la Creación, vi por la ingratitud del hombre, peligrar la finalidad de la Redención, y para muchos quedar casi arruinada, por esto para hacer que la Redención me diera gloria completa y me diera todos los derechos que se me debían, tomé otra criatura de la familia humana, la cual fue mi Mamá, copia fiel de mi Vida, en quien mi Voluntad se conservaba íntegra, y concentré en Ella todos los frutos de la Redención, así puse a salvo la finalidad de la Creación y Redención, y mi Mamá, si ninguno hubiese aprovechado la Redención, me daría Ella todo lo que las criaturas me habrían dado.

(6) Ahora vengo a ti; Yo era verdadero Hombre y verdadero Dios, mi querida Mamá era inocente y santa, y nuestro amor nos llevó más allá, queríamos otra criatura, que concebida como todos los demás hijos de los hombres tomara el tercer puesto a mi lado, – no estaba contento de que sólo Yo y mi Mamá fuéramos íntegros con la Voluntad Divina, queríamos a los otros hijos – que a nombre de todos, viviendo en pleno acuerdo con nuestra Voluntad, nos dieran

gloria y amor divino por todos, por eso te llamé a ti "ab eterno", cuando nada existía aún acá abajo, y así como cortejaba a mi querida Mamá, deleitándome, acariciándola y haciendo llover sobre Ella a torrentes todos los bienes de la Divinidad, así te cortejaba a ti, te acariciaba, y los torrentes que llovían sobre mi Mamá te inundaban a ti, por cuanto eras capaz de contener, y te preparaban, te prevenían y embelleciéndote te daban la gracia de que mi Voluntad fuera íntegra en ti, y que no la tuya, sino la mía, animara aun tus más pequeños actos; en cada acto tuyo corría mi Vida, mi Querer y todo mi amor. ¡Qué contento, cuántas alegrías no sentía Yo! He aquí por qué te llamo segundo apoyo después de mi Mamá, no sobre de ti me apoyaba, porque tú eras nada y no podía apoyarme, sino sobre mi Voluntad que tú debías contener. Mi Voluntad es vida, y quien la posee, posee la vida y puede sostener al autor de la misma vida. Entonces, así como en Mí concentré la finalidad de la Creación, en mi Mamá concentré los frutos de la Redención, así en ti concentré la finalidad de la gloria, como si en todos fuera íntegro mi Querer, y de aquí vendrá la corte de las otras criaturas. No terminarán las generaciones si no obtengo mi intento".

(7) Entonces yo, asombrada he dicho: "Amor mío, ¿es posible que tu Voluntad esté íntegra en mí, y que en toda mi vida no haya habido ninguna rotura entre tu Voluntad y la mía? Parece que te burlas de mí". Y Jesús con acento más dulce aun:

(8) "No, no bromeo, es verdad que no ha habido ruptura, a lo más leves lesiones alguna vez, pero mi amor como fuerte cemento ha reparado estas lesiones y ha hecho aun más fuerte la integridad. Yo he estado a guardia de cada acto tuyo, y rápidamente hacía correr mi Querer a su punto de honor en cada uno de ellos, Yo sabía que muchas gracias se necesitaban, debiendo hacer el más grande milagro que existe en el mundo, como es el vivir continuado en mi Querer, en que el alma debe absorber a todo un Dios en su acto para darlo de nuevo íntegro como lo ha absorbido, y luego absorberlo de nuevo, por eso sobrepasa al mismo milagro de la Eucaristía, donde los accidentes no tienen razón, ni voluntad, ni deseos que puedan oponerse a mi Vida Sacramental, así que nada

pone la hostia, todo el obrar es mío, si lo quiero lo hago, en cambio para realizar el milagro de vivir en mi Querer, debo plegar una razón, una voluntad humana, un deseo, un amor puramente libre, ¿y cuánto no se necesita? Por eso abundan almas que comulgan y participan en el milagro de la Eucaristía, porque para esto se sacrifican menos, pero debiéndose sacrificar más en el hacer que se realice el milagro de que mi Voluntad tenga vida en ellas, poquísimas son las que se disponen".

+ + + +

13-37
Noviembre 28, 1921

**El mar de la Divina Voluntad y la barquita de luz.**

(1) Continuando mi habitual estado, me he encontrado en un mar inmenso de luz, no se veía ni donde terminaba ni donde comenzaba, había una barquita, pero formada también ella de luz, de luz era el fondo de la barca, de luz las velas, en suma toda era luz, sin embargo las diversas partes que se necesitaban para formar la barca se distinguían entre ellas por la diversidad de la luz, una más resplandeciente que la otra; esta barquita navegaba este mar de luz con una velocidad increíble. Yo he quedado encantada, y mucho más al ver que la barquita ahora se perdía en el mar y no aparecía más, ahora salía y mientras estaba lejana, sumergiéndose en el mar se encontraba en el mismo punto donde había salido antes. Por esto mi siempre amable Jesús se divertía mucho al ver a esta barquita, y llamándome me ha dicho:

(2) "Hija mía, el mar que tú ves es mi Voluntad, Ella es luz y nadie puede navegar este mar sino quien quiere vivir de luz. La barca que ves con tanta gracia navegar este mar es el alma que vive en mi Querer; con su continuo vivir en mi Querer ha respirado el aire de mi Voluntad y mi Voluntad la ha vaciado de la madera, de las velas, del ancla, del mástil y la ha convertido toda en luz, así que el alma, conforme va haciendo sus actos en mi Querer, se vacía de sí y se

llena de luz. El capitán de esta barca soy Yo, Yo la guío de acuerdo a su velocidad, Yo la sumerjo para darle reposo y tener tiempo para confiarle los secretos de mi Querer, ninguno podría ser hábil en guiarla, porque no conociendo el mar no pueden conocer el modo como guiarla, ni Yo me fiaría de ninguno, a lo más escojo una guía como espectador y oyente de los grandes prodigios que hace mi Querer. ¿Quién puede ser hábil para guiar la carrera en mi Querer? En cambio Yo, en un solo instante la hago hacer la carrera que otro guía la haría hacer en un siglo".

(3) Luego agregó: "Mira como es bella, corre, se sumerge y se encuentra al principio, es el ámbito de la eternidad que la envuelve, siempre detenida en un punto solo; es mi Voluntad inmutable la que la hace correr en su ámbito que no tiene principio ni fin, que mientras corre se encuentra en aquel punto fijo de mi inmutabilidad. Mira el sol, está fijo, no se mueve, pero su luz en un instante recorre toda la tierra, así esta barca, ella es inmutable Conmigo, no se mueve de aquel punto de donde mi Querer la sacó, de un punto eterno salió y ahí está fija, y si se le ve correr, son sus actos los que corren, que como luz solar corren por todas partes y dondequiera, esta es la maravilla, correr y estar fija, así soy Yo y así debo volver a quien vive en mi Querer, ¿pero quieres saber quién es esta barca? Es el alma que vive en mi Querer, ella conforme hace sus actos en mi Querer hace sus carreras, da la ocasión a mi Voluntad de hacer salir de dentro de su centro tantos otros actos vitales de gracia, de amor, de gloria, y Yo, su capitán, guío ese acto, corro junto a fin de que sea un acto al cual nada le falte y que sea digno de mi Querer; en estas cosas Yo me divierto mucho, veo a la pequeña hija de mi Querer que junto Conmigo corre y está detenida, no tiene pies pero es el paso de todos, no tiene manos y es el movimiento de todas las obras, no tiene ojos y en la luz de mi Querer es más que ojo y luz de todo. ¡Oh, cómo imita bien a su Creador! ¡Cómo se hace semejante a Mí! Sólo en mi Querer puede haber verdadera imitación, siento resonar en mi oído mi voz dulcísima y creadora: "Hagamos al hombre a nuestra imagen y semejanza". Y con gozo interminable exclamo: "He aquí a mis imágenes, los derechos de la Creación me son dados nuevamente, la finalidad para la que he creado al hombre

está cumplida". Cómo estoy contento, y llamo a todo el Cielo a hacer fiesta".

+ + + +

13-38
Diciembre 3, 1921

**La Redención es salvación, la Divina Voluntad es Santidad.**

(1) Me sentía aniquilada y con dudas sobre todo lo que mi Jesús dice de su Divino Querer, y pensaba entre mí: "¿Será posible que haya dejado pasar tantos siglos sin hacer conocer estos prodigios del Divino Querer, y que no haya elegido entre tantos santos uno donde dar principio a esta Santidad toda divina? Estuvieron los apóstoles, tantos otros grandes santos que han asombrado a todo el mundo". Ahora, mientras esto pensaba, no dándome tiempo e interrumpiendo mi pensamiento, ha venido y me ha dicho:

(2) "La pequeña hija de mi Querer no quiere persuadirse, ¿por qué dudas aún?"

(3) "Porque me veo mala, y por cuanto más dices tanto más me siento aniquilar".

(4) Y Jesús: "Y esto quiero Yo, tu aniquilamiento, y por cuanto más te hablo de mi Querer, siendo mi palabra creadora, crea mi Querer en el tuyo, y el tuyo ante la potencia del mío queda aniquilado y perdido, he aquí el por qué de tu aniquilamiento. Debes saber que tu querer debe deshacerse en el mío, como viene deshecha la nieve bajo los rayos de un sol ardiente. Ahora, debes saber que por cuanto más grande es la obra que quiero hacer, tantos más preparativos se necesitan. ¿Cuántas profecías, cuántos preparativos, cuántos siglos no precedieron mi Redención? ¿Cuántos símbolos y figuras no previnieron la Concepción de mi Celestial Mamá? Ahora, después de cumplida la Redención debía reafirmar al hombre en los bienes de la Redención, y para esto

escogí a los apóstoles como confirmadores de los frutos de la Redención, donde con los Sacramentos debían buscar al hombre perdido y ponerlo a salvo, así que la Redención es salvación, es salvar al hombre de cualquier precipicio, por eso en una ocasión te dije que el hacer vivir al alma en mi Querer es cosa más grande que la misma Redención, porque salvarse, con hacer una vida mediana, ahora caer y ahora levantarse, no es tan difícil y esto lo consiguió mi Redención, porque quería salvar al hombre a cualquier costo y esto lo confié a mis apóstoles como depositarios de los frutos de la Redención. Así que debiendo hacer lo menos en ese entonces, dejé para ahora lo más, reservándome otras épocas para el cumplimiento de mis altos designios.

(5) Ahora, el vivir en mi Querer no es sólo salvación, sino es santidad que debe elevarse sobre todas las demás santidades, que debe llevar el sello de la santidad de su Creador, por eso debían primero venir las santidades menores como cortejo, como precursoras, como mensajeras, como preparativos de esta santidad toda Divina. Y así como en la Redención elegí a mi inigualable Madre como eslabón de unión Conmigo, del cual debían descender todos los frutos de la Redención, así te he elegido a ti como eslabón de unión, del cual debía tener principio la santidad del vivir en mi Querer, y habiendo salido de mi Voluntad para traerme la gloria completa del fin por el cual fue creado el hombre, debía retornar sobre el mismo camino de mi Querer para volver a su Creador. ¿Cuál es entonces tu asombro? Estas son cosas establecidas "ab eterno" y nadie me las podrá cambiar. Y como la cosa es grande, es establecer mi reino en el alma aún en la tierra, he hecho como un rey cuando debe tomar posesión de un reino, él no va primero, sino que antes se hace preparar la morada real, después envía a sus soldados a preparar el reino y a disponer a los pueblos a que se sujeten, después siguen las guardias de honor, los ministros y el último es el rey; esto es decoroso para un rey. Así lo he hecho Yo, me he hecho preparar mi morada real, que es la Iglesia; los soldados han sido los santos, para hacerme conocer por los pueblos; después han llegado los santos que han sembrado milagros, como mis ministros más íntimos; ahora como rey vengo Yo

para reinar, por lo que debía elegir un alma donde hacer mi primera morada y fundar este reino de mi Voluntad. Por eso hazme reinar y dame plena libertad".

+ + + +

13-39
Diciembre 5, 1921

### Quien no recibe los bienes de Dios es un ingrato. Dudas y dificultades.

(1) Después de haber escrito lo que esta dicho arriba me sentía toda compenetrada y más que nunca aniquilada, y habiéndome puesto a rezar, mi siempre amable Jesús ha venido y estrechándome fuerte a su corazón me ha dicho:

(2) "Hija de mi Querer, ¿por qué no quieres reconocer los dones que tu Jesús quiere darte? Esta es suma ingratitud. Supón un rey rodeado por sus fieles ministros, y que un pobre joven descalzo, andrajoso, que llevado por amor de ver al rey va al palacio y haciéndose más pequeño de lo que es, por detrás de los ministros mira al rey y luego se esconde temiendo ser descubierto, pero el rey poniendo en él su atención, mientras el muchacho se está agazapado tras los ministros, lo llama, lo conduce aparte; el pequeño tiembla, enrojece, teme ser castigado, pero el rey se lo estrecha al corazón y le dice: "No temas, te he llamado aparte para decirte que quiero elevarte por encima de todos, todos los dones que he dado a mis ministros quiero que tú los superes, no quiero que salgas de mi palacio". Si el muchacho es bueno aceptará con amor la propuesta del rey, dirá a todos cuan bueno es el rey, lo dirá a los ministros, llamando a todos para agradecer al rey, pero si es ingrato se negará a aceptar diciendo: "¿Qué quieres de mí? Soy un pequeño pobre, andrajoso, descalzo, no son para mí esos dones". Y guardará en su corazón el secreto de su ingratitud; ¿no es ésta una horrenda ingratitud? ¿Y qué será de este muchacho? Así eres tú, porque te ves indigna quieres desembarazarte de mis dones".

(3) Y yo: "Amor mío, Tú tienes razón, pero lo que me causa más impresión es que siempre quieres hablar de mí".

(4) Y Él: "Es justo, es necesario que hable de ti. ¿Sería correcto que un esposo que quiere casarse con su esposa deba tratar con los otros y no con ella? Mientras que es necesario que se confíen sus secretos, que uno sepa lo que tiene el otro, que los papás den la dote a estos esposos y que anticipadamente uno se habitúe a los modos del otro".

(5) Y yo he agregado: "Dime vida mía, ¿quién es mi familia? ¿Cuál es mi dote y la tuya?" Y sonriendo ha continuado:

(6) "Tu familia es la Trinidad. ¿No te acuerdas que en los primeros años de cama te llevé al Cielo, y ante la Trinidad Sacrosanta nos unimos? Y Ella te dotó de tantos dones que tú misma no los has conocido aún, y conforme te hablo de mi Querer, de sus efectos y de su valor, son descubiertos los dones con que desde entonces fuiste dotada. De mi dote no te hablo, porque lo que es mío es tuyo. Y además, después de pocos días descendimos del Cielo y las Tres Divinas Personas tomamos posesión de tu corazón y formamos nuestra perpetua morada; Nosotros tomamos el gobierno de tu inteligencia, de tu corazón, de toda tú, y cada cosa que tú hacías era un desahogo de nuestra Voluntad Creadora en ti, eran confirmaciones de que tu querer estaba animado de un Querer Eterno. El trabajo ya está hecho, sólo queda hacerlo conocer para hacer que no sólo tú, sino también otros puedan tomar parte en estos tan grandes bienes, y esto lo estoy haciendo llamando ahora a un ministro mío, y ahora a otro, y hasta ministros de lugares lejanos para hacerles conocer estas grandes verdades. La cosa es mía, no tuya, así que déjame hacer; es más, debes saber que cada vez que manifiestas un valor de más de mi Querer, me siento tan contento que te amo con amor multiplicado".

(7) Y yo enrojeciendo por mis dificultades he dicho: "Mi sumo y único Bien, mira cómo me he hecho más mala, antes no tenía dudas

en lo que Tú me decías, pero ahora no, cuántas dudas, cuántas dificultades, yo misma no sé de dónde las saco".

(8) Y Jesús: "No te aflijas ni siquiera por esto, soy Yo mismo quien muchas veces suscito estas dificultades para responder no sólo a ti y confirmarte las verdades que te digo, sino para responder a todos aquellos que leyendo estas verdades puedan encontrar dudas y dificultades, y Yo les respondo desde antes, a fin de que puedan encontrar la luz y la respuesta a todas sus dificultades. Críticas no faltarán, por eso todo es necesario".

+ + + +

13-40
Diciembre 10, 1921

### La fecundidad de un acto en el Divino Querer.

(1) Encontrándome en mi habitual estado, mi siempre amable Jesús ha venido diciéndome:

(2) "Hija mía, cómo es grande un acto hecho en mi Querer. Mira, si tú preguntaras al sol, ¿cuántas semillas has fecundado? ¿Cuántas has multiplicado desde que surgiste sobre nuestro horizonte? Ni el sol, ni ninguna criatura, por muy docta que fuera te podría responder, ni siquiera con un número aproximado, ni cuantas semillas ha fecundado, ni cuantas ha multiplicado. Ahora, un acto hecho en mi Querer es más que sol, que multiplica las semillas, no humanas sino divinas, al infinito. ¡Oh! cómo sobrepasa a la fecundidad y la multiplicidad de las semillas que ha fecundado el sol, sucede una innovación en el mundo espiritual, una armonía por la cual todos son atraídos. Los más dispuestos al oír la armonía se enfervorizan, miles y miles de efectos surgen como tantas semillas, y como el acto hecho en mi Querer lleva consigo la potencia creadora, fecunda esas semillas en modo incalculable para la mente limitada, así que los actos hechos en mi Querer son semillas divinas que llevan consigo la potencia creadora, que más que sol fecundan,

no sólo eso, sino que crean las semillas y las multiplican a lo infinito. Estos actos me dan lugar para nuevas creaciones, ponen en movimiento mi potencia, son los portadores de la Vida Divina".

+ + + +

13-41
Diciembre 15, 1921

### Sólo los actos hechos en el Divino Querer se restituyen al principio donde el alma fue creada, y toman vida en el ámbito de la eternidad.

(1) Encontrándome en mi habitual estado, mi siempre amable Jesús al venir me ha dicho:

(2) "Hija mía, reordénate en Mí, ¿pero sabes cómo puedes reordenarte en Mí? Fundiéndote enteramente en mi Querer; aun el respiro, el latido, el aire que respiras, no deben ser otra cosa que fusiones en mi Querer, así entra el orden entre Creador y criatura y ésta regresa al principio de donde salió. Todas las cosas están en el orden, tienen su lugar de honor, son perfectas, cuando no se apartan del principio de donde han salido; separadas de este principio todo es desorden, deshonor e imperfección. Sólo los actos hechos en mi Querer se restituyen al principio en donde el alma fue creada, y toman vida en el ámbito de la eternidad, llevando a su Creador los homenajes divinos, la gloria de su mismo Querer, todos los demás actos quedan en lo bajo, esperando la última ora de la vida para sufrir cada uno su juicio y la pena que merece, porque no hay acto hecho fuera de mi Voluntad, aun bueno, que pueda decirse puro, solamente con no tener por objeto a mi Voluntad es echar lodo sobre las obras más bellas, y además, con el solo separarse de su principio merece una pena. La Creación salió sobre las alas de mi Querer, y sobre las mismas alas quisiera que regresara a Mí, pero en vano la espero, he aquí por qué todo es desorden y confusión.

Por eso ven en mi Querer, para darme a nombre de todos la reparación de tanto desorden".

+ + + +

13-42
Diciembre 18, 1921

### La paz es la primavera del alma.

(1) Me sentía muy oprimida y angustiada por la privación de mi dulce Jesús. Entonces, después de una jornada de pena, ya avanzada la noche ha venido, y poniéndome sus brazos al cuello me ha dicho:

(2) "Hija mía, ¿qué hay? Veo en ti un humor, una sombra que te vuelven desemejante de Mí y rompen la corriente de la bienaventuranza que entre Yo y tú casi siempre ha existido. Todo es paz en Mí, por eso no soporto en ti ni siquiera una sombra que pueda opacar tu alma; la paz es la primavera del alma, todas las virtudes nacen, crecen y sonríen, como las plantas y las flores, a los rayos del sol primaveral, que disponen a toda la naturaleza a producir su fruto. Si no fuera por la primavera, que con su sonrisa encantadora sacude a las plantas del entumecimiento del frío y viste la tierra como de un manto florido, que llama a todos con su dulce encanto para hacerse mirar, la tierra sería horrible y las plantas acabarían secándose. Así que la paz es la sonrisa divina que sacude al alma de todo entumecimiento, que como primavera celestial sacude al alma del frío de las pasiones, de las debilidades, de las ligerezas, etc., y con su sonrisa hace surgir, más que campo florido, todas las flores y hace crecer todas las plantas, entre las cuales el Agricultor Celestial se digna pasear y tomar de ellas los frutos para hacer de ellos su alimento, así que el alma pacífica es mi jardín, en el cual Yo me recreo y me entretengo. La paz es luz, y todo lo que el alma piensa, habla y obra, es luz que emite y el enemigo no puede acercarse porque se siente golpeado por esta luz, herido y deslumbrado, y para no quedar ciego está obligado a huir. La paz es dominio, no sólo de sí mismo, sino de los demás, así

que delante a un alma pacífica quedan, o conquistados, o confundidos y humillados, por esto, o se hacen dominar haciéndose amigos, o se van confundidos no pudiendo sostener la dignidad, la imperturbabilidad, la dulzura de un alma que posee la paz; aun los más perversos sienten la potencia que esa alma contiene. Por eso me glorío tanto en hacerme llamar Dios de la paz, Príncipe de paz, y no hay paz sin Mí, sólo Yo la poseo y la doy a mis hijos como a hijos legítimos, los cuales quedan vinculados como herederos de todos mis bienes.

(3) El mundo, las criaturas, no tienen esta paz, y lo que no se tiene no se puede dar, a lo más pueden dar una paz aparente, que por dentro los desgarra, una paz falsa, que contiene dentro una bebida venenosa, y este veneno adormece los remordimientos de la conciencia y la conduce al reino del vicio, por eso la verdadera paz soy Yo, y quiero mantenerte a la sombra de mi paz, para hacer que jamás estés turbada, y la sombra de mi paz, como luz deslumbrante, pueda mantener lejos de ti cualquier cosa, o a cualquiera que quisiera ensombrecer tu paz".

+ + + +

13-43
Diciembre 22, 1921

### La finalidad de amar a Dios, abre al alma para recibir la corriente de todas sus gracias. La Divina Voluntad es la más grande de todas las virtudes.

(1) Continuando mi habitual estado, mi siempre amable Jesús se hacía ver dentro de una luz deslumbrante, y esta luz deshaciéndose en lluvia de luz caía sobre las almas, pero muchas no recibían esta corriente de luz porque estaban como cerradas, y la corriente corría hasta donde encontraba almas abiertas para recibirla, y mi dulce Jesús me ha dicho:

(2) "Hija mía, la corriente de mi gracia entra en las almas que obran por puro amor, la sola finalidad de amarme tiene abiertas a las almas para recibir la corriente de todas mis gracias. Amor soy Yo, amor son ellas, así que ellas están en continuas corrientes hacia Mí y Yo hacia ellas; en cambio quienes obran por fines humanos están cerradas para Mí, su corriente está abierta a todo lo que es humano, y la corriente de lo que es humano reciben; quien obra con el fin de pecar recibe la corriente de la culpa, y quien obra por fines diabólicos recibe la corriente del infierno. La finalidad del obrar da las diversas tintas al hombre, que lo transforma, o en bello o en horrible, o en luz o en tinieblas, o en santidad o en pecado; cual es la finalidad del obrar, tal es el hombre, por eso mi corriente no a todos entra, y como es rechazada por las almas que están cerradas a _Mí, entonces se descarga con más ímpetu y abundancia a las almas abiertas a Mí".

(3) Dicho esto ha desaparecido, pero después ha regresado y ha agregado:

(4) "¿Me sabrías decir por qué el sol ilumina toda la tierra? Porque es mucho más grande que la tierra, y como es más grande tiene la capacidad de tomar en su luz toda la circunferencia de la tierra.; si fuera más pequeño iluminaría una parte, pero no toda, así que las cosas más pequeñas son envueltas y absorbidas por las cosas más grandes. Ahora, mi Voluntad es la más grande de todas las virtudes, por eso todas las virtudes quedan empequeñecidas y perdidas en mi Querer, es más, ante la virtud de la santidad de mi Querer, las otras virtudes tiemblan por reverencia ante mi Querer, sin Él, las virtudes creen hacer algo grande, pero al contacto con la santidad y potencia de la virtud de mi Voluntad, ven que no han hecho nada, y para darles el sello de virtud estoy obligado a sumergirlas en el mar inmenso de mi Voluntad. Mi Voluntad no sólo tiene el primado sobre todo, sino que da las diferentes tintas de belleza a las virtudes, pone en ellas las tintas divinas, el esmalte celestial, su luz deslumbrante; entonces, si las virtudes no son recubiertas por mi Querer, serán buenas, pero no bellas con la belleza que arrebata, que encanta, que enamora a Cielo y tierra".

(5) Después mi dulce Jesús me ha transportado fuera de mí misma, y me hacía ver que bajo el mar se abrían canales de agua, que haciéndose camino bajo tierra inundaban los cimientos de las ciudades, y en algunas partes se derrumbaban edificios, en otras los hacían desaparecer, abriéndose estas vorágines de agua se tragaban todo bajo tierra, y Jesús todo afligido me dijo:

(6) "El hombre no quiere corregirse y mi justicia es obligada a golpearlo, muchas serán las ciudades que serán castigadas por el agua, por el fuego, por terremotos".

(7) Y yo: "Amor mío, ¿qué dices? No lo harás". Y mientras quería rogarle desapareció".

+ + + +

13-44
Diciembre 23, 1921

**Quien obra y vive en el Querer Divino le da el campo a Jesús para hacer salir nuevas obras, nuevo amor y nueva potencia. Efectos del sueño de Jesús.**

(1) Me sentía toda sumergida en el Divino Querer, y mi dulce Jesús al venir me ha dicho:

(2) "Hija de mi Querer, conforme obras y vives en mi Querer, así haces salir de mi Voluntad otros actos nuevos de dentro de Ella, me das el campo para nuevas obras, para nuevo amor, y para nueva potencia. Cómo me siento feliz de que la criatura viviendo en mi Querer me da el campo para obrar, en cambio quien no vive en mi Voluntad me ata las manos y hace inútil mi Querer para ella, mientras que mi Ser es llevado por la fuerza irresistible de mi amor al movimiento, a la obra, y sólo quien vive en mi Voluntad me da libre campo, y Yo animo hasta sus más pequeños actos con mi Querer Divino, no desdeño ni las cosas más bajas para poner en

ellas el sello de virtud divina. He aquí por qué amo tanto a quien vive en mi Querer, y circundo cada uno de sus actos con tanta gracia, con tanta dignidad y decoro, porque quiero el honor, la gloria de mi obrar divino, por eso sé atenta y piensa bien que si todo lo que haces no lo haces en mi Voluntad, darás la inutilidad a tu Jesús. ¡Ah!, si supieras cuánto me pesa el ocio, cómo me contrista, estarías más atenta, ¿no es verdad?"

(3) Después de esto estaba por cerrar los ojos al sueño y decía para mí: "También mi sueño en tu Querer, es más, mi respiro se transforme en el tuyo, a fin de que lo que hacía Jesús cuando dormía lo haga también yo, pero, ¿verdaderamente mi Jesús dormía? Y Jesús ha regresado y ha agregado:

(4) "Hija mía, brevísimo era mi sueño, pero dormía, pero no dormía para Mí sino para las criaturas. Yo, como cabeza representaba a toda la familia humana y debía extender mi Humanidad sobre todos, para darles reposo. Yo veía a todas las criaturas cubiertas por un manto de turbaciones, de luchas, de inquietudes; quién caía en la culpa y quedaba triste, quién dominado por tiránicas pasiones a las que quería vencer y quedaba turbado, quién quería hacer el bien y luchaba por hacerlo; en suma, no había paz, porque la verdadera paz se posee cuando la voluntad de la criatura regresa a la Voluntad de su Creador, de donde salió; fuera de su centro, separada de su principio no hay paz. Entonces, mi Humanidad durmiendo se extendía sobre todos, envolviéndolos como dentro de un manto, como la gallina cuando llama a sus pollitos bajo sus alas maternas para hacerlos dormir; así, extendiéndome sobre todos, llamaba a todos mis hijos bajo mis alas para dar, a quién, el perdón de la culpa, a quién la victoria sobre las pasiones, a quién la fuerza en la lucha, para dar a todos la paz y el reposo, y para no darles temor y darles ánimo lo hacía durmiendo, ¿quién teme de una persona que duerme?

(5) Ahora, el mundo no ha cambiado, es más, está más que nunca en luchas y por eso quiero a quien duerma en mi Querer, para poder repetir los efectos del sueño de mi Humanidad".

(6) Luego con acento afligido ha repetido: "¿Y mis demás hijos dónde están? ¿Por qué no vienen todos a Mí para recibir el reposo y la paz? Llámamelos, llámamelos juntos".

(7) Y parecía que Jesús los llamaba por nombre, uno por uno, pero pocos eran los que venían.

+ + + +

13-45
Diciembre 25, 1921

### Cómo la Humanidad de Jesús fue alimentada por su Querer. Quien vive en la Divina Voluntad es la más inmediata a Jesús.

(1) Encontrándome en mi habitual estado, mi dulce Jesús se hacía ver como niño, temblando de frío y arrojándose a mis brazos me ha dicho:

(2) "¡Qué frío, qué frío! Caliéntame por piedad, no me dejes más helar".

(3) Yo me lo he estrechado al corazón diciéndole: "En mi corazón poseo tu Querer, así que el calor de Él es más que suficiente para calentarte". Y Jesús todo contento:

(4) "Hija mía, mi Querer contiene todo, y quien lo posee todo puede darme. Mi Voluntad fue todo para Mí, me concibió, me formó, me hizo crecer y me hizo nacer, y si mi amada Mamá contribuyó dándome la sangre, lo pudo hacer porque contenía mi Voluntad absorbida en Ella, si no hubiera tenido mi Querer, no habría podido contribuir a formar mi Humanidad, así que mi Voluntad directamente y mi Voluntad absorbida en mi Mamá me dieron la vida. Lo humano no tenía poder sobre de Mí para darme nada, sino sólo el Querer Divino con su aliento me alimentó y me hizo nacer. ¿Pero crees tú que fue el frío del ambiente lo que me heló? ¡Ah, no! Fue el frío de

los corazones lo que me hizo temblar de frío, y la ingratitud de ellos la que al salir a la luz me hizo llorar amargamente. Pero mi querida Mamá me calmó el llanto, si bien lloró también Ella, y nuestras lágrimas se mezclaron, y dándonos los primeros besos nos desahogamos en amor. Pero nuestra vida debía ser el dolor y el llanto, y me hice poner en el pesebre para volver al llanto y llamar con mis sollozos y con mis lágrimas a mis hijos, quería enternecerlos con mis lágrimas y con mis gemidos para hacerme escuchar, ¿pero sabes tú quién fue la primera después de mi Mamá a quien llamé con mis lágrimas junto a Mí en el mismo pesebre para desahogarme en amor? Fuiste tú, la pequeña hija de mi Querer, tú eras tan pequeña que superaste a mi amada Mamá,[4] pero en la pequeñez, tanto que te pude tener junto a Mí en el mismo pesebre y pude derramar mis lágrimas en tu corazón, estas lágrimas sellaron en ti mi Querer y te constituían hija legítima de mi Voluntad. Mi corazón se alegró, viendo regresar en ti, íntegro en mi Voluntad, lo que en la Creación mi Querer había hecho salir, esto para Mí era importante e indispensable; debía, al salir a la luz de este mundo, consolidar los derechos de la Creación y recibir la gloria como si la criatura no se hubiera salido nunca de mi Querer. Así que para ti fue el primer beso y los primeros dones de mi edad infantil".

(5) Y yo: "Amor mío, ¿cómo podía haber sido esto si yo no existía entonces?"

(6) Y Jesús: "En mi Voluntad todo existía y todas las cosas eran para Mí un punto solo, te veía entonces como te veo ahora, y todas las gracias que te he dado no son otra cosa que la confirmación de lo que "ab eterno" te había sido dado, y no solamente te veía a ti, sino que veía en ti a mi pequeña familia que viviría en mi Querer. ¡Cómo estuve contento! Todas estas almas me calmaban el llanto, me calentaban y haciéndome corona alrededor mío me defendían de la perfidia de las demás criaturas".

(7) Yo he quedado pensativa y dudosa.

(8) Y Jesús: "¿Cómo, lo dudas? No te he dicho nada aún de las relaciones que hay entre Yo y el alma que vive en mi Querer. Te diré por ahora que mi Humanidad vivía del continuo desahogo de la Voluntad Divina, si hubiera hecho un solo respiro que no fuera animado por el Querer Divino, habría sido un degradarme y un desnoblecerme. Ahora, quien vive en mi Voluntad es la más inmediata a Mí, y de todo lo que hizo y sufrió mi Humanidad, es la primera entre todas en recibir los frutos y los efectos que Ella contiene".

+ + + +

13-46
Diciembre 27, 1921

### El alma que vive en la Divina Voluntad pone en vigor la finalidad de la Creación, y en cada cosa que hace es un desahogo de Jesús que le viene.

(1) Continuando mi habitual estado, mi dulce Jesús al venir me ha dicho:

(2) "Hija mía, cada vez que el alma entra en mi Querer viene a reflejarse en el espejo de mi Divinidad, y reflejándose recibe los rasgos divinos, y estos rasgos la vinculan a la Divinidad, y encontrando en ella su misma fisonomía la reconocen como una de su familia, le dan lugar en medio de las Divinas Personas, la admiten en sus secretos, y reconociendo en ella como centro de vida a su Querer, la admiten en aquel punto eterno y la enriquecen de todo lo que la eternidad contiene. ¡Oh! cómo es bello ver esta pequeña imagen nuestra inundada de todo lo que la eternidad contiene, ella, como es pequeña se siente perdida, ahogada, no pudiendo contenerlo dentro de sí, pero el amor, el desarrollo de la Vida de nuestro Querer en ella, la lleva a volverse a reflejar en Nosotros, y nuestras olas eternas continúan, como máquina que no cesa jamás su movimiento. ¡Oh! cómo nos divertimos, era ésta la única finalidad de la creación del hombre, con el intercambio de nuestros quereres,

él con Nosotros y Nosotros con él, formarnos nuestro entretenimiento, y al mismo tiempo hacer en todo feliz al hombre. Rota la unión con nuestro Querer por el hombre, comenzaron nuestras amarguras y su infelicidad, así que la finalidad de la Creación nos falló. Ahora, ¿quién rehace esta falla, quién pone en vigor los derechos de la Creación? El alma que vive en nuestro Querer, ella deja atrás a todas las generaciones, y como si fuera la primera creada por Nosotros se pone en orden en la finalidad con la cual creamos al hombre; nuestro Querer y el suyo hacen uno solo, y obrando con el Querer Divino, nuestra Voluntad obra en el querer humano, y he aquí que comienzan nuestros réditos divinos en la voluntad humana, la finalidad de la Creación está ya en vigor, y como nuestra Voluntad tiene modos infinitos, con tal que encuentre un alma que se preste para hacer obrar a nuestro Querer, pronto viene a rehacerse del fallo de todas las otras voluntades humanas; he aquí por qué la amamos tanto, hasta superar todo el amor de todas las demás criaturas juntas. A nuestra Voluntad conculcada y despreciada en las otras criaturas, ella le devuelve el decoro, el honor, la gloria, el régimen, la vida, ¿cómo no debemos dar todo a ella?"

(3) Después, como si no pudiera contener el amor, me ha estrechado a su corazón y ha agregado:

(4) "Todo, todo a la pequeña hija de mi Querer; estaré en continuo desahogo sobre de ti, tus pensamientos serán el desahogo de mi sabiduría, tus miradas serán el desahogo de mi luz, tu respiro, tu latido, tu acción, serán precedidos por mis desahogos, y luego tendrán vida. Sé atenta y en cada cosa que hagas, piensa que es un desahogo de Jesús que te viene".

+ + + +

13-47
Diciembre 28, 1921

## Temores. Jesús le da la paz. Luisa quiere que Jesús haga su voluntad.

(1) Me sentía muy afligida, y con una opresión tal que me sentía morir por ciertas cosas que no es necesario escribir. Ahora, mi dulce Jesús al venir me ha tomado entre sus brazos para sostenerme y darme fuerza, y después todo dulzura y bondad me ha dicho:

(2) "Hija mía, ¿qué pasa, qué pasa? Mucho te oprimes, y Yo no lo quiero".

(3) Y yo: "Mi Jesús, ayúdame, no me abandones en tanta amargura, pero lo que más me oprime es que siento surgir en mí un querer que quisiera decirte: "Esta vez Tú harás mi voluntad, no yo la tuya". Y el sólo pensar esto me da la muerte. ¡Oh! cómo es verdad que tu Voluntad es vida, pero las circunstancias me empujan, ¡ah, ayúdame!" Y he roto en llanto, y Jesús haciéndose bañar sus manos por mis lágrimas, y estrechándome más ha agregado:

(4) "Hija mía, ánimo, no temas, Yo soy todo para ti, mira cómo son bellas mis manos perladas por las lágrimas de quien teme no hacer mi Querer, ni siquiera una ha caído por tierra. Ahora cálmate y escúchame, Yo haré lo que quieres tú, pero no porque lo quieres tú, sino como si lo quisiera Yo, ¿no estás contenta? Del resto es necesario un poco de suspensión de tu estado, no tengo a quien confiarte, ¿quién podría hacerlo? Tienen el corazón cubierto de una coraza de hierro, mis voces no son ni escuchadas ni comprendidas, los pecados son horrendos, los sacrilegios enormes, los flagelos están ya a las puertas de la ciudad, habrá gran mortandad, por eso se necesita un poco de suspensión de tu estado que impide el curso a mi justicia. Tú me darás el tiempo libre para venir y Yo, retirándome, sin hacerte salir de mi Voluntad te daré lo que te sea necesario".

(5) Yo he quedado más que nunca amargada por tantas otras cosas que Jesús me ha dicho acerca de nuestros tristes tiempos, pero

calmada porque me ha asegurado que no me hacía salir de su Querer. Al otro día ha venido mi Mamá Reina y trayéndome al niñito Jesús me lo ha puesto en los brazos y me ha dicho:

(6) "Hija mía, tenlo estrechado, no lo dejes ir, si supieras que quiere hacer, rézale, rézale, la oración en su Querer lo arrebata, lo encadena, así al menos se ahorrarán en parte los flagelos".

(7) Dicho esto ha desaparecido, y yo he vuelto a la trágica duda de haber inducido a Jesús a hacer mi querer.

+ + + +

13-48
Enero 3, 1922

### Relaciones entre la Voluntad Divina y la voluntad humana.

(1) Continuando mi habitual estado, mi siempre amable Jesús al venir me ha dicho:

(2) "Hija de mi Querer, ven en mi Voluntad a fin de que conozcas las relaciones que hay entre la Voluntad Divina y la voluntad humana, que la criatura rompió desde el edén terrestre, y que el alma que no conoce otra vida que la Vida de mi Voluntad, mi Voluntad la reedifica, la une nuevamente, restituyéndole todas las relaciones que había roto: 1. Relaciones de creación, de principio de existencia, estos eran vínculos de unión entre Creador y criatura. 2. Relaciones de semejanza, santidad, ciencia, potencia, todo lo que Yo contengo lo puse en relación con el hombre. 3. Relaciones en orden a todas las cosas creadas, entre las cuales le di el primado sobre todo.

(3) Ahora, el hombre con sustraerse de mi Voluntad rompió todas estas relaciones y se puso en relación con el pecado, con las pasiones, con su más feroz enemigo; por eso el alma que vive en mi Querer se eleva tan en alto, que deja atrás a todos, pone el orden

entre ella y Yo, se restituye al principio y pone en vigor todas las relaciones rotas; todas las cosas creadas le hacen cortejo y la reconocen como su legítima hermana y se sienten honradas en hacerse dominar por ella; la finalidad para la cual fueron creadas, el ser mandadas y obedecer a sus más pequeñas indicaciones queda ya cumplida, así que toda la naturaleza está reverente a su alrededor y exulta al ver que finalmente su Dios recibe la gloria de la finalidad para la cual las había creado, esto es, servir al hombre; entonces el fuego, la luz, el agua, el frío, se harán mandar por ella y obedecerán fielmente, y así como mi amor preparó de inmediato el remedio para salvar al hombre, descendiendo del Cielo haciéndome hombre, así esta alma que vive en mi Querer, restituyéndose al principio, a su origen eterno de donde salió, ya que antes de que mi Humanidad se formase, ya besaba y adoraba mi sangre, mis llagas, veneraba mis pasos, mis obras y hacía digno cortejo a mi Humanidad. ¡Oh! alma que vives en mi Querer, eres tú sola la finalidad de la gloria de la Creación, el decoro, el honor de mis obras y el cumplimiento de mi Redención; en ti concentro todo, todas las relaciones te son restituidas, y si tú por debilidad en algo fallases, Yo por decoro y honor de mi Voluntad te supliré en todo, por eso sé atenta y da este sumo contento a tu Jesús".

+ + + +

13-49
Enero 5, 1922

### El Ser Divino es llevado por una fuerza irresistible a comunicarse a la criatura.

(1) Me sentía muy amargada, y mi dulce Jesús al venir, estrechándome a Él me ha dicho:

(2) "Hija mía, tu aflicción pesa sobre mi corazón más que si fuera mía, y no puedo sufrir que tú estés tan afligida, a cualquier costo quiero verte feliz, quiero ver despuntar sobre tus labios de nuevo la sonrisa que contiene la beatitud de mi Querer; dime entonces, ¿qué

quieres para estar de nuevo feliz? ¿Será posible que después de tanto tiempo en que tú nada me has negado, Yo no deba darte lo que tú quieres y hacerte contenta?"

(3) Y yo: "Amor mío, lo que quiero es que me des la gracia de que yo haga siempre, siempre tu Querer, esto me basta; cuánto temo que esto no hiciera. ¿No es esta la más grande desventura, que no hiciera aún en la más pequeña cosa tu Voluntad? Sin embargo tus propuestas, tus mismas premuras a esto me inducen, porque veo que no porque sea tu Voluntad, sino porque quieres hacerme feliz y vaciar mi corazón de la amargura de la cual está como inundado, Tú quieres hacer mi voluntad, ¡ah! Jesús, Jesús, no lo permitas, y si quieres hacerme feliz, a tu potencia no le faltan otros modos para quitarme de mi aflicción".

(4) Y Jesús: "Hija mía, hija mía, hija de mi Voluntad, no, no temas, esto no será jamás, que nuestros quereres queden ni siquiera lesionados, si es necesario un milagro lo haré, pero nuestros quereres no se desunirán jamás, por eso tranquilízate a este respecto y consuélate. Escucha, mi Ser es llevado por una fuerza irresistible a comunicarse a la criatura, tengo tantas otras cosas qué decirte aún, tantas otras verdades que tú no conoces, y todas mis verdades llevan la felicidad que cada una posee, y por cuantas verdades el alma conoce, tantas diversas felicidades adquiere. Ahora, encontrando tu corazón amargado, esas verdades sienten ensombrecida su felicidad y no pueden comunicarse libremente. Yo soy como un padre feliz que posee la plenitud de toda la felicidad y que quiere hacer felices a todos sus hijos; ahora, si ve un hijo suyo que verdaderamen-te lo ama, y lo ve triste, pensativo, a cualquier costo quiere hacer feliz a su hijo y sacarlo de esa situación, y si el padre sabe que esa tristeza es por causa del amor que da al padre, ¡oh! entonces no se da paz y usa todas las artes y hace cualquier sacrificio para hacer feliz a su hijo. Así soy Yo, y como sé que tu aflicción es por causa mía, si no te veo regresar de nuevo a tu estado de alegría, y sellada por mi felicidad, Yo seré infeliz esperando que vuelvas a los brazos de mi felicidad".

+ + + +

13-50
Enero 11, 1922

## Las almas que viven en el Divino Querer, serán al cuerpo místico de la Iglesia como piel al cuerpo, y llevarán a todos sus miembros la circulación de vida.

(1) Encontrándome en mi habitual estado, estaba pensando en el Santo Querer Divino y decía entre mí: "Todos los hijos de la Iglesia son miembros del cuerpo místico, del cual Jesús es la cabeza; ¿cuál será el lugar que ocuparán las almas que hacen la Voluntad de Dios en este cuerpo místico?" Y Jesús, siempre benigno, al venir me ha dicho:

(2) "Hija mía, la Iglesia es mi cuerpo místico, del cual Yo me glorío de ser la cabeza, pero para poder entrar en este cuerpo místico los miembros deben crecer a debida estatura, de otra manera deformarían mi cuerpo; pero ¡ay! cuántos no sólo no tienen la debida proporción, sino que están putrefactos, llagados, tanto que dan asco a mi cabeza y a los otros miembros sanos. Ahora, las almas que viven en mi Querer o vivirán, serán al cuerpo de mi Iglesia como la piel al cuerpo; el cuerpo contiene piel interna y piel externa, y como en la piel está la circulación de la sangre que da vida a todo el cuerpo, y es en virtud de esta circulación que los miembros llegan a debida estatura, si no fuera por la piel y por la circulación de la sangre, el cuerpo humano sería horrible a la vista y los miembros no crecerían a debida proporción. Ve entonces cuánto me son necesarias estas almas que viven en mi Querer, habiéndolas destinado como piel al cuerpo de mi Iglesia y como circulación de vida a todos los miembros, serán ellas las que darán el debido crecimiento a los miembros no crecidos, las que sanarán los miem-bros llagados y las que con su continuo vivir en mi Querer restituirán la frescura, la belleza, el esplendor a todo el cuerpo místico, haciéndolo todo igual a la cabeza, que reinará con toda majestad sobre estos miembros. He aquí por qué no podrá llegar el

fin de los días si no tengo estas almas que vivan como perdidas en mi Querer, ellas me interesan más que todo. ¿Qué ridículo haría este cuerpo místico en la Jerusalén celestial sin ellas? Y si esto es lo que me interesa más que todo a Mí, también debe intere-sarte más que todo a ti, si me amas, y Yo, de ahora en adelante daré a todos tus actos hechos en mi Querer virtud de circulación de vida a todo el cuerpo místico de la Iglesia, como circulación de sangre al cuerpo humano, tus actos extendidos en la inmensidad de mi Querer se extenderán sobre todos, y como piel cubrirán estos miembros, dándoles el debido crecimiento, por eso sé atenta y fiel".

(3) Después estaba rezando toda abandonada en el Querer de Jesús, y casi sin pensarlo he dicho: "Amor mío, todo en tu Querer: mis pequeñas penas, mis oraciones, mi latido, mi respiro, todo lo que soy y puedo unido a todo lo que eres Tú para dar el debido crecimiento a los miembros del cuerpo místico". Jesús al oírme, de nuevo se ha hecho ver y sonriendo de satisfacción ha agregado:

(4) "Cómo es bello ver en tu corazón mis verdades como fuentes de vida, que inmediatamente tienen su desarrollo y el efecto para el cual se han comunicado. Por eso, corresponde, y Yo tendré el honor de que en cuanto vea desarrollada una verdad, una nueva fuente de verdad haré surgir".

+ + + +

13-51
Enero 14, 1922

### La Santísima Trinidad da vida a todo.

(1) Me he encontrado fuera de mí misma, y veía el Cielo abierto y una luz inaccesible a toda criatura; de dentro de esta luz descendían rayos que investían a todas las criaturas, celestiales, terrestres y purgantes. Algunos rayos eran tan deslumbrantes, que si bien quedaba uno revestido, arreba-tado, felicitado, pero no se sabía decir nada de lo que conte-nían; otros rayos eran menos

deslumbrantes y se podía decir algo de la belleza, la felicidad, las verdades que contenían, pero era tanta la fuerza de la luz, que yo misma no sabía si mi pequeña mente fuera aún capaz de volver a mí misma. Si mi Jesús no me hubiese sacudido con sus palabras, ninguna fuerza humana habría podido retirarme de aquella luz para llamarme nuevamente a la vida, pero ay de mí, no soy digna aún de mi amada y celestial patria, mi indignidad me obliga a vagar en el exilio, pero, ¡oh! cuán duro me es. Entonces Jesús me ha dicho:

(2) "Hija mía, volvamos juntos a tu cama. Lo que tú ves es la Trinidad Santísima, la cual tiene como en un puño a todas las criaturas, y como de su simple aliento da vida, conserva, purifica y felicita, no hay criatura que de Ella no dependa. Su Luz es inaccesible a mente creada; si alguno quisiera entrar le sucedería como a una persona que quisiese entrar en un gran fuego, no teniendo calor y fuerza suficientes para este fuego, quedaría consumida por él, por eso quedando consumida, jamás podría decir ni cuánto, ni qué calor contenía ese fuego. Los rayos son las virtudes divinas, algunas de estas virtudes son menos adaptables a la mente creada, por eso se hace feliz, las ve, pero no sabe hablar de ellas; de las otras virtudes divinas más adaptables a la mente humana sí se puede hablar, pero balbuceante, porque nadie puede hablar de ellas en manera digna y justa. Las virtudes más adaptables a la mente humana son: El amor, la misericordia, la bondad, la belleza, la justicia, la ciencia. Por eso, junto Conmigo demos nuestros homenajes a nombre de todos para agradecerla, alabarla, bendecirla por tanta bondad hacia todas las criaturas".

Después de haber rezado junto con Jesús he vuelto en mí misma.

+ + + +

13-52
Enero 17, 1922

**Cada bien que la criatura hace, es un sorbo de vida que da a su alma.**

(1) Estaba siguiendo la Pasión de mi dulce Jesús, cuando en un instante me he encontrado fuera de mí misma y veía que mi siempre amable Jesús venía arrastrado por el camino, pisoteado, golpeado más que en la misma Pasión, tratado en forma tan bárbara que daba horror verlo; yo me he acercado a mi Jesús para sacarlo de entre los pies de aquellos enemigos que parecían tantos demonios encarnados. Él se ha arrojado en mis brazos como si esperase que yo lo defendiera, y lo he traído a mi cama. Entonces, después de algunos minutos de silencio, como si quisiera descansar me ha dicho:

(2) "Hija mía, ¿has visto cómo triunfa el vicio, las pasiones en estos tristes tiempos, cómo caminan victoriosos por todos los caminos y el bien es pisoteado, golpeado y aniquilado? El bien soy Yo, no hay bien que la criatura haga en el que Yo no entre, y cada bien que la criatura hace es un sorbo de vida que da a su alma, así que por cuantos actos buenos hace la criatura, tanto más crece la vida de su alma, la hace más fuerte y más dispuesta para realizar otros actos buenos; pero para que estos actos estén exentos de cualquier sustancia venenosa deben ser rectos, sin finalidad humana, sólo para agradarme a Mí, de otra manera los actos más bellos, más santos aparentemente, quién sabe cuánto veneno contienen, y Yo siendo puro bien huyo de estos actos contaminados y no comunico la vida, por lo tanto, a pesar que parece que hacen el bien, su bien está vacío de vida y se nutren de alimentos que les dan la muerte. El mal despoja al alma de la vestidura de la gracia, la deforma, la obliga a tomar veneno para hacerla morir pronto. Pobres criaturas, hechas para la vida, para la felicidad, para la belleza, y el pecado no hace otra cosa que darles sorbos de muerte, sorbos de infelicidad, sorbos de fealdad, que quitándoles todos los humores vitales las hace leña seca para arder con más intensidad en el infierno".

+ + + +

13-53
Enero 20, 1922

## Lo que el alma que vive en la Divina Voluntad debe hacer con sus harapos.

(1) Estaba pensativa, y además me veía tan mala que sólo Jesús puede saber el estado miserable de mi alma, y Él, todo bondad me ha dicho:

(2) "Hija mía, ¿por qué te oprimes? ¿Sabes cómo son en mi Voluntad las cosas propias? Como tantos viles harapos, trapos viejos que son más un deshonor que un honor para el alma, y que le hacen recordar que ella era una pobre y que ni siquiera un solo vestido decente poseía. Yo cuando quiero llamar un alma a mi Querer para hacer que establezca en Él su morada, hago como un gran señor que quisiera llevar a su palacio a una de las más pobres, para hacer que dejando sus harapos de pobre se vistiese a la altura de su condición de él, haciendo vida junto con él y haciéndola partícipe de todos sus bienes. Pues bien, este señor va por todas las calles de la ciudad y cuando encuentra una de las más pobres, sin techo, sin cama, cubierta sólo con repugnantes harapos, la toma y la lleva como triunfo de su caridad a su palacio, sin embargo le ordena que deje sus harapos, que se lave y se vista con los más hermosos vestidos, y que para no tener memoria de su pobreza, queme sus harapos, porque siendo él muy rico no admite en su casa cosas que signifiquen pobreza. Ahora, si la pobre llora por sus harapos y se aflige porque no ha llevado nada suyo, ¿no ofendería la bondad, la magnanimidad de ese señor? Así soy Yo, y si aquel señor recorre una ciudad, Yo recorro todo el mundo y tal vez todas las generaciones, y cuando encuentro a la más pequeña, la más pobre, la tomo y la pongo en el ámbito eterno de mi Querer y le digo: "Trabaja junto Conmigo en mi Voluntad, lo que es mío es tuyo, si tienes alguna cosa propia déjala, porque en la santidad e inmensas riquezas de mi Voluntad no son otra cosa que míseros harapos". El querer tener méritos propios es de siervos, de esclavos, no de los hijos, lo que es del padre es de los hijos, y además, ¿qué cosa son todos los méritos que podrías adquirir en comparación con un acto solo de mi Voluntad? Todos los méritos tienen su pequeño valor,

peso y medida, ¿pero quién podría jamás medir un acto solo de mi Voluntad? Ninguno, ninguno, y además, ¿qué son tus méritos en comparación de los míos? En mi Querer los encontrarás todos, y de ellos Yo te hago dueña, ¿no estás contenta?

(3) Escucha hija mía, quiero que dejes todo a un lado, tu misión es grandísima, y más que el decir es el hacer lo que espero de ti, quiero que toda tú estés en continuo acto en mi Querer, quiero el paseo de tus pensamientos en mi Querer, para que paseando sobre todas las inteligencias humanas extiendas el manto de mi Querer sobre todas las mentes creadas, y elevándote hasta el trono del Eterno ofrezcas todos los pensamientos humanos sellados con el honor y la gloria de mi Voluntad Divina, después extiende el manto de mi Querer sobre todas las miradas humanas, sobre todas las palabras, como si hicieras pasear tus ojos y tus palabras sobre todas las de ellas, y sellándolas con mi Querer te eleves de nuevo ante la Majestad Suprema, y ofrezcas el homenaje como si todos hubiesen hecho uso de la vista y de las palabras según mi Querer, y lo mismo si obras, si respiras, si tu corazón palpita, tu paseo será continuo; tu camino es larguísimo, es toda la eternidad lo que debes recorrer; si supieras cuanto pierdes cada vez que te detienes y que me privas a Mí no de un honor humano, sino de un honor divino. Estos son los méritos que tú deberías temer perder, no tus harapos y tus miserias, por eso más atención en hacer tus giros en mi Querer".

+ + + +

13-54
Enero 25, 1922

**Cada verdad contiene en sí una bienaventuranza, felicidad, alegría y belleza distinta. Qué significará conocer una verdad de más acerca de la Divina Voluntad cuando el alma esté en el cielo.**

(1) Encontrándome en mi habitual estado, mi siempre amable Jesús al venir me ha dicho:

(2) "Hija mía, por cuantas verdades de más te manifiesto, tantas especialidades de bienaventuranzas te hago en don; cada verdad contiene en sí una beatitud, felicidad, alegría y belleza distinta, así que cada verdad de más que conoces pone en ti una bienaventuranza, una felicidad, alegría, belleza, de las cuales tú quedas enriquecida; son semillas divinas que el alma recibe, y que manifestándolas a los demás les comunica estas semillas y enriquece a quien las recibe. Ahora, las verdades conocidas en la tierra, siendo semillas divinas que germinan beatitud, alegría, etc., en el Cielo, cuando el alma esté en su patria serán hilos eléctricos de comunicación, por medio de los cuales la Divinidad hará salir de su seno tantos actos de beatitud por cuantas verdades el alma ha conocido, ¡oh! cómo quedará inundada por tantos diversos mares inmensos. Ya la semilla la tienes, con tener la semilla tienes el vacío donde poder recibir estos mares inmensos de felicidad, de alegría y de belleza; quien no tiene la semilla, quien no ha conocido una verdad en la tierra, le falta el vacío para poder recibir estas bienaventuranzas. Sucede como cuando un pequeño no ha querido estudiar otros idiomas, haciéndose grande y oyendo hablar en aquellos idiomas que no quiso o no pudo estudiar, no entenderá nada, porque su inteligencia con no querer estudiarlos quedó cerrada y no hizo ningún esfuerzo para preparar un lugarcito para comprender esas lenguas, a lo más quedará admirado, gozará de la felicidad de los demás, pero él ni la poseerá ni será causa de felicidad a los demás. Ve entonces qué significa conocer una verdad de más o una verdad de menos, si todos supieran qué grandes bienes se pierden, harían competencia para hacer adquisición de verdades. Ahora, las verdades son las secretarias de mis bienaventuranzas, y si Yo no las manifiesto a las almas, esas verdades no rompen el secreto que contienen y continúan nadando en mi Divinidad esperando su turno para hacerla de agentes divinos y hacerme conocer, cuántas beatitudes de más contengo, y por cuanto más largamente han estado ocultas en mi seno, con tanto más fragor y majestad salen fuera para inundar a las criaturas y

manifestar mi gloria. ¿Crees tú que todo el Cielo esté al día de todos mis bienes? ¡No, no! ¡Oh, cuánto les queda por gozar y que hoy no gozan! Cada criatura que entra en el Cielo y que ha conocido una verdad de más, no conocida por los demás, llevará en ella la semilla para hacer salir de Mí nuevos contentos, nuevas alegrías y nueva belleza, de los cuales esa alma será como causa y fuente, y los demás tomarán parte. No llegará el último de los días si no encuentro almas dispuestas para revelar todas mis verdades, para hacer que la Jerusalén Celestial resuene de mi completa gloria, y todos los bienaventurados tomen parte en todas mis bienaventuranzas, quién como causa directa por haber conocido esa verdad, y quién como causa indirecta, por medio de aquella que la ha conocido.

(3) Ahora hija mía, quiero decirte para consolarte y para hacer que seas atenta en escuchar mis verdades, que las verdades que más me glorifican son las que se refieren a mi Voluntad, causa primaria por la que cree al hombre, que su voluntad fuera una con la de su Creador; pero el hombre habiéndose sustraído de mi Voluntad se hizo indigno de conocer el valor y los efectos y todas las verdades que Ella contiene. He aquí el por qué de todas mis premuras contigo, para hacer que entre Yo y tú los quereres corrieran juntos y estuvieran siempre en sumo acuerdo, porque para hacer que el alma pueda abrir las puertas y disponerse a conocer las verdades que mi Voluntad contiene, lo primero es querer vivir de mi Querer, lo segundo es querer conocerlo, lo tercero es apreciarlo. Por eso contigo he abierto las puertas de mi Voluntad, a fin de que conocieras sus secretos que el hombre había sepultado en mi seno, los efectos y el valor que Ella contiene, y por cuantas verdades conoces de mi Voluntad tantas semillas recibes y tantos secretarios divinos te hacen cortejo. ¡Oh! cómo hacen fiesta en torno a ti, pues han encontrado a quien confiar su secreto, pero la fiesta más bella la harán cuando te conduzcan al Cielo, cuando la Divinidad, a tu primer entrar, hará salir tantas diversas bienaventuranzas distintas entre ellas, de alegría, de felicidad y de belleza, que no sólo te inundarán a ti, sino que todos los bienaventurados tomarán parte. ¡Oh, cómo el Cielo espera tu llegada para gozar de estos nuevos contentos!"

+ + + +

13-55
Enero 28, 1922

**Jesús nos abrió tantas fuentes en su Querer.**

(1) Estaba rezando y mi dulce Jesús me ha atraído a Él, y transformándome toda en Él me ha dicho:

(2) "Hija mía, recemos juntos para poder tomar el Cielo en un puño e impedir a la tierra que se precipite más en la corriente del mal".

(3) Entonces hemos rezado juntos, y después ha agregado:

(4) "Mi Humanidad estando en la tierra se veía muy estrecha ante la Divinidad, y como era inseparable de Ella no hacía otra cosa que entrar en la inmensidad de la Voluntad Eterna y abría innumerables fuentes en favor de las criaturas, porque siendo abiertas por un Hombre Dios, daba a la familia humana el derecho de acercarse a estas fuentes y tomar de ellas lo que quisieran. Así pues formé la fuente del amor, la de la oración, otra de la reparación, la fuente del perdón, la de mi sangre, la de la gloria. Ahora, ¿quieres saber quién agita estas fuentes para hacerlas brotar y hacerlas derramarse de modo que toda la tierra quede inundada? El alma que entra en mi Querer; conforme entra, si quiere amar se acerca a la fuente del amor, y amando, o con sólo poner la intención de amar, agita la fuente, las aguas al ser agitadas crecen, se desbordan e inundan toda la tierra y a veces son tan fuertes estas agitaciones, que las olas se elevan tanto que llegan a tocar el Cielo e inundan la patria celestial; si quiere rezar, reparar, conseguir el perdón a los pecadores, darme gloria, agita la fuente de la oración, de la reparación, del perdón, y éstas brotan, se desbordan e inundan a todos. ¿Cuántos bienes no ha conseguido al hombre mi Humanidad? Dejé las puertas abiertas para que pudieran entrar cuando quisieran, pero qué pocos son aquellos que entran".

\+ + + +

13-56
Enero 30, 1922

**Las verdades son nuevas creaciones. La verdad es luz, y la luz por sí misma se extiende, pero para extenderse es necesario hacerla conocer, el resto lo hará por ella misma.**

(1) Encontrándome en mi habitual estado, mi adorable Jesús al venir, viéndome toda reacia en manifestar y en escribir lo que Él me dice, con una actitud imponente que me hacía temblar me ha dicho:

(2) "Hija mía, mi palabra es creadora, y cuando hablo haciendo conocer una verdad que me pertenece, no es otra cosa que nuevas creaciones divinas que hago en el alma. Y así como cuando creé el cielo, con un solo Fiat extendí los cielos y los tachoné de millones de estrellas, tanto, que no hay lugar de la tierra desde el que no se vea este cielo, y si de algún punto no se viera sería un deshonor a la potencia creadora, y podrían decir que la fuerza creadora no tenía poder para extenderse por todas partes, así mis verdades son más que cielo que quisiera hacer conocer a todos, desde un extremo al otro de la tierra, y como tantas estrellas pasar de boca en boca para adornarme el cielo de las verdades que he manifestado. Si la criatura quisiera ocultar mis verdades, haría como si me quisiera impedir que creara el cielo, y con el secreto en el que quiere dejarme me daría el deshonor, como si una persona quisiera impedir que los demás mirasen el cielo, el sol, y todas las cosas creadas por Mí para no hacerme conocer. ¡Ah! hija mía, la verdad es luz, y la luz por sí misma se extiende, pero para extenderse es necesario hacerla conocer, el resto lo hará por sí misma, de otra manera quedará reprimida, sin el bien de poder iluminar y hacer el camino que quiere. Por eso sé atenta y no me impidas el poder extender la luz de mis verdades".

\+ + + +

13-57
Febrero 2, 1922

La Divina Voluntad es semilla que multiplica las
imágenes de Dios. Para que Jesús obre en nosotros,
se necesita suma igualdad en todas nuestras cosas.

(1) Esta mañana, mi siempre amable Jesús ha venido todo bondad y dulzura; traía una cuerda al cuello y en la mano un instrumento, como si quisiera hacer alguna cosa. Entonces se ha quitado la cuerda del cuello y ha ceñido el mío, después ha fijado el instrumento en el centro de mi persona, y con una cuerda que hacía girar por una rueda que estaba en el centro de aquel instrumento me medía toda, para ver si todas las partes de mi persona las encontraba iguales; Él estaba todo atento para ver si la cuerda al girar encontraba la perfecta igualdad, y habiéndola encontrado ha dado un suspiro de gran contento diciendo:

(2) "Si no la hubiera encontrado igual no habría podido cumplir lo que quiero, a cualquier costo estoy decidido a hacer de ella un portento de la gracia".

(3) Ahora, aquella rueda que estaba en el centro parecía que era una rueda de sol, y Jesús se miraba en ella para ver si su adorable persona aparecía toda entera en esa rueda de sol, y apareciendo, satisfecho parecía que rezaba. Mientras estaba en esto ha descendido del Cielo otra rueda de luz, similar a la que tenía yo en el centro de mi persona, pero sin separar sus rayos del Cielo, y se han fundido juntas, y Jesús las ha sellado en mí con sus santísimas manos y ha agregado:

(4) "Por ahora la incisión la he hecho, el sello lo he puesto, después pensaré en desarrollar lo que he hecho".

(5) Y ha desaparecido. Yo he quedado asombrada, pero no sé qué cosa sea, sólo he entendido que para que Jesús obre en nosotros

se necesita suma igualdad en todas las cosas, de otra manera Él obra en un punto de nuestra alma, y nosotros destruimos en otro punto. Las cosas desiguales son siempre molestas, defectuosas, y si se quiere apoyar alguna cosa hay peligro de que la parte desigual la haga caer por tierra. Un día, un alma que no es siempre igual quiere hacer el bien, quiere soportar todo, otro día no se reconoce más, desganada, impaciente, así que no se puede hacer ningún proyecto sobre ella. Después de esto mi Jesús ha regresado y atrayéndome en su Querer me ha dicho:

(6) "Hija mía, la tierra, cuando se pone la semilla dentro de ella hace germinar y multiplica la semilla que se ha puesto. Mi Voluntad se extiende más que tierra y pone la semilla de mi Querer en las almas, y hace germinar y multiplicar tantas otras imágenes mías, semejantes a Mí. Mi Querer hace germinar mis hijos y los multiplica. Debes saber que los actos hechos en mi Querer son como el sol, del que todos toman la luz, el calor y el bien que contiene el sol, pero nadie puede impedir que se goce de los bienes de él, sin que uno defraude al otro todos gozan de él, todos son propietarios del sol, cada uno puede decir: "El sol es mío". Así los actos hechos en mi Querer, más que sol, son deseados y pretendidos por todos, los esperan las generaciones pasadas, para recibir sobre todo lo que han hecho la luz deslumbrante de mi Querer; los esperan los presentes, para sentirse fecundar e investir por esta luz; los esperan los futuros para cumplimiento del bien que harán. En suma, mi Voluntad soy Yo, y los actos hechos en mi Querer girarán siempre en la rueda interminable de la eternidad para constituirse vida, luz y calor de todos".

+ + + +

13-58
Febrero 4, 1922

**Las almas que viven en la Divina Voluntad toman parte de la actividad eterna de la Divina Voluntad.**

(1) Continuando mi habitual estado, mi dulce Jesús al venir me ha dicho:

(2) "Hija mía, las almas que viven en mi Voluntad son las pequeñas ruedas que giran en la gran rueda de la eternidad. Mi Voluntad es el movimiento y la vida de la rueda de la eternidad interminable; conforme ellas entren en mi Querer para orar, para amar, para obrar, etc., la rueda de la eternidad las hace girar en su circunferencia interminable, y ellas, como en esa rueda encuentran todo lo que se ha hecho y lo que se debe hacer, todo lo que debería hacerse y no se hace, a medida que giran derraman luz y oleadas divinas en lo que se ha hecho y se debe hacer, dando a nombre de todos el honor divino a su Creador, y rehacen lo que no ha sido hecho por las criaturas. ¡Oh! Cómo es bello ver entrar a un alma en mi Querer, en cuanto entra, la gran rueda de la eternidad le da la cuerda para hacerla girar en su gran mole, y la pequeña rueda hace giros eternos; la cuerda de la gran rueda la pone en comunicación con todas las cuerdas divinas, y mientras gira hace lo que hace su mismo Creador, por eso estas almas son como las primeras creadas por Mí, y como las últimas, porque al girar se encuentran al principio, en medio y al final; así que serán la corona de toda la familia humana, la gloria, el honor y el suplemento de todo, y el regreso a Dios de todo el orden de las cosas creadas por Él. Por eso tus giros sean continuos en mi Querer, Yo te daré la cuerda y tú te prestarás a recibirla, ¿no es verdad?"

(3) Después ha agregado: "No has dicho todos los giros que hace la ruedecilla de tu voluntad en la gran rueda de la eternidad".

(4) Y yo: "¿Cómo podía decirlos si no lo sé?"

(5) Y Él: "En cuanto el alma entra en mi Voluntad, aun con una simple adhesión, con un abandono, Yo le doy la cuerda para hacerla girar, ¿y sabes cuántas veces gira? Gira por cuantas inteligencias piensan, por cuantas miradas dirigen las criaturas, por cuantas palabras dicen, por cuantas obras y por cuantos pasos se hacen, giran a cada acto divino, a cada movimiento, a cada gracia que del

Cielo desciende, en suma, en todo lo que se hace en el Cielo y en la tierra ellas forman el giro; los giros de estas ruedecillas son veloces, rápidos, así que son incalculables a ellas mismas, pero Yo los numero todos, primero para tomarme la gloria, el amor eterno que me dan, y después para fundir todo el bien eterno, para darles la capacidad de hacerlas sobrepasar todo, para poder abrazar a todos y hacerse corona de todo".

+ + + +

Deo Gratias.

Nihil obstat
Canonico Hanibale
M. Di Francia

Eccl.
Imprimatur
Arzobispo Giuseppe M. Leo
Octubre de 1926

[1] Este libro ha sido traducido directamente del original manuscrito de Luisa Piccarreta

[2] Esta palabra es usada pocas veces en los escritos de Luisa, y aunque a primera vista parece equivocada, si se mira con detenimiento el contenido del capítulo, se verá que los actos realizados en el Divino Querer pueden explicar de manera perfecta la Vida de la Divina Voluntad en el alma, pues muestran toda la variedad de actos que realiza, y ¿qué cosa es la vida, sino el conjunto de actos?

[3] Esta Hora corresponde a la de las 6 a 7 de la mañana. Lo interesante es ver como Luisa, de alguna manera, mide el tiempo de acuerdo al ejercicio de las Horas de la Pasión, las cuales formaban parte de su misma vida, esto nos da una explicación de como las

podía, no meditar, sino vivir todos los días, pues no importando qué hacía, si no estaba en su "habitual estado" las tenía presentes.

[4] A esta frase que puede causar confusión, se le podrían buscar mil explicaciones, pero creo que no llegaríamos a entenderla en toda su magnitud. En primer lugar hay que ver la frese anterior, donde Nuestro Señor le aclara que es la primera "DESPUÉS" de su Mamá. En segundo lugar, la frase que sigue, donde Él mismo da la explicación: "PERO EN LA PEQUEÑEZ." Podríamos hablar de pequeñez espiritual, pero también cabría la posibilidad de pequeñez física, y por eso sería que a su Mamá la tenía fuera del pesebre y a Luisa la tenía dentro, en el mismo pesebre. Será el Espíritu Santo quien nos hará entender en plenitud esta frase. Lo único que quisiera resaltar, es que no es adecuado quitar la frase sólo porque no la entendemos o parece contradictoria, o peor aún, equivocada, no, es necesario ponerla para estar acordes con lo que ella escribió y con lo que Jesús le dijo, y no es con mi criterio con lo que debo medir qué se pone y qué no. Por último, cabe mencionar que Annibale di Francia, que revisó este libro, no quitó la frase, a pesar de que él era tan llevado a corregirlos. Así que en nombre de la fidelidad la pongo tal y como Luisa la escribió.

Made in the USA
Coppell, TX
16 March 2025

47168680R00162